전면 개정판

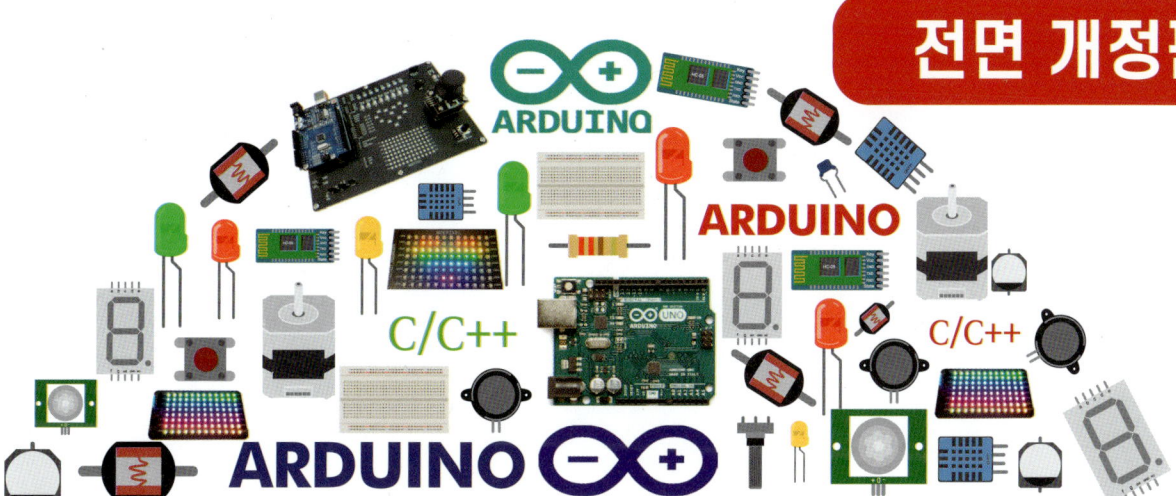

한 권으로 끝내는
아두이노 입문 + 실전(종합편)
기초부터 수준 높은 프로젝트까지

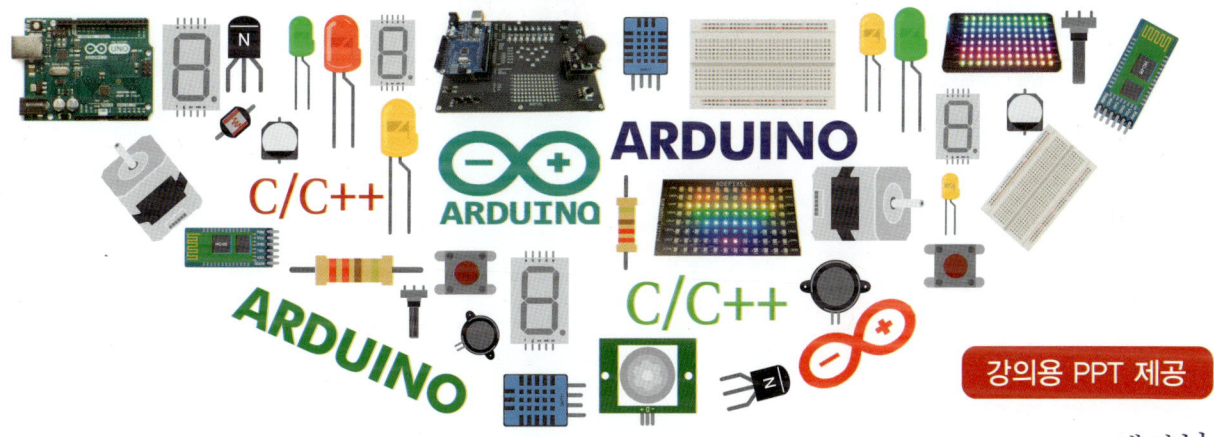

강의용 PPT 제공

서민우 · 코코랩스 공저

앤써북
ANSWERBOOK

:: 왕초보가 상급자가 될 수 있도록 초급·중급·고급 단계별로 한 권에 구성
:: C/C++은 초보자도 알기 쉬운 설명으로 별도 수록
:: 쉬운 예제부터 수준 높은 예제까지 한 권에 수록
:: 네오픽셀 활용 방법 추가

부품형/통합 보드형 선택 사용!

한 권으로 끝내는
아두이노 입문 + 실전(종합편)
기초부터 수준 높은 프로젝트까지 **전면 개정판**

초판 1쇄 발행 | 2025년 03월 30일

지은이 | 서민우 · 코코랩스 공저
펴낸이 | 김병성
펴낸곳 | 앤써북

출판사 등록번호 | 제 382-2012-0007 호
주소 | 경기도 파주시 탄현면 방촌로 548
전화 | 070-8877-4177
FAX | 031-942-9852
도서문의 | 앤써북 카페 http://cafe.naver.com/answerbook

ISBN | 979-11-93059-48-7 13000

- 이 책의 일부 혹은 전체 내용을 무단 복사, 복제, 전재하는 것은 저작권법에 저촉됩니다.
- 본문 중에서 일부 인용한 모든 프로그램은 각 개발사(개발자)와 공급사에 의해 그 권리를 보호합니다.
- 앤써북은 독자 여러분의 의견에 항상 귀기울이고 있습니다.

[안내]
- 이 책은 다양한 전자 부품을 활용하여 예제를 실습할 수 있습니다. 단, 전자 부품을 잘못 사용할 경우 파손 외 2차적인 피해가 발생할 수 있으니, 실습 시 반드시 책에서 표시된 내용을 준수하여 사용해야 함을 고지합니다.
- 이 책에 내용을 기반으로 실습 및 운용 결과에 대해 저자, 소프트웨어 개발자 및 제공자, 앤써북 출판사, 서비스 제공자는 일체의 책임지지 않음을 안내드립니다.
- 이 책에 소개된 회사명, 제품명은 각 회사의 등록 상표 또는 상표이며 본문 중 TM, ©, ® 마크 등을 생략하였습니다.
- 이 책은 소프트웨어, 플랫폼, 서비스 등은 집필 당시 신 버전으로 설명하였습니다. 단, 독자의 학습 시점에 따라 책의 내용과 일부 다를 수 있습니다.

Preface
머리말

아두이노를 주제로 독자 여러분과 다시 만나게 되어 반갑습니다. 이 책은 아두이노 입문으로 시작하여 실전 프로젝트로 끝납니다. 독자 여러분들이 시작은 쉽게 그러나 끝은 프로그래밍 실력을 갖출 수 있도록 책의 내용을 구성하였습니다.

이 책은 아두이노 프로그래밍에 초점이 맞춰져 있습니다. 그러기 위해 하드웨어 구성은 비교적 단순하게 하였습니다. 스페셜 페이지를 두어 아두이노 프로그래밍에 필요한 C/C++ 언어적인 요소를 강화했으며, 독자 여러분이 직접 작성한 아두이노 스케치를 재사용하기 위한 라이브러리 제작법을 소개하였습니다. 또, 시각적인 재미와 프로그래밍의 실력을 더할 수 있도록 네오픽셀 모듈을 도입하였습니다.

이 책은 다음과 같이 구성되어 있습니다.

Chapter 01에서는 아두이노에 대한 소개, 이 책에서 사용할 키트, 아두이노 개발 환경 구성, 아두이노 스케치 구조, 아두이노 핀에 대해 소개합니다. 스페셜 페이지에서는 함수와 변수에 대해 소개합니다.

Chapter 02에서는 아두이노 초수가 되기 위한 준비를 합니다. 아두이노가 사용자에게 메시지를 보내는 방법, LED를 깜빡이는 방법, LED 회로 구성방법, LED의 밝기를 조절하는 방법에 대해 소개합니다. 또, 기본적인 네오픽셀 사용법에 대해 소개하고, cpp, h 파일을 만들어 라이브러리를 만드는 방법을 소개합니다. 스페셜 페이지에서는 C/C++의 기본 자료 형, for문, while문, 배열과 for문의 관계, 배열, 함수, 포인터의 관계에 대해 소개합니다.

Chapter 03에서는 아두이노 중수가 되기 위한 준비를 합니다. 아두이노가 사용자 명령을 받는 방법, 버튼을 읽는 방법, 센서를 읽는 방법, 멜로디 연주 방법, 서보를 움직이는 방법, 초음파 센서를 이용하여 거리를 측정하는 방법을 소개합니다. 스페셜 페이지에서는 switch문, 구조체, 포인터와 참조자, 클래스에 대해 소개합니다.

Chapter 04에서는 아두이노 고수가 되기 위한 준비를 합니다. Timer1 라이브러리를 이용하여 사각 파형(PWM)의 원리를 이해해 보고, 외부 인터럽트와 핀 신호 변화 인터럽트에 대해 살펴봅니다. PWM의 원리와 인터럽트의 원리를 안다면 여러분은 아두이노의 고수라고 할 수 있습니다.

Chapter 05에서는 네오픽셀 활용 방법을 살펴봅니다. 그리고, 네오픽셀을 이용하여 벽돌 깨기 게임 프로젝트를 수행해봅니다. 스페셜 페이지에서는 이차 배열을 함수로 넘기는 방법, 클래스 상속과 다형성에 대해서 소개합니다.

이 책을 통해 독자 여러분이 아두이노를 활용한 프로그래밍의 재미를 느끼기를 바랍니다. 쉽게 시작하여 프로젝트를 수행할 수 있는 실력까지 갖출 수 있기를 바랍니다.

저자 서민우

Reader Support Center
독자 지원 센터

[책 소스 다운로드 / 정오표 / Q&A / 긴급 공지]

이 책의 실습에 필요한 책 소스 파일 다운로드, 정오표, Q&A 방법, 긴급 공지 사항 같은 안내 사항을 PC 기준으로 안내드리면 앤써북 공식 카페의 [종합 자료실]에서 [도서별 전용 게시판]을 이용하시면 됩니다.

앤써북 네이버 카페에서 [종합 자료실] 아이콘(❶)을 클릭한 후 종합자료실 게시글에 설명된 표에서 218번 목록 우측 도서별 전용 게시판 링크 주소(❷)를 클릭하거나 아래 QR 코드로 바로가기 합니다. 도서 전용 게시판에서 설명하는 절차로 책소스 파일 다운로드, 정오표, 필독사항 등을 안내 받을 수 있습니다.

▶ 앤써북 공식 네이버 카페 종합자료실
https://cafe.naver.com/answerbook/5858

▶ 도서 전용게시판 바로가기
https://cafe.naver.com/answerbook/7677

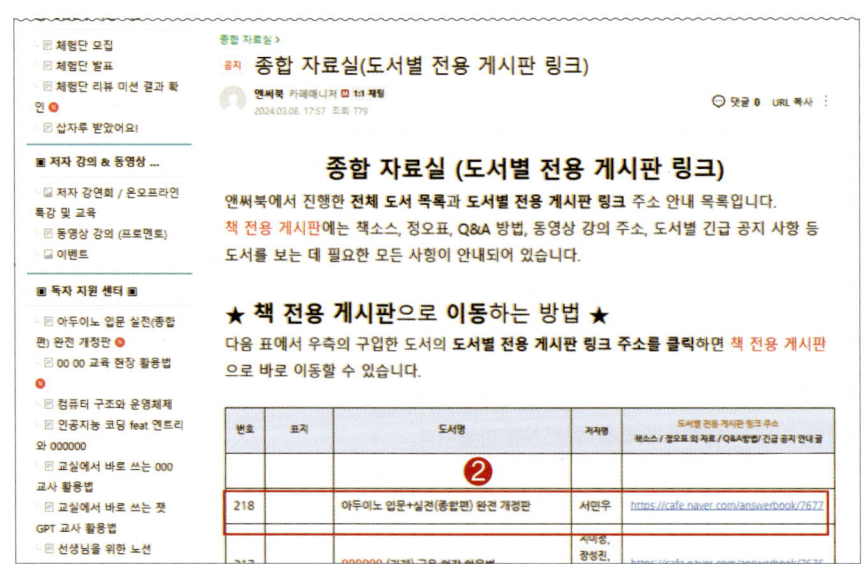

[앤써북 공식 체험단]

앤써북에서 출간되는 도서와 키트 등 신간 책을 비롯하여 연관 상품을 체험해 볼 수 있습니다. 체험단은 수시로 모집하기 때문에 앤써북 카페 공식 체험단 게시판에 접속한 후 "즐겨찾기" 버튼(❶)을 눌러 [채널 구독하기] 버튼(❷)을 눌러 즐겨찾기 설정해 놓거나, 새글 구독을 우측으로 드래그하여 ON으로 설정해 놓으면 새로운 체험단 모집 글(❸)을 메일로 자동 받아보실 수 있습니다.

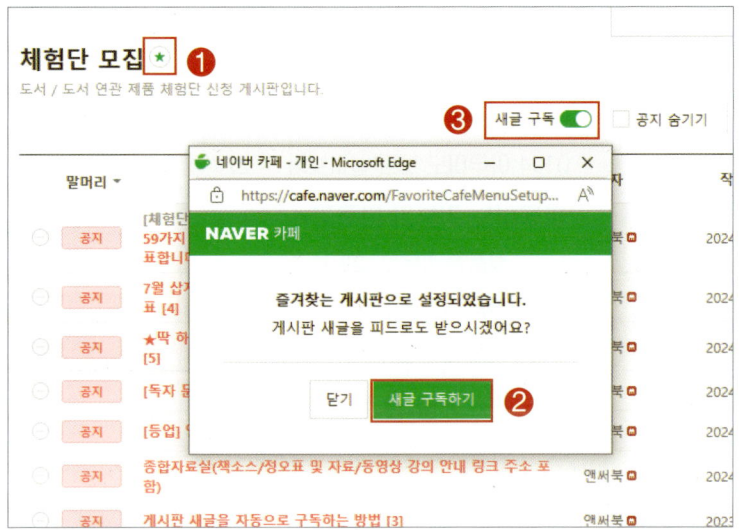

➡ 앤써북 카페 공식 체험단 게시판

https://cafe.naver.com/answerbook/menu/150

▲ 체험단 바로가기 QR코드

[저자 강의 안내]

앤써북에서 출간된 책 관련 주제의 온·오프라인 강의는 특강, 유료 강의 형태로 진행됩니다. 강의 관련해서는 아래 게시판을 통해서 확인해주세요. "앤써북 저자 강의 안내 게시판"을 통해서 앤써북 저자들이 진행하는 다양한 온·오프라인 강의를 확인할 수 있습니다.

➡ 앤써북 강의 안내 게시판

https://cafe.naver.com/answerbook/menu/144

▲ 저자 강의 안내 게시판 바로가기 QR코드

Contents
목 차

CHAPTER 01 아두이노 기초 다지기

01 아두이노 기본기 다루기 • 15
   01_1 아두이노란 무엇인가? • 16
   01_2 아두아두이노로 무엇을 할 수 있을까? • 18
   01_3 아두이노를 작동시키기 위한 준비물 • 18
      아두이노 보드 • 18
      아두이노 소프트웨어 • 19
      USB 케이블 • 20
      브레드 보드와 점프선 및 기타 부품 • 20
   01_4 아두이노 보드 살펴보기 • 22

02 아두이노 기본기 다루기 • 23
      부품형 키트 • 23
      통합 보드형 키트 • 24
      통합 보드 조립하기 • 25

03 아두이노 개발 환경 구성하기 • 26
   03_1 아두이노 소프트웨어 설치하기 • 26
      CH340 USB 드라이버 설치 • 30
   03_2 아두이노 보드에 컴퓨터 연결하기 • 31
   03_3 아두이노 보드와 시리얼 포트 선택하기 • 33
      보드 선택 • 33
   03_4 스케치 작성해 보기 • 34
      스케치 작성하기 • 34
      스케치 저장하기 • 35
      스케치 업로드 • 36
      시리얼 모니터 확인 • 36
   03_5 아두이노 오류 발생 시 대처방법 • 37

04 아두이노 스케치 구조 이해하기 • 38
   04_1 아두이노 스케치 기본 함수 • 38
   04_2 숨겨진 main 함수 • 40
      Special Page_ C/C++ 코너 : 함수와 변수 살펴보기 • 41

05 아두이노 핀 살펴보기 • 48
      디지털 출력과 입력 • 48
      아날로그 출력(PWM 출력) • 49
      아날로그 입력 • 49

CHAPTER 02 아두이노 초수되기

01 아두이노의 입 : Serial.println • 51
    Serial.begin • 52
    Serial.println • 52
  01_1 여러 형식의 자료 내보내기 • 53
  01_2 여러 형식의 숫자 내보내기 • 54
  Special Page_ C/C++의 기본 자료형 살펴보기 • 56

02 아두이노의 윙크 : digitalWrite • 65
    pinMode • 66
    digitalWrite • 66
    delay • 67
  02_1 아두이노 눈뜨기 : LED 켜기 • 67
  02_2 아두이노 눈감기 : LED 끄기 • 69
  02_3 아두이노 눈뜨고 감기 : LED 켜고 끄기 반복하기 • 70
  02_4 천천히 눈뜨고 감기 : LED 켜고 끄기 확인하기 • 71
  02_5 빨리 눈뜨고 감기 : LED 켜고 끄기 간격 줄여보기 • 72
  02_6 눈을 떴을까 감았을까? : LED 켜고 끄기를 밝기로 느껴보기 • 73
  02_7 LED 어둡게 하기 • 75
  02_8 LED 밝게 하기 • 76
  02_9 LED 밝기 조절해 보기 • 78
    0.01초 간격으로 LED 밝기 11 단계 조절해보기 • 78
  Special Page_ C/C++ 코너 : for문 살펴보기기 • 80
    0.1초 간격으로 LED 밝기 11 단계 조절해보기 • 85
  Special Page_ C/C++ 코너 : while문 살펴보기 • 87

03 LED 회로를 구성해보자! • 92
  03_1 LED, 저항, 브레드 보드 살펴보기 • 92
    LED • 92
    저항 • 93
    브레드 보드 • 94
  03_2 간난한 LED 회로 구성하기 • 95
  03_3 LED 켜고 끄기 • 98
  03_4 복잡한 LED 회로 구성하기 • 99
  03_5 전체 LED 켜 보기 • 100

Contents
목 차

03_6 변수 모여라! : 1차 배열 이용하기 • 102
03_7 배열의 단짝 for문 • 104
Special Page_ C/C++ 코너 : 배열과 for문 살펴보기기 • 106
03_8 전체 LED 켜고 꺼보기 • 110
03_9 함수로 정리하기 • 111
03_10 함수에 배열 넘기기 • 113
03_11 배열 매개변수 포인터로 변경하기 • 114
03_12 sizeof로 배열의 개수 구하기 • 115
Special Page_ C/C++ 코너 : 배열, 함수, 포인터의 관계 살펴보기 • 117
03_13 cpp, h 파일 만들어보기 • 119
Special Page_ C/C++ 코너 : h 파일 중복 포함 오류 살펴보기 • 122
03_14 myleds 라이브러리 만들기 • 124
03_15 LED 차례대로 켜고 꺼보기 • 125
03_16 하트 LED 회로 구성하기 • 128
03_17 하트 LED 켜 보기 • 131
03_18 하트 LED 켜고 꺼보기 • 133
03_19 하트 LED 차례대로 켜고 꺼보기 • 134

04 빛의 연주 : analogWrite • 138
analogWrite • 139
04_1 LED 회로 구성하기 • 140
04_2 LED 어둡게 하기 • 140
04_3 LED 밝게 하기 • 142
03_4 LED 밝기 조절해보기 • 144
LED 밝기 11 단계 조절해 보기 • 144
LED 밝기 256 단계 조절해 보기 • 145
04_5 LED 회로 구성하기 2 • 146
04_6 빛의 징검다리 • 147
04_7 이중 for 문 사용해 보기 • 149
04_8 LED 차례대로 밝아지기 • 151
for 문으로 간단하게 표현하기 • 152
04_9 LED 차례대로 밝아지고 어두워지기 • 154

05 RGB 네오픽셀 LED 켜고 끄기 • 156
05_1 네오픽셀 라이브러리 설치하기 • 157
05_2 LED 하나 켜고 꺼 보기 • 158

05_3 전체 LED 켜고 꺼 보기 • 159
05_4 무지개 색깔 내보기 • 161
05_5 cpp, h 파일 만들어보기 • 163
05_6 myneopixel 라이브러리 만들기 • 166

CHAPTER 03 아두이노 중수되기

01 아두이노의 귀 : Serial.read • 169
　01_1 사용자 입력 받기 • 170
　01_2 LED 켜고 끄기 • 171
　01_3 LED 밝기 조절하기 • 173
　Special Page_ C/C++ 코너 : switch문 살펴보기 • 175

02 눌렀을까 뗐을까? : digitalRead • 179
　02_1 0, 1 읽어보기 • 180
　02_2 푸시 버튼 살펴보기 • 182
　02_3 버튼 회로 구성하기기 • 184
　02_4 버튼 값에 따라 LED 켜고 끄기 • 186
　02_5 버튼 값에 따라 LED 밝기 조절하기 • 187
　02_6 LED 주사위 만들기 • 189

03 아두이노의 감각 : analogRead • 191
　　analogRead • 192
　03_1 ADC값 간편하게 읽어보기 • 193
　03_2 가변저항 살펴보기 • 195
　03_3 가변저항 회로 구성하기 • 197
　03_4 가변저항 입력에 따라 LED 밝기 조절하기 • 198
　03_5 디지털 LED 막대 측정기 • 199
　　　for 문으로 일반화하기 • 202
　　　함수로 정리하기 • 203
　　　함수에 배열 넘기기 • 204
　　　배열 매개변수 포인터로 변경하기 • 205
　　　cpp, h 파일 만들어보기 • 206
　　　mydigitalledbar 라이브러리 만들기 • 208
　03_6 아날로그 LED 막대 측정기 • 209
　　　for 문으로 일반화하기 • 211

함수로 정리하기 • 212
함수에 배열 넘기기 • 213
배열 매개변수 포인터로 변경하기 • 214
cpp, h 파일 만들어보기 • 215
mydigitalledbar 라이브러리 만들기 • 218

03_7 빛 센서 살펴보기 • 219
03_8 빛 센서 회로 구성하기 • 220
03_9 빛 센서 값 읽어보기 • 220
03_10 빛 센서 값에 따라 LED 밝기 조절하기 • 221
03_11 조이스틱 살펴보기 • 222
조이스틱 핀 살펴보기 • 222
조이스틱의 구조 • 223
조이스틱 출력 방향 • 223
통합 보드 연결하기 • 223
아두이노와의 연결 • 223
03_12 조이스틱 입력 받아보기 • 224
03_13 구조체로 관련된 변수 묶기 • 226
Special Page_ C/C++ 코너 : 구조체 살펴보기 • 228
Special Page_ C/C++ 코너 : 포인터와 참조자 살펴보기기 • 230
03_14 클래스로 관련된 변수와 함수 묶기 • 233
03_15 생성자에서 하드웨어 초기화하기 • 235
03_16 MyJoystick 클래스 파일 생성하기 • 237
03_17 myjoystick 라이브러리 만들기 • 240
Special Page_ C/C++ 코너 : 클래스 살펴보기 • 242

04 빛의 연주 : 아두이노의 노래 : tone • 244
tone • 245
noTone • 245

04_1 부저 살펴보기 • 246
04_2 소리와 주파수 이해하기 • 246
04_3 수동 부저 회로 구성하기 • 247
04_4 수동 부저 소리내보기 • 247
04_5 부저 멜로디 연주하기 • 249

04_6 학교종 멜로디 연주하기 • 250
04_7 키보드 피아노 만들기 • 253
04_8 버튼 피아노 만들기 • 254
　　수동 부저 회로 구성하기 • 254

05 **아두이노의 손발 : Servo** • 257
　　Servo.attach • 258
　　Servo.write • 258
05_1 서보모터 살펴보기 • 259
05_2 서보모터 파형 이해하기 • 260
05_3 서보모터 회로 구성하기 • 261
05_4 서보모터 각도 조절해보기 • 261
05_5 서보모터 0~180도 조절해보기 • 263
05_6 시리얼로 서보 제어하기 • 264
05_7 버튼 값에 따라 서보 회전하기 • 266

06 **아두이노의 눈 : pulseIn** • 268
　　pulseIn • 269
06_1 초음파 센서 살펴보기 • 269
06_2 초음파 센서 회로 구성하기 • 271
06_3 초음파 센서로 거리 측정해보기 • 271

CHAPTER 04 아두이노 고수되기

01 **PWM의 주인공 : Timer1** • 275
01_1 Timer1 라이브러리 설치하기 • 277
01_2 LED 제어해 보기 • 277
　　회로 구성하기 • 277
　　LED 켜고 끄기 반복하기 • 278
　　LED 켜고 끄기 간격 줄여보기 • 279
　　LED 켜고 끄기를 밝기로 느껴보기 • 280
　　주파수 늘리기 • 281
　　LED 어둡게 하기 • 282
　　LED 밝게 하기 • 283
　　LED 밝기 1024 단계 조절해 보기 • 284

Contents
목 차

01_3 피에조 부저 제어해 보기 • 286
    수동 부저 회로 구성하기 • 286
    수동 부저 소리내보기 • 286
    부저 멜로디 연주하기 • 288

01_4 서보모터 각도 조절해 보기 • 290
    서보모터 회로 구성하기 • 290
    서보모터 각도 조절해보기 • 291
    서보모터 0~180도 조절해보기 • 292

02 찰나의 순간 : attachInterrupt • 294
    attachInterrupt • 295

02_1 인터럽트 처리하기 • 295

02_2 버튼 인터럽트로 LED 켜기 • 296

02_3 버튼 인터럽트로 서보 회전하기 • 298

03 찰나의 순간 : attachPCINT • 300
    attachPCINT • 300

03_1 핀 신호 변화 인터럽트 라이브러리 설치하기 • 301

03_2 버튼 인터럽트로 LED 켜기 • 302

03_3 초음파 센서로 거리 측정해보기 • 303
    초음파 센서 회로 구성하기 • 304
    초음파 센서로 거리 측정해보기 • 304
    pulseIn 함수 수행 시간 살펴보기 • 306
    핀 신호변화 인터럽트 사용하기기 • 308

CHAPTER 05 네오픽셀 활용하기

01 네오픽셀 라이브러리 만들기 • 311

01_1 네오픽셀 파도타기 • 312

01_2 하트 그려보기 • 313

01_3 함수 정리하기 • 315

Special Page_ C/C++ 코너 : 이차 배열 함수로 넘기기 • 318

01_4 NeoDisplay 클래스 만들기 • 320

01_5 NeoDisplay 클래스 파일 생성하기 • 321

01_6 mydisplay 라이브러리 만들기 • 324

01_7 큰 하트와 작은 하트 교대로 그리기 • 326

02 벽돌 깨기 애니메이션 구현하기 • 328

02_1 공 그려보기 • 328

02_2 공 좌우로 움직이기 • 329

02_3 공 상하로 움직이기 • 332

02_4 2차 배열 교정하기 • 333

02_5 NeoDisplayEx 클래스 파일 생성하기 • 335

02_6 mydisplayex 라이브러리 만들기 • 338

Special Page_ C/C++ 코너 : 클래스 상속과 다형성 이해하기 • 341

02_7 벽돌 추가하기 • 345

02_8 위 방향 벽돌 깨기 • 346

02_9 대각선 방향 벽돌 깨기 • 347

02_10 전체 소스 확인하기 • 348

03 벽돌 깨기 게임 구현하기 • 350

03_1 채 그리기 • 350

03_2 게임 실패 화면 넣기 • 352

03_3 가변 저항 추가하기 • 356

03_4 가변 저항 값 매핑하기 • 358

03_5 채 움직이기 • 359

03_6 게임 성공 화면 넣기 • 360

03_7 채 속도 증가시키기 • 363

03_8 전체 소스 확인하기 • 364

CHAPTER 01

아두이노 기초 다지기

ARDUINO

이번 장에서는 아두이노에 대해 알아보고, 아두이노를 이용한 프로젝트를 살펴보고, 이 책에서 사용할 키트를 살펴보고, 아두이노 개발 환경을 구성하고, 아두이노 스케치 구조를 살펴봅니다.

01

아두이노 기본기 다루기

> 여기서는 아두이노가 무엇인지 이해하고, 아두이노를 작동시키기 위한 준비물은 무엇이 있는지 알아본 후, 아두이노 I/O 보드 구성을 알아봅니다.

01_1 아두이노란 무엇인가?

아두이노는 2005년 이탈리아의 IDII(Interaction Design Institutelvera)에서 하드웨어에 익숙지 않은 학생들이 자신들의 디자인 작품을 손쉽게 제어하기 위해 고안되었습니다.
다음은 가장 대중적인 아두이노 우노 보드입니다.

아두이노는 입력(센서), 출력(제어)을 할 수 있는 마이컴을 갖춘 소형 컴퓨터입니다.

TIP 마이컴이란 micro-computer의 약자로 센서 입력이나 모터 제어 등의 하드웨어 제어용으로 사용하는 소형 컴퓨터를 말합니다.

아두이노는 회로가 오픈소스로 공개되어 있으므로 누구나 직접 보드를 만들고 수정할 수 있습니다.

TIP 오픈소스란 기술을 공개하고 누구나 자유롭게 기술을 수정하고 배포 및 공유할 수 있는 것을 말합니다.

아두이노는 다양한 스위치나 센서로부터 입력 값을 받아들여 LED나 모터와 같은 전자 장치들로 출력을 제어함으로써 환경과 상호작용이 가능한 물건을 만들어 낼 수 있습니다. 예를 들어 단순한 로봇, 온습도계, 동작 감지기, 음악 및 사운드 장치, 스마트 홈 구현, 유아 장난감 및 로봇 교육 프로그램 등의 다양한 제품들이 아두이노를 기반으로 개발 가능합니다.

아두이노는 다음과 같이 스위치나 센서로부터 다양한 입력을 받습니다.

아두이노는 다음과 같이 LED나 부저 등으로 다양한 출력을 내보냅니다.

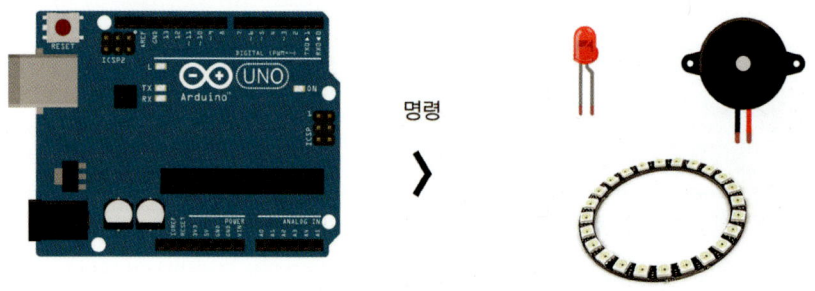

01_2 아두아두이노로 무엇을 할 수 있을까?

아두이노를 이용하면 우리가 상상하는 많은 것들을 만들 수 있습니다. 아두이노를 컴퓨터에 연결한 후 명령어(코드)를 작성하여 메모리에 업로드하면 기판에 연결한 다양한 센서나 모터 등의 장치를 제어할 수 있습니다. 예를 들어, 온도 측정 센서와 모터를 연결하여 비닐하우스를 제어하는 시스템을 만들 수 있습니다. 비닐하우스 내에 있는 작물을 키우는데 일정 온도 이상 올라가면 온도를 내려달라는 명령을 보내거나, 자동으로 비닐하우스를 개방시키도록 할 수 있습니다. 온도가 원하는 온도일 경우엔 정상이라는 문자를 보내도록 할 수 있습니다. 또 실생활에 필요한 로봇을 만들 수도 있습니다. 예를 들어 로봇 청소기, 애완동물에게 정해진 시간에 먹이를 주는 장치, 광량에 따라 베란다나

거실의 커튼을 자동으로 열었다 닫았다 할 수 있는 기구 등 실생활에 활용할 수 있는 다양한 장치나 기구들을 만들 수 있습니다. 이런 기구들은 하드웨어에 대한 고도의 지식을 요구하지 않습니다. 일반인들도 아두이노에 대해서 조금만 공부하면 직접 이런 장치를 만들 수 있습니다. 다음은 아두이노를 이용한 몇 가지 프로젝트입니다.

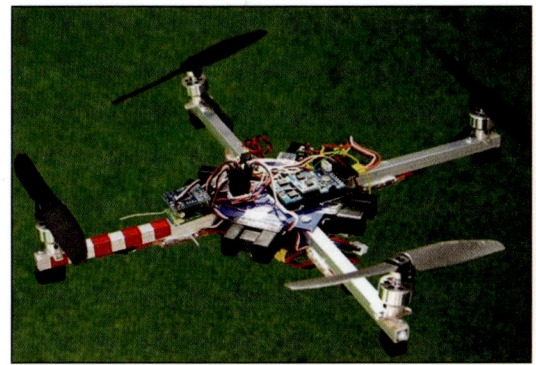

❶ 쿼드콥터 프로젝트

❷ 스마트 RC 자동차 프로젝트

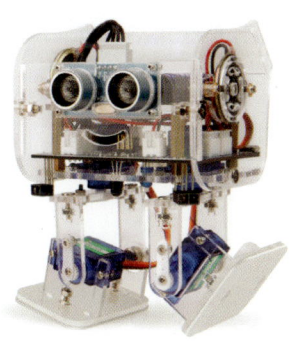

❸ 이족 로봇 프로젝트

❹ 밸런싱 로봇 프로젝트

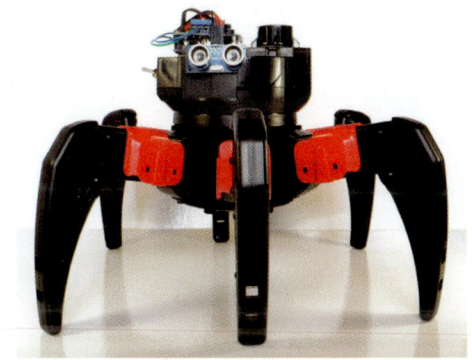

❺ 사족 로봇 프로젝트

❻ 스마트 정원

01_3 아두이노를 작동시키기 위한 준비물

아두이노를 작동시키기 위해서는 아두이노 보드, 아두이노 소프트웨어, 브레드보드와 점프선 및 기타 부품 등이 준비되어 있어야 합니다. 각각의 준비물의 특징에 대해서 알아봅니다.

아두이노 보드

아두이노는 하드웨어 구조가 모두 개방된 오픈소스 플랫폼이기 때문에 다양한 종류의 공식 보드들이 있고, 그 공식 보드들과 호환되는 수많은 보드들이 있습니다. 대표적인 공식 아두이노 보드에 대해 살펴봅니다.

❶ 아두이노 우노 R3

- 가장 많이 사용되는 기본적인 아두이노 보드입니다.
- 8 비트 atmega328p 마이컴을 사용합니다.
- 보드의 핀 배열이 표준과 같이 사용됩니다.

❷ 아두이노 우노 R4 WiFi

- 최근에 새로 나온 아두이노 보드입니다.
- Renesas 사의 32 비트 Cortex®M4 마이컴을 사용합니다.
- USB-C 케이블로 연결이 가능합니다.
- WiFi 통신, 블루투스 통신이 가능합니다.
- 96개의 LED가 기본 장착되어 있습니다.

❸ 아두이노 레오나르도

- Raspberry Pi® RP2040 Cortex M0+ 32 비트 마이컴을 사용합니다.
- WiFi 통신, 블루투스 통신이 가능합니다.

❹ 아두이노 메가

- 8 비트 atmega2560 마이컴을 사용합니다.
- 우노 R3보다 기능과 핀수가 많습니다.

아두이노 소프트웨어

아두이노 소프트웨어는 아두이노 공식 웹사이트에서 다운로드 받을 수 있습니다. 다음은 아두이노 공식 웹사이트의 주소입니다.

https://www.arduino.cc/en/Main/Software

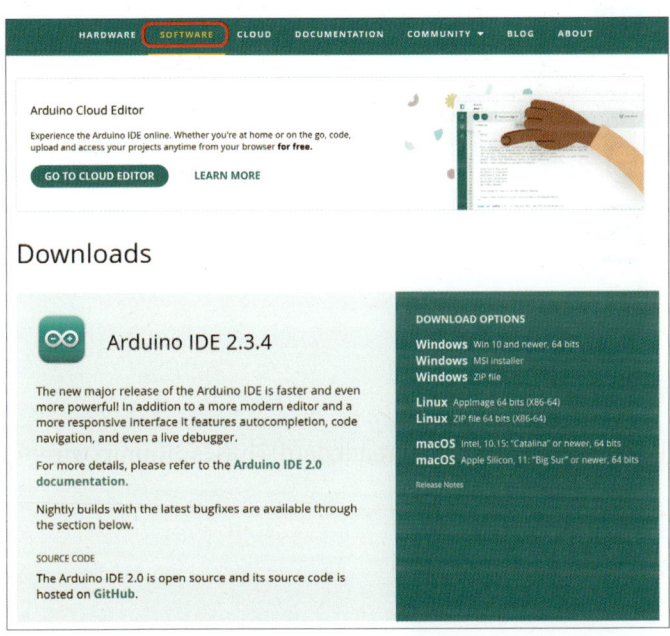

TIP 지원되는 OS는 Windows, Mac OS X, Linux이며 자신의 OS에 맞는 소프트웨어를 다운로드받으면 됩니다.

아두이노 소프트웨어는 아두이노 스케치에서 소스를 작성하고 컴파일한 후 아두이노 보드상에 업로드할 수 있고 보드를 통해서 결과를 확인할 수 있습니다.

다음은 설치를 마친 아두이노 소프트웨어입니다.

아두이노 소프트웨어는 다음 과정에서 설치합니다.

USB 케이블

아두이노 우노 보드를 PC에 연결하기 위해서는 다음과 같은 USB 케이블이 필요합니다.

이 케이블은 USB 2.0 A Male B Male 케이블입니다. 아두이노 보드는 USB 케이블을 이용해서 컴퓨터와 통신 및 전원을 공급 받습니다.

TIP USB 케이블 타입은 다음 그림을 참조합니다.

브레드 보드와 점프선 및 기타 부품

아두이노 보드와 외부 부품을 조합하기 위해서는 브레드 보드(breadboard)와 점프선(jump wire)이 필요합니다.

브레드 보드는 부품을 납땜하지 않고도 회로를 쉽게 구성할 수 있게 해주는 전기 회로 개발 도구입니다. 브레드 보드는 다음과 같이 내부적으로 연결되어 있어 전자 부품을 연결하기 편리합니다.

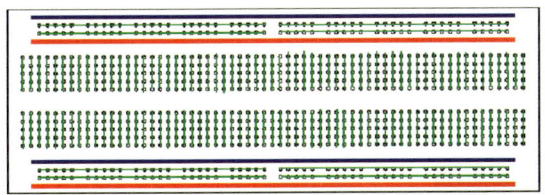

또한 만들고자 하는 프로젝트에 따라 버튼, LED, 저항, 부저 등 각종 부품이 필요합니다.
다음은 이 책에서 주로 사용할 부품들입니다.

❶ 부품형

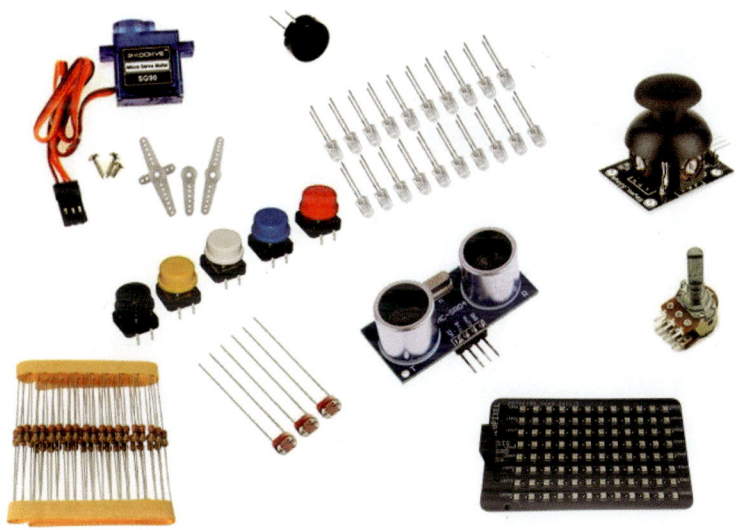

❷ 통합 보드형

01_4 아두이노 보드 살펴보기

아두이노 보드는 기본적으로 14개의 디지털 입출력 핀, 6개의 아날로그 입력 핀, 전원(5V, GND), 상태 표시 LED(L, TX, RX), 리셋 버튼으로 구성됩니다. 전원 공급은 USB 포트 또는 DC 전원으로 할 수 있습니다.

❶ 리셋버튼
❷ 전원(GND)
❸ 디지털 입출력×14
❹ USB 커넥터
❺ DC 전원 커넥터
❻ 상태표시 LED
❼ 전원(5V, GND)
❽ 아날로그 입력 × 6

디지털 입출력 핀들은 외부로 0V, 5V 값을 내보내거나 외부에서 0V, 5V 값을 받는 역할을 합니다. 외부로 0V, 5V를 내보낼 경우엔 LED 등을 연결해 켜거나 끄는 동작을 수행하며, 외부로부터 0V, 5V 값을 받을 경우엔 버튼 등을 연결하여 버튼을 누르거나 떼는 동작을 판별하게 됩니다. 아날로그 입력 핀은 외부로부터 아날로그 입력 값을 읽는 핀으로 주로 센서와 연결하여 사용됩니다. 아날로그 입력 값은 0~5V 사이의 전압 값을 256 단계로 구분하여 읽게 됩니다.

02

아두이노 기본기 다루기

이 책에서 사용하는 키트는 2 가지 형태로 다음과 같습니다.

부품형 키트

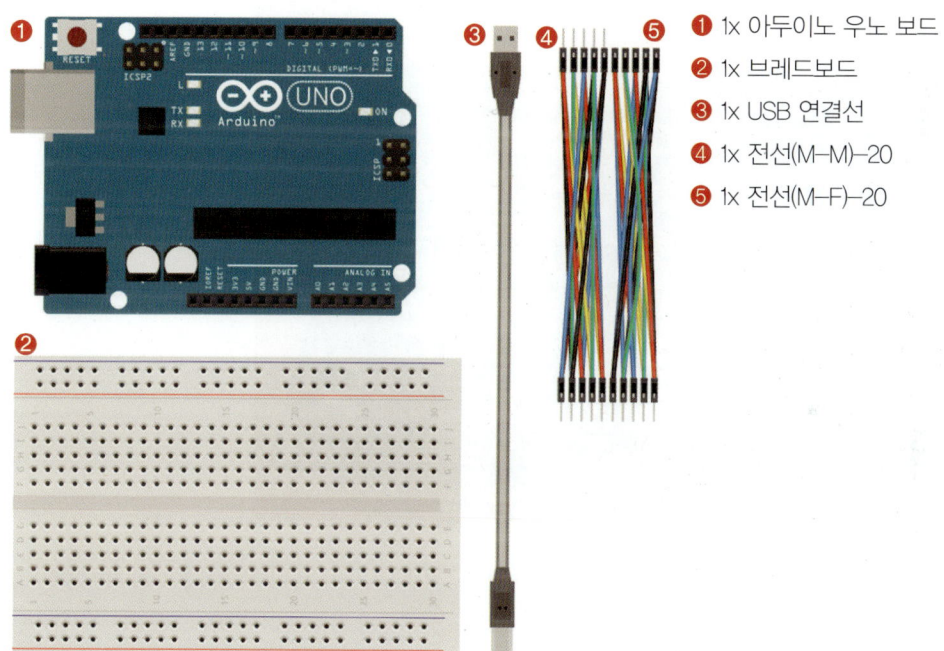

❶ 1x 아두이노 우노 보드
❷ 1x 브레드보드
❸ 1x USB 연결선
❹ 1x 전선(M-M)-20
❺ 1x 전선(M-F)-20

아두이노의 의사 표현 : 액추에이터

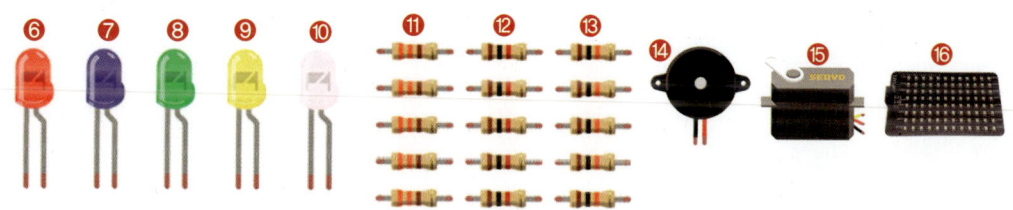

❻ 5x LED 빨간색　❼ 5x LED 파란색　❽ 5x LED 초록색　❾ 5x LED 노란색　❿ 5x LED 투명　⓫ 20x 저항 330 Ω
⓬ 5x 저항 1K Ω　⓭ 5x 저항 10K Ω　⓮ 1x 피에조 수동 부저　⓯ 1x 서보 모터 SG90　⓰ 1x 네오픽셀

Chapter 01_아두이노 기초 다지기　23

아두이노의 눈, 코, 입 : 센서

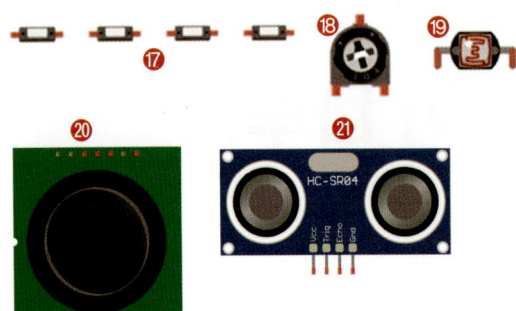

❶ 10x 푸시버튼
❷ 1x 가변저항 10KΩ
❸ 1x CDS 빛 센서
❹ 1x 조이 스틱
❺ 1x 초음파 센서

통합 보드형 키트

▶ **한 권으로 끝내는 아두이노 입문+실전(종합편) 키트** : [한 권으로 끝내는 아두이노 입문+실전(종합편) 키트]에는 도서에서 설명하는 구성품을 모두 담고 있습니다.

▶ **키트 구매처**
  • AI 사이언스 : http://www.kocolabs.co.kr
  • 키트명 : [한 권으로 끝내는 아두이노 입문+실전(종합편) 키트]

※ 아두이노 키트(부품형, 통합 보드형) 가격은 판매업체(코코랩스)의 사정 또는 부품 가격 변동에 따라 판매 가격이 변동될 수 있음을 안내드립니다. 키트 가격은 코코랩스에서 확인할 수 있으며, 키트 가격 변동이 책 반품 사유가 될 수 없음을 안내드립니다.

통합 보드 조립하기

여기서는 통합보드를 조립해 봅니다. 개별부품을 사용하는 독자분들은 이 부분은 건너 뛰셔도 됩니다.

01 통합 보드 부품 준비하기

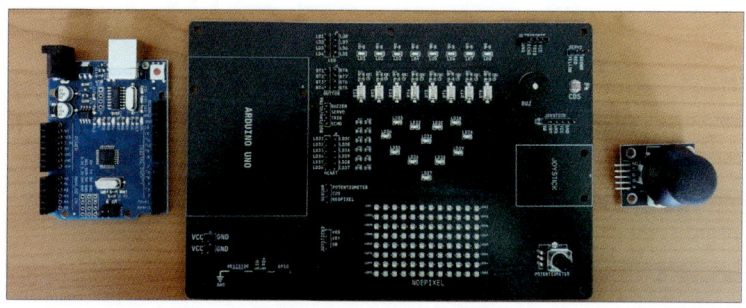
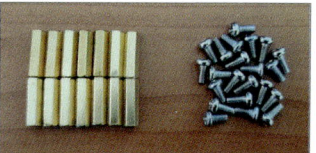

02 아두이노와 조이스틱 조립하기

03 통합 보드에 장착하기

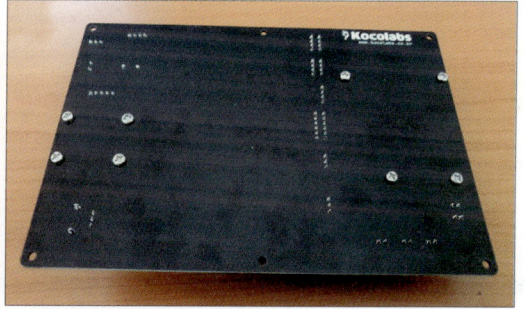

04 통합보드에 지지대 장착하기

Chapter 01_아두이노 기초 다지기 25

03

아두이노 개발 환경 구성하기

여기서는 아두이노 개발에 필요한 아두이노 소프트웨어를 설치하고, 아두이노 소프트웨어를 이용한 개발 순서를 꼼꼼하게 살펴봅니다. 아두이노 보드를 컴퓨터에 연결하는 방법, 보드와 포트를 선택하는 방법, 스케치 작성법, 작성한 스케치를 보드에 업로드하여 결과를 확인하는 방법을 차례대로 살펴봅니다.

03_1 아두이노 소프트웨어 설치하기

이제 아두이노 스케치를 구현하고, 컴파일하고, 업로드하기 위한 개발 환경을 구성하기 위해 아두이노 소프트웨어를 설치합니다.

다음과 같은 아두이노 소프트웨어를 설치합니다.

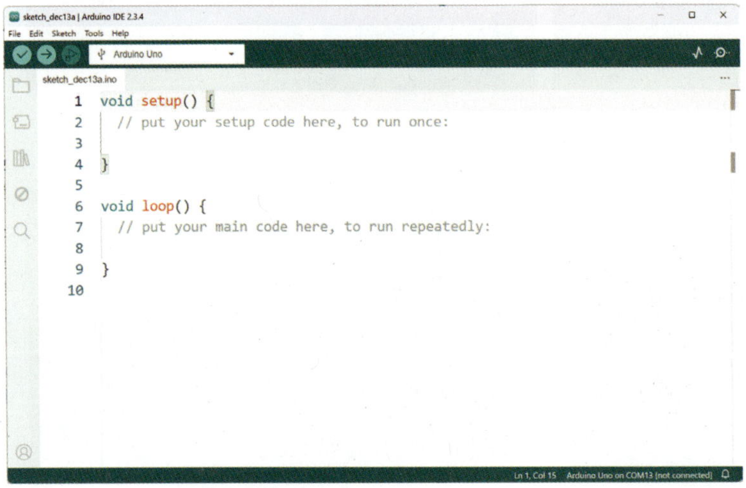

우리는 이 프로그램을 이용하여

❶ 아두이노 스케치를 작성하고,

❷ 작성한 스케치를 컴파일하고,

❸ 컴파일한 스케치를 아두이노 보드 상에 업로드하고,

❹ 시리얼 모니터를 통해 결과를 확인하게 됩니다.

01 [www.arduino.cc] 사이트에 접속합니다.

02 홈페이지가 열립니다. [SOFTWARE] 메뉴를 찾아 선택합니다.

03 새로 열린 페이지에서 아래로 조금 이동하여 다음 부분을 찾습니다.

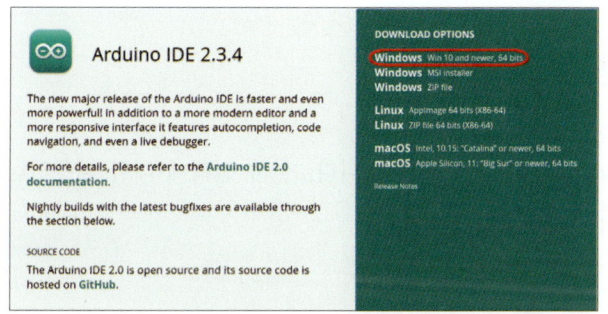

※ 2025년 02월 기준 Arduino IDE 2.3.4가 사용되며, 버전은 다운로드 시점에 따라 변경될 수 있습니다.

04 [Windows Win 10 and newer, 64bits]를 마우스 클릭합니다.

05 그러면 다음 페이지로 연결됩니다. 하단에 있는 [JUST DOWNLOAD] 버튼을 누릅니다.

※ 맥 OS 사용자의 경우엔 다음을 선택합니다.   ※ 리눅스 OS 사용자의 경우엔 다음 중 하나를 선택합니다.

06 다운로드가 완료되면 마우스 클릭하여 설치 프로그램을 실행시킵니다.

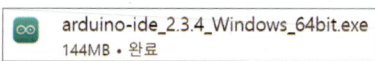

07 다음과 같이 [Arduino Setup: License Agreement] 창이 뜹니다. 사용 조건 동의에 대한 내용입니다. [I Agree] 버튼을 눌러 동의합니다.

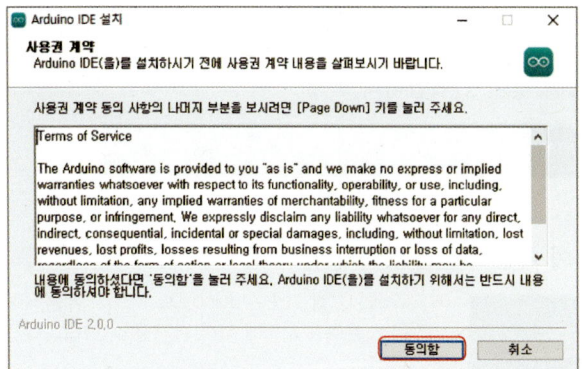

08 다음과 같이 [Arduino Setup: Installation Options] 창이 뜹니다. 설치 선택에 대한 내용입니다. 기본 상태로 둔 채 [Next] 버튼을 누릅니다.

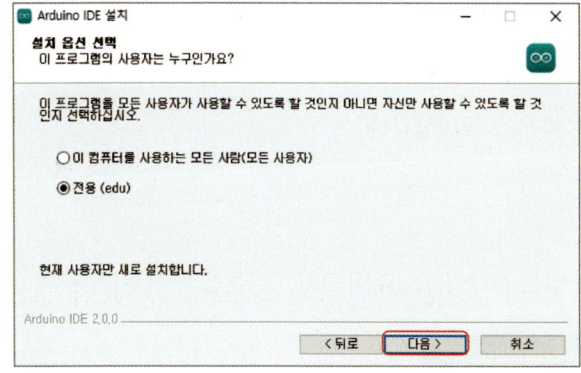

09 다음과 같이 [Arduino Setup: Installation Folder] 창이 뜹니다. 설치 폴더 선택 창입니다. 기본 상태로 둔 채 [Install] 버튼을 누릅니다.

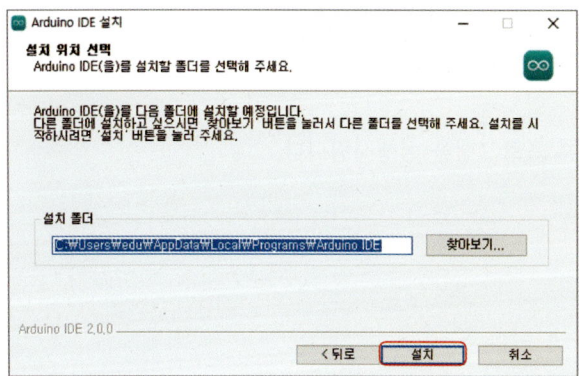

10 그러면 다음과 같이 설치가 진행됩니다.

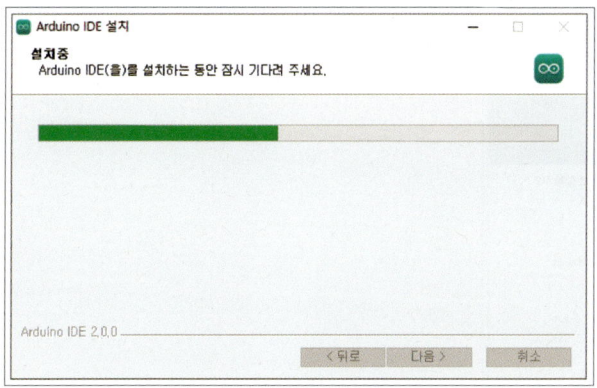

11 설치 마지막 단계에 다음과 같은 창이 하나 이상 뜹니다. 아두이노 보드에 접근하기 위해 필요한 드라이버 설치 창입니다. [설치(I)] 버튼을 눌러줍니다.

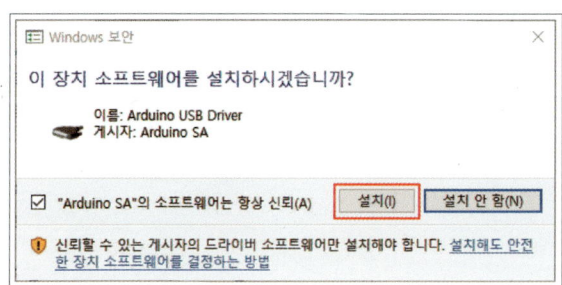

12 다음과 같이 [Arduino Setup: Completed] 창이 뜹니다. 설치 완료 창입니다. [Close] 버튼을 눌러 설치를 마칩니다.

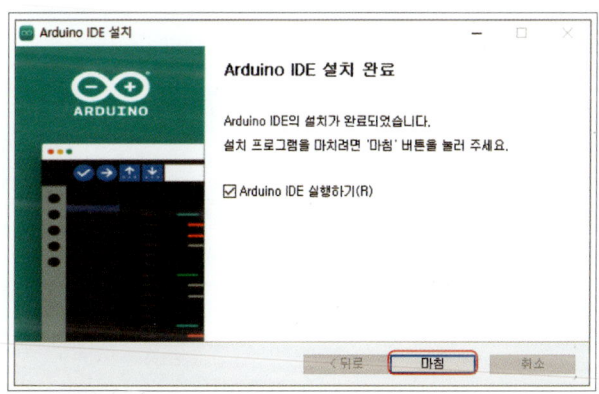

13 바탕 화면에 다음 아이콘이 설치됩니다. 아이콘을 눌러 아두이노 소프트웨어를 실행시킵니다.

14 처음엔 다음과 같은 보안 경고 창이 뜹니다. 아두이노 소프트웨어를 사용하기 위해 필요한 부분이기 때문에 [액세스 허용(A)] 버튼을 누릅니다.

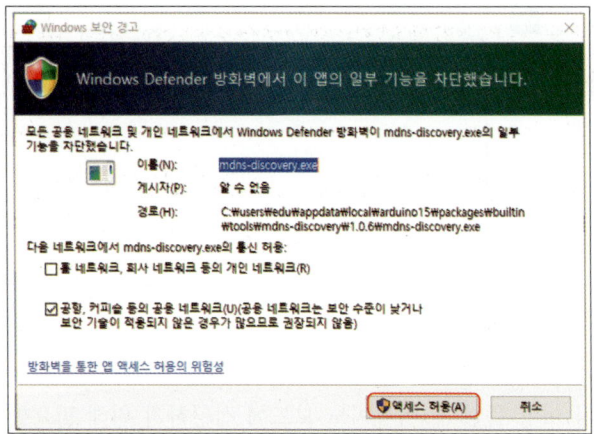

15 그러면 다음과 같이 아두이노 소프트웨어 프로그램이 실행되는 것을 볼 수 있습니다.

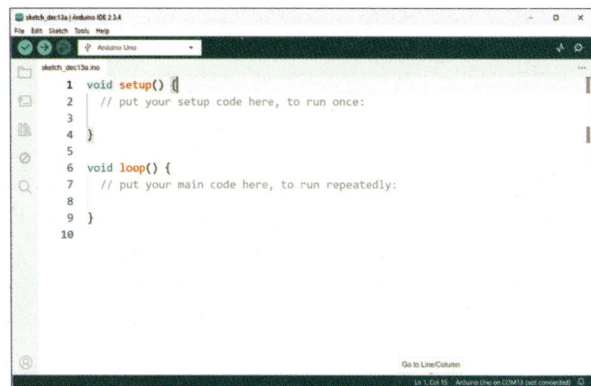

CH340 USB 드라이버 설치

아두이노 호환 보드의 경우 CH340 드라이버를 설치해야 합니다.

01 다음과 같이 검색합니다.

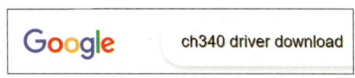

02 다음 사이트로 들어갑니다.

03 다음 부분을 찾아 마우스 클릭합니다.

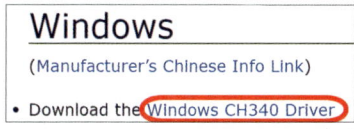

04 다음과 같이 드라이버 프로그램을 다운로드 받습니다.

05 압축을 푼 후, 다음 파일을 실행합니다.

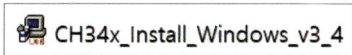

06 다음과 같은 창이 뜨면 [INSTALL] 버튼을 눌러 설치를 진행합니다.

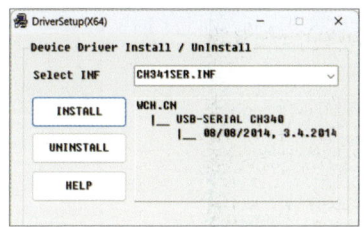

03_2 아두이노 보드에 컴퓨터 연결하기

이제 아두이노 보드와 컴퓨터를 연결해 봅니다. 아두이노 보드의 USB는 다음과 같이 세 가지 기능을 제공합니다.

❶ 전원을 공급 받을 수 있고,
❷ 시리얼 포트를 통해 컴파일한 프로그램을 업로드할 수 있고,
❸ 시리얼 포트를 통해 디버깅 메시지를 볼 수 있습니다.

그래서 아두이노 보드는 USB 케이블 하나로 컴퓨터로 연결될 수 있으며, 간단한 인터페이스를 이용하여, 개발을 진행할 수 있습니다.

01 아두이노 우노 보드를 준비합니다. 아두이노 우노 보드는 가장 먼저 나온 아두이노 보드로 많은 사람들이 사용하고 있는 보드입니다.

02 다음과 같은 모양의 USB 케이블을 준비합니다. 이 케이블을 이용하여 아두이노 보드와 컴퓨터를 연결합니다.

03 USB 케이블의 한쪽 끝을 아두이노 보드에 연결합니다.

04 USB 케이블의 다른 쪽 끝을 컴퓨터에 연결합니다.

03_3 아두이노 보드와 시리얼 포트 선택하기

여기서는

❶ 아두이노 소프트웨어에서 사용할 보드로 아두이노 우노를 선택하고,

❷ 아두이노 스케치 프로그램을 업로드 할 포트를 선택하는

방법을 살펴봅니다.

보드 선택

01 다음과 같이 윈도우 검색 창에 [장치]를 입력한 후, [장치 관리자] 프로그램을 실행시킵니다.

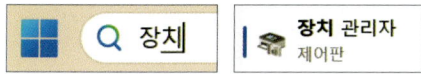

02 [장치 관리자] 창에서 다음과 같이 [포트(COM & LPT)]를 확인합니다.

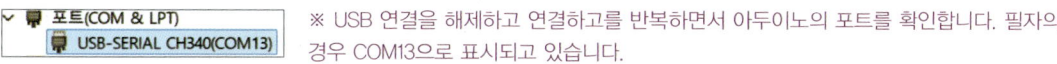

※ USB 연결을 해제하고 연결하고를 반복하면서 아두이노의 포트를 확인합니다. 필자의 경우 COM13으로 표시되고 있습니다.

03 다음과 같이 아두이노 IDE에서 ❶ [Select Board]--❷ [Select other board and port...] 메뉴를 선택합니다.

04 계속해서 ❸[uno]를 검색한 후, ❹[Arduino Uno]를 선택하고, 2 단계에서 확인한 ❺[Serial Port]를 선택하고, ❻[OK] 버튼을 누릅니다.

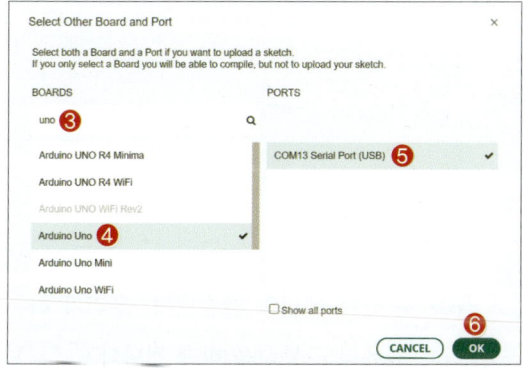

05 다음과 같이 [Arduino Uno]가 선택된 것을 확인합니다.

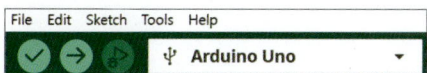

03_4 스케치 작성해 보기

여기서는

❶ Hello PC 스케치를 작성한 후,

❷ 컴파일하고,

❸ 아두이노 보드에 업로드하고,

❹ 시리얼 모니터를 통해 결과를 확인해 봅니다.

스케치 작성하기

01 다음과 같이 예제를 작성합니다.

```
sketch_dec16b.ino
1  void setup() {
2    Serial.begin(115200);
3
4  }
5
6  void loop() {
7    Serial.println("Hello PC^^. I'm an Arduino~");
8
9  }
```

2 : 아두이노가 Serial.begin 명령을 수행하여 PC로 연결된 Serial의 통신 속도를 115200bps로 설정하게 합니다. 115200bps는 초당 115200 비트를 보내는 속도입니다. 시리얼 포트를 통해 문자 하나를 보내는데 10비트가 필요합니다. 그러므로 1초에 115200/10 = 11520 문자를 보내는 속도입니다. 11520 문자는 A4 용지 기준 5~6페이지 정도의 양입니다. 비트는 0 또는 1을 담을 수 있는 데이터 저장의 가장 작은 단위입니다.

7 : 아두이노가 Serial.println 명령을 수행하여 "Hello PC^^. I'm an Arduino~" 문자열을 PC로 출력하게 합니다. println은 print line의 약자입니다. ln의 l은 영문 대문자 아이(I)가 아니고 소문자 엘(l)입니다.

시리얼 통신은 다음 부분을 통해서 이루어집니다.

시리얼 통신의 원리는 종이컵과 실을 이용하여 말하고 들을 수 있는 원리와 같습니다. 우리가 하는 말이 실을 통해 순차적으로 전달되는 원리로 아두이노 보드와 컴퓨터도 통신을 하게 됩니다.

스케치 저장하기

02 [File]--[Save] 버튼을 누릅니다.

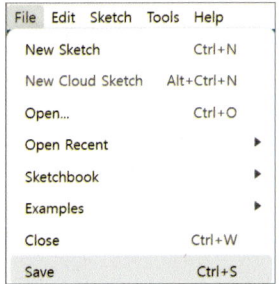

03 그러면 다음과 같은 창이 뜹니다.

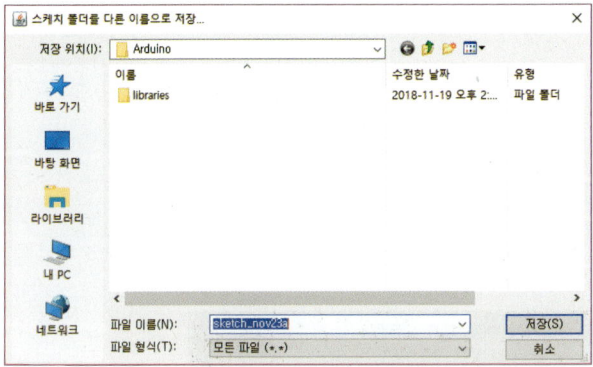

04 프로젝트 디렉터리를 만들기 위해 오른쪽 상단에 있는 [새 폴더 만들기] 버튼을 누릅니다.

05 디렉터리 이름을 [exercises]로 합니다. 한글 이름은 오류가 발생할 수 있으므로 사용하지 않습니다.

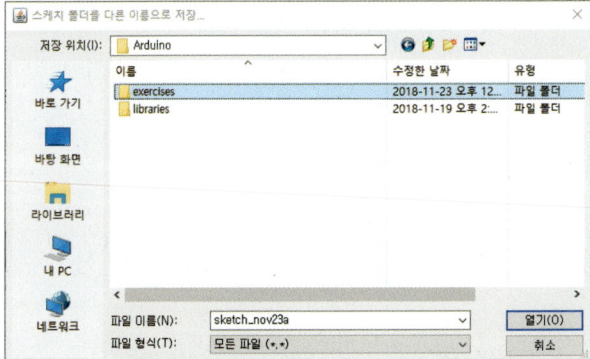

06 [exercises] 디렉터리로 이동하여 [00_hello_pc]를 입력한 후, [저장] 버튼을 누릅니다.

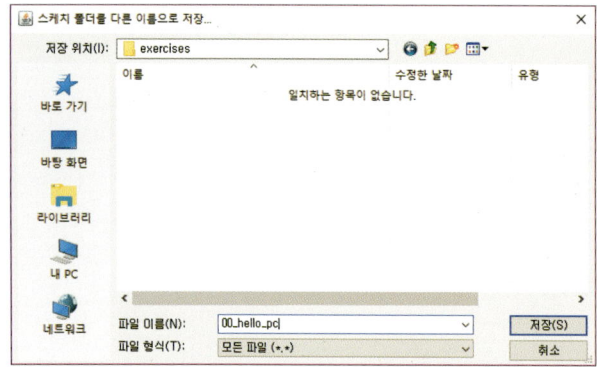

스케치 업로드

07 컴파일과 업로드를 수행합니다.

08 [업로드 완료]를 확인합니다.

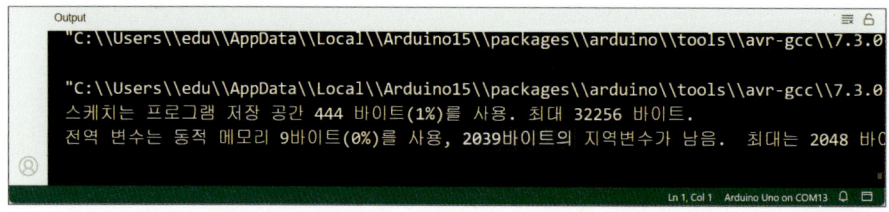

> **❝ 컴파일**
> 컴파일이란 작성한 스케치를 아두이노 보드 상에 있는 마이크로 컨트롤러가 읽을 수 있는 코드로 변형하는 작업이며, 컴파일러 라는 프로그램이 이 작업을 수행합니다. 한글로 쓴 소설을 영어로 번역하여, 영어를 사용하는 사람들이 읽을 수 있도록 하는 작업과 같다고 보면 됩니다.

시리얼 모니터 확인

이제 결과를 시리얼 모니터를 통해 확인합니다.

09 [시리얼 모니터] 버튼을 눌러줍니다.

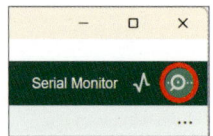

10 시리얼 모니터 창이 뜨면, 우측 하단에서 통신 속도를 115200으로 맞춰줍니다.

11 다음과 같은 메시지가 반복적으로 뜨는 것을 확인합니다.

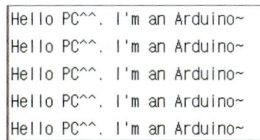

loop 함수가 반복돼서 호출되기 때문에 메시지도 반복돼서 뿌려지게 됩니다.

03_5 아두이노 오류 발생 시 대처방법

앞으로 여러분은 아두이노를 다루는 과정에서 몇 가지 정형화된 오류를 반복적으로 접하게 됩니다. 이 때는 다음 순서로 문제를 해결해 보도록 합니다.

01 USB 포트 연결에 문제가 발생하는 경우가 있습니다. 이 경우엔 USB 연결을 해제한 후 다시 연결합니다.
02 아두이노 소프트웨어에서 설정이 제대로 안되어 있는 경우가 있습니다. 이 경우엔 아두이노 소프트웨어의 tool 메뉴에서 보드와 포트가 제대로 선택되어 있는지 확인합니다.
03 아두이노 스케치에 C 문법 오류가 있는 경우가 있습니다. 이 경우엔 반점(;-세미콜론), 괄호(소괄호(), 중괄호{}, 대괄호[]), 점(.), 함수 색상 순서로 확인해 봅니다.
04 아두이노 보드 자체에 하드웨어적인 문제가 있는 경우가 있습니다. 이 경우엔 blink 예제로 아두이노 보드의 상태를 확인합니다.

04 아두이노 스케치 구조 이해하기

여기서는 아두이노 스케치의 구조에 대해서 자세히 살펴보도록 합니다.

04_1 아두이노 스케치 기본 함수

아두이노 스케치는 다음과 같이 두 개의 기본 함수로 구성됩니다.

```
void setup() {
  // put your setup code here, to run once:

}

void loop() {
  // put your main code here, to run repeatedly:

}
```

setup 함수는 코드 실행을 시작할 때 한 번만 수행되며, 사용하고자 하는 하드웨어(입출력 모듈:센서, 모터 등)를 초기화시키는 부분입니다. loop 함수는 반복적으로 수행되며, 하드웨어를 반복적으로 동작 시키는 부분입니다.

TIP 함수는 기능이라는 의미로 수학에서 유래하였으며 원하는 기능을 수행하기 위한 명령의 집합으로 구성됩니다. 함수에 대해서는 바로 뒤에서 살펴보도록 합니다.

01 setup 함수를 다음과 같이 수정해 봅니다.

```
1  void setup() {
2    Serial.begin(115200);
3    while(!Serial) {}
4
5    Serial.println("setup");
6  }
7
8  void loop() {
9
10
11 }
```

2: 시리얼 포트의 통신 속도를 115200으로 설정합니다.
3: 시리얼 포트가 활성화될 때까지 기다립니다.
5: setup 문자열을 시리얼 포트로 출력합니다.

02 컴파일과 업로드를 수행합니다.

03 [시리얼 모니터] 버튼을 눌러줍니다.

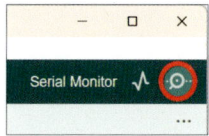

04 시리얼 모니터 창이 뜨면, 우측 하단에서 통신 속도를 115200으로 맞춰줍니다.

05 setup 문자열이 한 번 출력되는 것을 확인합니다.

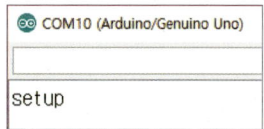

06 이번엔 loop 함수를 다음과 같이 수정합니다.

```
1  void setup() {
2    Serial.begin(115200);
3    while(!Serial) {}
4
5    Serial.println("setup");
6  }
7
8  void loop() {
9    Serial.println("loop");
10   delay(1000);
11
12 }
```

9: loop 문자열을 시리얼 포트로 출력합니다.
10: 1000 밀리 초간 기다립니다. delay 함수는 아두이노가 delay 함수 내에서 인자로 주어진 시간(밀리초 단위)만큼 기다리도록 하는 함수입니다.

07 컴파일과 업로드를 수행합니다.

08 [시리얼 모니터] 버튼을 눌러줍니다.

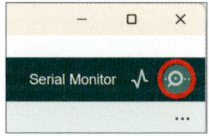

09 시리얼 모니터 창이 뜨면, 우측 하단에서 통신 속도를 115200으로 맞춰줍니다.

10 loop 문자열이 계속해서 출력되는 것을 확인합니다.

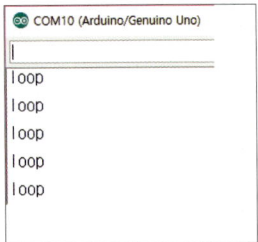

04_2 숨겨진 main 함수

setup, loop 함수는 다음과 같이 main 함수에서 호출됩니다.

```
int main(void)
{
    init();

    initVariant();

#if defined(USBCON)
    USBDevice.attach();
#endif

    setup();                    → void setup() {
                                  }
    for (;;) {
        loop();                 → void loop() {
        if (serialEventRun) serialEventRun();
    }                             }

    return 0;
}
```

TIP 아두이노는 C/C++ 언어로 작성합니다. C/C++ 언어로 작성하는 프로그램의 시작은 main 함수로 시작합니다. 아두이노 스케치에서 main 함수는 숨겨져 있습니다.

main 함수의 내용을 확인하기 위해 다음 폴더로 이동합니다.

> 내 PC > 로컬 디스크 (C:) > Program Files (x86) > Arduino > hardware > arduino > avr > cores > arduino

main.cpp 파일을 열어 main 함수의 내용을 확인합니다.

| main.cpp | 2018-09-10 오후 6:48 | CPP 파일 | 2KB |

TIP main.cpp 파일은 아두이노 스케치를 컴파일하는 과정에서 같이 포함됩니다.

Special Page

C/C++ 코너 : 함수와 변수 살펴보기

함수와 변수란?

여러분은 이 책을 보면서 변수와 함수란 용어를 자주 접하게 됩니다. 아두이노 스케치는 C/C++ 언어를 이용하여 작성하는 프로그램입니다. C/C++ 프로그램은 변수와 함수로 구성됩니다. 변수와 함수란 말은 수학에서 유래하였습니다. 다음은 중학교 때 배운 함수식입니다.

$y = f(x) = x + 1$ (x는 정수)

이 식에서
x가 1일 때 $y = f(1) = 1 + 1$이 되어 y는 2가 됩니다.
x가 2일 때 $y = f(2) = 2 + 1$이 되어 y는 3이 됩니다.
x가 -1일 때 $y = f(-1) = -1 + 1$이 되어 y는 0이 됩니다.

이와 같이 x는 정수 범위 내에서 임의의 값을 가질 수 있기 때문에 변수라고 합니다. f(x)는 x 값에 따라 내부적으로 1을 더해 그 결과 값을 주는 기능을 한다고 하여 함수라고 합니다. 함수는 상자에서 나오는 수라는 의미입니다.

이 함수를 그림으로 표현하면 다음과 같습니다.

위의 수식에서 f 함수에 대한 정의는 아두이노 스케치로 다음과 같이 표현합니다.

<u>int</u> <u>f</u> <u>(</u> <u>int</u> x <u>)</u> <u>{</u> <u>return</u> <u>x+1</u> <u>;</u> <u>}</u>
 ❽ ❶ ❷ ❸   ❷ ❹   ❻   ❺   ❼ ❹

❶ f는 함수명입니다.
❷ 소괄호 ()는 f 함수로 넘어가는 입력을 나타냅니다.
❸ 함수 f의 입력으로 넘어가는 x는 정수이기 때문에 integer(정수)의 약자인 int라고 명시해줍니다.
   즉, 정수를 담은 변수 x가 f 함수로 들어간다는 의미입니다.
❹ 중괄호 {}는 함수의 범위를 나타냅니다. 수학의 집합 기호와 같다고 생각할 수 있습니다.
❺ 입력으로 넘어온 x에 1을 더한다는 의미로 f 함수의 내부 동작입니다.
❻ return은 x + 1의 결과 값을 돌려주며 함수를 빠져 나간다는 의미입니다.

❼ ';'기호는 한 줄이 완료되었다는 표시입니다. 즉 아두이노가 가져다 사용하는 C언어의 기본 문법입니다. C언어는 문장의 끝을 항상 반점(세미콜론)으로 끝냅니다.

❽ 함수의 출력 값이 정수라는 의미입니다. 정수 x에 1을 더한 결과 값은 정수가 됩니다.

위의 수식에서 f 함수에 대한 사용은 아두이노 스케치로 다음과 같이 표현합니다.

$$\underline{\text{int}}_{❶} \ \underline{x}_{❷} \ \underline{=}_{❸} \ \underline{2}_{} \ \underline{;}_{❹}$$

$$\underline{\text{int}}_{❶} \ \underline{y}_{❷} \ \underline{=}_{❸} \ \underline{f(x)}_{❺} \ \underline{;}_{❹}$$

❶ int는 정수 값을 가질 수 있는 변수의 한 종류로 integer(정수)의 약자입니다.

❷ 변수명입니다. 즉, x라는 int형 변수를 선언한 것입니다. x는 정수 값을 가질 수 있습니다.

❸ '=' 기호는 우측의 값을 좌측 변수에 할당하라는 의미입니다. 여기서는 2를 x 변수에 넣은 것입니다.

❹ ';'기호는 한 줄이 완료되었다는 표시입니다. 즉 아두이노가 가져다 사용하는 C언어의 기본 문법입니다. C언어는 문장의 끝을 항상 세미콜론으로 끝냅니다.

❺ 함수 f에 2 값을 갖는 x를 넣는다는 의미입니다. 이렇게 함수를 사용하는 것을 함수를 호출한다고 합니다. 2 값을 넘겨받은 함수 f는 결과 값으로 3을 내어주며 3은 y 변수에 할당됩니다. 즉, y는 f 함수를 수행한 결과 정수 3 값을 할당 받게 됩니다.

이상에서 아두이노 스케치는 함수와 변수를 이용하여 작성되며 독자 여러분은 함수와 변수에 대해 익숙해야 합니다. 이제 f 함수에 대한 테스트를 수행해 봅니다.

01 다음과 같이 예제를 작성합니다.

135_1.ino
```
int f(int x) {
        return x+1;
}

void setup() {
        Serial.begin(115200);
        while(!Serial) {}
        
        int x = 2;
        int y = f(x);
        
        Serial.println(y);
}

void loop() {

}
```

02 컴파일과 업로드를 수행합니다.

03 [시리얼 모니터] 버튼을 눌러줍니다.

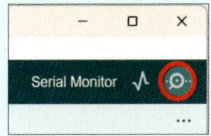

04 시리얼 모니터 창이 뜨면, 우측 하단에서 통신 속도를 115200으로 맞춰줍니다.

05 출력결과를 확인합니다.

3이 시리얼 모니터로 출력됩니다.

변수의 형식이란?

중학교 때 우리는 여러 가지 수를 배웁니다. 자연수, 정수, 분수, 유리수, 무리수, 실수, 복소수 등을 배웁니다. C/C++에서 다루는 수를 저장하기 위한 기본 변수의 형식은 크게 2 가지입니다. 앞에서 보았던 정수형의 int와 지금부터 살펴볼 실수형의 float가 그것들입니다.

이제 다음 식에서 x가 실수인 경우를 살펴봅니다.

$y = g(x) = x + 1$ (x는 실수)

이 식에서

x가 1.1일 때 y = g(1.1) = 1.1 + 1이 되어 y는 2.1이 됩니다.

x가 2.2일 때 y = g(2.2) = 2.2 + 1이 되어 y는 3.2가 됩니다.

x가 -1.1일 때 y = g(-1.1) = -1.1 + 1이 되어 y는 -0.1이 됩니다.

이와 같이 x는 실수 범위 내에서 임의의 값을 가질 수 있기 때문에 변수라고 합니다. g(x)는 x 값에 따라 내부적으로 1을 더해 그 결과 값을 주는 기능을 한다고 하여 함수라고 합니다.

이 함수를 그림으로 표현하면 다음과 같습니다.

위의 수식에서 f 함수에 대한 정의는 아두이노 스케치로 다음과 같이 표현합니다.

$$\underset{\textbf{❽}}{\text{float}} \; \underset{\textbf{❶}}{g} \; \underset{\textbf{❷}}{(} \; \underset{\textbf{❸}}{\text{float}} \; \underset{\textbf{❷}}{x} \; \underset{\textbf{❹}}{)} \; \underset{\textbf{❻}}{\{} \; \text{return} \; \underset{\textbf{❺}}{x+1} \; \underset{\textbf{❼}}{;} \; \underset{\textbf{❹}}{\}}$$

❶ g는 함수명입니다.
❸ 함수 g의 입력으로 넘어가는 x는 실수이기 때문에 float이라고 명시해줍니다. 즉, 실수를 담은 변수 x가 g 함수로 들어간다는 의미입니다. 아두이노에서 주로 사용하는 실수형은 float입니다. 일반적으로 C/C++에서는 float보다 큰 double을 사용합니다.
❽ 함수의 출력 값이 실수라는 의미입니다. 실수 x에 1을 더한 결과 값은 실수가 됩니다.

위의 수식에서 g 함수에 대한 사용은 아두이노 스케치로 다음과 같이 표현합니다.

$$\underset{\textbf{❶}}{\text{float}} \; \underset{\textbf{❷}}{x} \; \underset{\textbf{❸}}{=} \; \underset{\textbf{❹}}{2.1;}$$

$$\underset{\textbf{❶}}{\text{float}} \; \underset{\textbf{❷}}{y} \; \underset{\textbf{❸}}{=} \; \underset{\textbf{❺}}{g(x)} \; \underset{\textbf{❹}}{;}$$

❶ float는 실수 값을 가질 수 있는 변수의 한 종류입니다.
❷ 변수명입니다. 즉, x라는 float형 변수를 선언한 것입니다. x는 실수 값을 가질 수 있습니다.
❸ '=' 기호는 우측의 값을 좌측 변수에 할당하라는 의미입니다. 여기서는 2.1을 x 변수에 넣은 것입니다.
❹ ';'기호는 한 줄이 완료되었다는 표시입니다. 즉 아두이노가 가져다 사용하는 C언어의 기본 문법입니다. C언어는 문장의 끝을 항상 세미콜론으로 끝냅니다.
❺ 함수 g에 2.1 값을 갖는 x를 넣는다는 의미입니다. 이렇게 함수를 사용하는 것을 함수를 호출한다고 합니다. 2.1 값을 넘겨받은 함수 g는 결과 값으로 3.1을 내어주며 3.1은 y 변수에 할당됩니다. 즉, y는 g 함수를 수행한 결과 실수 3.1 값을 할당 받게 됩니다.

이상에서 아두이노 스케치에서 사용하는 기본 변수형 int, float에 대해 살펴보았습니다.
이제 g 함수에 대한 테스트를 수행해 봅니다.

01 다음과 같이 예제를 작성합니다.

135_2.ino
```
float g(float x) {
        return x+1;
}

void setup() {
        Serial.begin(115200);
        while(!Serial) {}

        float x = 2.1;
        float y = g(x);

        Serial.println(y);
}

void loop() {

}
```

02 컴파일과 업로드를 수행 한 후 [시리얼 모니터] 버튼을 눌러줍니다. 시리얼 모니터 창이 뜨면, 우측 하단에서 통신 속도를 115200으로 맞춰줍니다.

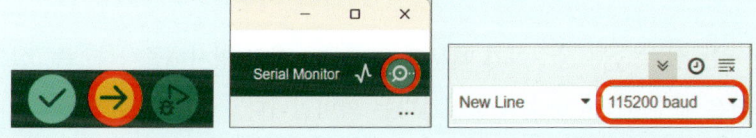

03 출력결과를 확인합니다.

3.10이 시리얼 모니터로 출력됩니다.

함수의 형식이란?

변수에도 int, float가 있는 것처럼 함수도 여러 가지로 표현할 수 있습니다. 예를 들어, 앞에서 보았던 f, g 함수는 서로 다른 함수입니다. 중학교, 고등학교 때 배웠던 수학에서도 여러 가지 형태의 함수가 있었습니다. 이 함수들은 아두이노 스케치에서 모두 표현할 수 있습니다.
다음 식을 살펴봅니다.

z = h(x, y) = x + y (x는 실수, y는 정수)

이 식에서

x가 1.1이고 y가 1일 때 z = h(1.1, 1) = 1.1 + 1이 되어 z는 2.1이 됩니다.

x가 2.2이고 y가 2일 때 z = h(2.2, 2) = 2.2 + 2가 되어 z는 4.2가 됩니다.

x가 -1.1이고 y가 -1일 때 z = h(-1.1, -1) = -1.1 + -1이 되어 z는 -2.1이 됩니다.

이 함수를 그림으로 표현하면 다음과 같습니다.

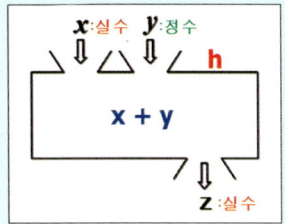

위의 수식에서 h 함수에 대한 정의는 아두이노 스케치로 다음과 같이 표현합니다.

<u>float</u> <u>h</u> <u>(</u> <u>float</u> <u>x,</u> <u>int</u> <u>y</u> <u>)</u> <u>{</u> <u>return</u> <u>x+y</u> <u>;</u> <u>}</u>
❽   ❶ ❷   ❸   ❸   ❷ ❹   ❻   ❺   ❼ ❹

❶ h는 함수명입니다.

❸ 함수 h의 입력으로 넘어가는 x는 실수, y는 정수이기 때문에 float, int라고 명시해줍니다. 즉, 실수를 담은 변수 x와 정수를 담은 변수 y가 h 함수로 들어간다는 의미입니다.

❽ 함수의 출력 값이 실수라는 의미입니다. 실수 x에 정수 y를 더한 결과 값은 실수가 됩니다.

위의 수식에서 h 함수에 대한 사용은 아두이노 스케치로 다음과 같이 표현합니다.

float x = 2.1;
int y = 2;
float z = h(x, y) ;

2.1, 2 값을 넘겨받은 함수 h는 결과 값으로 4.1을 내어주며 4.1은 z 변수에 할당됩니다. 즉, z는 h 함수를 수행한 결과 실수 4.1 값을 할당 받게 됩니다.

이상에서 하나 이상의 입력을 받을 수 있는 함수에 대해 살펴보았습니다.

이제 h 함수에 대한 테스트를 수행해 봅니다.

01 다음과 같이 예제를 작성합니다.

135_3.ino
```
float h(float x, int y) {
        return x+y;
}

void setup() {
        Serial.begin(115200);
        while(!Serial) {}

        float x = 2.1;
        int y = 2;
        float z = h(x, y);

        Serial.println(z);
}

void loop() {

}
```

02 컴파일과 업로드를 수행 한 후 [시리얼 모니터] 버튼을 눌러줍니다. 시리얼 모니터 창이 뜨면, 우측 하단에서 통신 속도를 115200으로 맞춰줍니다.

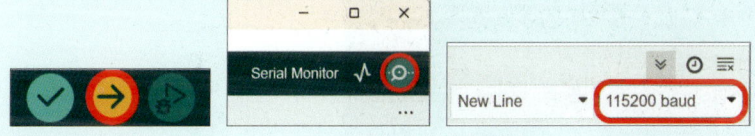

05 출력결과를 확인합니다.

```
4.10
```

4.10이 시리얼 모니터로 출력됩니다.

함수의 정의와 변수의 선언

함수의 정의 형식은 아래와 같습니다.

```
자료형 함수명 ( 자료형 인자, 자료형 인자, ... ) {
   실행문 ;
}
```

함수로 넘어가는 값들을 인자 또는 매개변수라고 합니다. 목록은 둘 이상의 인자가 넘어가는 경우를 말합니다. 변수의 선언 형식은 아래와 같습니다.

```
자료형 변수명 ;
자료형 변수명 = 변수값 ;
```

05

아두이노 핀 살펴보기

이 책에서는 아두이노 보드 상에 있는 핀을 이용하여 회로를 구성합니다. 그래서 아두이노 핀의 이름을 보는 법을 알아야 합니다. 다음은 아두이노 핀 맵을 나타냅니다.

디지털 출력과 입력

그림에 표시된 아두이노의 모든 핀(0~13, A0~A5)은 디지털 출력과 디지털 입력을 받을 수 있습니다. A0~A5의 경우 디지털 출력과 입력으로 사용할 경우 핀 번호를 14~19로 사용합니다. 디지털 출력은 0과 1을 표시하는 방법이며 디지털 입력은 0과 1을 읽을 수 있는 방법입니다. 디지털 출력은 digitaWrite를 통해서 명령을 내릴 수 있습니다. 예를 들어, LED를 켜기 위해서는 다음과 같이 명령을 내릴 수 있습니다.

```
digitalWrite(LED, 1);
```

1이 들어가는 자리에 0 또는 1을 쓸 수 있습니다.

디지털 입력은 digitaRead를 통해서 명령을 내릴 수 있습니다. 예를 들어, BUTTON 값을 읽기 위해서는 다음과 같이 명령을 내릴 수 있습니다.

```
int buttonValue = digitalRead(BUTTON);
```

0과 1은 정수이기 때문에 정수형의 buttonValue 변수에 값을 받습니다. int는 integer의 약자로 정수형을 의미합니다. buttonValue는 정수 값을 담을 수 있는 변수입니다. 변수란 0도 담을 수 있고 1도 담을 수 있는 것처럼 값이 변할 수 있다는 것을 의미합니다.

아날로그 출력(PWM 출력)

그림의 위쪽에 표시된 핀 들 중에서 ~ 표시가 된 핀(3, 5, 6, 9, 10, 11)은 아날로그 출력도 할 수 있는 핀입니다. 이 핀들은 PWM 핀이라고도 하며 0~255까지 2의 8승 범위의 값을 내보낼 수 있습니다. 아날로그 출력은 analogWrite를 통해서 명령을 내릴 수 있습니다. 예를 들어, LED의 밝기를 최대로 하기 위해서는 다음과 같이 명령을 내릴 수 있습니다.

```
analogWrite(LED, 255);
```

아날로그 입력

그림의 아래쪽에 표시된 A로 시작하는 핀(A0~5)은 아날로그 입력도 받을 수 있는 핀입니다. 이 핀들은 센서로부터 입력을 받기 위해 사용하며 0~1023까지 2의 10승 범위의 값을 받을 수 있습니다. 아날로그 입력은 analogRead를 통해서 명령을 내릴 수 있습니다. SENSOR 값을 읽기 위해서는 다음과 같이 명령을 내릴 수 있습니다.

```
int sensorValue = analogRead(SENSOR);
```

0~255는 정수이기 때문에 정수형의 sensorValue 변수에 값을 받습니다. int는 integer의 약자로 정수형을 의미합니다. sensorValue는 정수 값을 담을 수 있는 변수입니다. 변수란 0~255 값을 담을 수 있는 것처럼 값이 변할 수 있다는 것을 의미합니다.

CHAPTER 02

아두이노 초수되기

ARDUINO

이번 장에서는 아두이노를 편하게 접근하며 아두이노와 친해집니다. 아두이노가 PC를 통해 우리한테 메시지를 보내는 방법을 알아보고, LED를 깜빡이며 아두이노의 속도에 대해 체감해 보고, LED 회로를 구성하는 방법을 살펴보고, 하트 LED 회로를 구성해 보고, LED의 밝기를 조절하며 아두이노에 대해서 알아가도록 합니다.

01

아두이노의 입 : Serial.println

앞에서 우리는 Serial.println 함수를 사용하여 다음과 같은 메시지를 PC로 보냈습니다.

```
Hello PC^^. I'm an Arduino~
Hello PC^^. I'm an Arduino~
Hello PC^^. I'm an Arduino~
Hello PC^^. I'm an Arduino~
Hello PC^^. I'm an Arduino~
```

아두이노가 PC에게 인사를 한 것이죠. Serial.println 함수는 아주 유용한 함수입니다. 아두이노의 상태가 어떤지 우리에게 알려주는 주인공이 바로 Serial.println 함수입니다. 여러분은 앞으로 아두이노 스케치를 작성하다 버튼이나 센서의 값을 알고 싶은 경우가 있을 수 있습니다. 이 때 필요한 함수가 바로 Serial.println 함수입니다.

다음 핀은 Serial.println 함수 등을 통해 PC로 문자열을 내보내는 핀입니다.

아두이노는 TX 핀과 USB 단자를 통해 PC로 메시지를 보냅니다.

여러분은 아두이노 스케치를 통해 메시지를 출력할 때 다음 세 함수를 주로 사용하게 됩니다.

```
Serial.begin(speed)
Serial.println(val)
Serial.print(val)
```

Serial.begin

```
Serial.begin(speed);
              ①
```
① PC로 메시지를 보낼 때 데이터 속도
   (300, 600, 1200, 2400, 4800, 9600, 14400, 19200, 28800, 38400, 57600, 115200)

Serial.begin 함수는 PC로 메시지를 보낼 때 데이터의 속도를 설정합니다. speed 인자를 통해 설정할 수 있는 속도 값은 다음과 같습니다.

```
300, 600, 1200, 2400, 4800, 9600, 14400, 19200, 28800, 38400, 57600, 115200
```

우리 책에서는 주로 115200을 사용합니다. 115200bps는 초당 115200 비트를 보내는 속도입니다. 시리얼 포트를 통해 문자 하나를 보내는데 10비트가 필요합니다. 그러므로 1초에 115200/10 = 11520 문자를 보내는 속도입니다. 11520 문자는 A4 용지 기준 5~6페이지 정도의 양입니다. 비트는 0 또는 1을 담을 수 있는 데이터 저장의 가장 작은 단위입니다.

PC로 메시지를 보내기 위해서는 Serial.print 또는 Serial.println 함수를 사용합니다.

Serial.println

Serial.println은 PC로 메시지를 보내는 함수입니다.

```
Serial.println(val);
               ①
```
① PC로 보낼 메시지로 정수, 실수, 문자열을 보낼 수 있다.

Serial.println 함수는 메시지 출력 후, 커서 위치를 다음 줄 첫 번째 칸으로 옮기는 엔터 키 입력 효과를 줍니다. val 인자를 통해 보낼 수 있는 값은 문자열, 정수 값, 실수 값을 보낼 수 있습니다.
Serial.print 함수는 메시지만 출력하고, 커서의 위치는 옮기지 않습니다.

다음과 같이 형식(format) 인자를 이용하여 메시지 형식을 좀 더 자세하게 줄 수도 있습니다.

```
Serial.println(val, format)
Serial.print(val, format)
```

format 인자의 경우 val 인자가 정수일 경우엔 진법(DEC, HEX, OCT, BIN)을 설정할 수 있으며, 실수인 경우엔 소수점 이하 표시할 자리수를 설정할 수 있습니다. 뒤에서 예제를 통해 사용법을 살펴봅니다.

우리는 이 함수들을 이용하여 문자열과 숫자를 출력하게 됩니다. 숫자의 경우는 정수와 실수로 나눌 수 있습니다. 정수의 경우는 주로 10진수와 16진수로 표현할 수 있으며, 아두이노의 경우엔 2진수 표현도 가능합니다. 실수의 경우는 자릿수를 얼마나 나타낼지를 결정할 수 있습니다. 우리가 주로 사용하게 될 방법들을 위주로 몇 가지 예를 살펴보도록 합니다.

01_1 여러 형식의 자료 내보내기

여기서는 Serial.println 함수를 이용하여 문자열, 숫자, 문자를 출력해봅니다.

01 다음과 같이 예제를 작성합니다.

```
211_0.ino
01 void setup() {
02     Serial.begin(115200);
03     while(!Serial) {}
04
05     Serial.println("Hello PC^^. I'm an Arduino~");
06     Serial.println(78);
07     Serial.println(1.23456);
08     Serial.println('N');
09 }
10
11 void loop() {
12
13 }
```

03 : 시리얼 모듈이 초기화될 때까지 기다립니다.
05 : 문자열을 출력합니다.
06 : 정수 78을 10진수 문자열로 변환하여 출력합니다.
07 : 실수 1.23456을 10진 실수 문자열로 변환하여 출력합니다.
08 : 문자 N을 문자열로 변환하여 출력합니다.

02 [툴] 메뉴를 이용하여 보드, 포트를 다음과 같이 선택합니다.

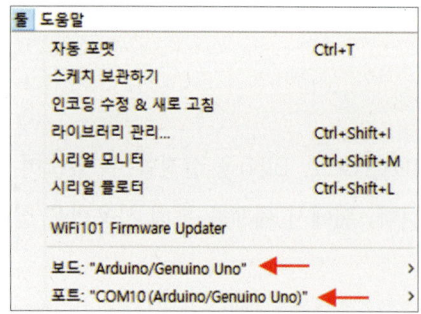

03 컴파일과 업로드를 수행한 후 [시리얼 모니터] 버튼을 눌러줍니다. 시리얼 모니터 창이 뜨면, 우측 하단에서 통신 속도를 115200으로 맞춰줍니다.

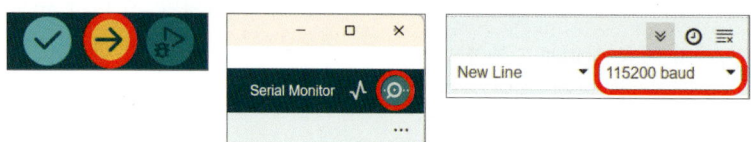

04 출력결과를 확인합니다.

```
Hello PC^^. I'm an Arduino~
78
1.23
N
```

1.23456 실수의 경우 기본적으로 소수점 아래 두 자리만 출력하는 것을 볼 수 있습니다.

01_2 여러 형식의 숫자 내보내기

여기서는 Serial.println 함수를 이용하여 10진수와 16진수 정수를 출력해 봅니다. 또, 10진 실수의 소수점이하 출력을 조절해 봅니다.

01 다음과 같이 예제를 작성합니다.

```
212_0.ino
01 void setup() {
02      Serial.begin(115200);
03      while(!Serial) {}
04
05      Serial.println(78, DEC);
06      Serial.println(78, HEX);
07      Serial.println(78, BIN);
```

```
08
09      Serial.println(1.23456, 0);
10      Serial.println(1.23456, 2);
11      Serial.println(1.23456, 4);
12 }
13
14 void loop() {
15
16 }
```

05 : 정수 78을 10진수 문자열로 변환하여 출력합니다.
06 : 정수 78을 16진수 문자열로 변환하여 출력합니다.
07 : 정수 78을 2진수 문자열로 변환하여 출력합니다.
09 : 여기서는 실수 1.23456을 소수점 이하 0개까지 10진 실수 문자열로 변환하여 출력합니다.
10 : 여기서는 실수 1.23456을 소수점 이하 2개까지 10진 실수 문자열로 변환하여 출력합니다.
11 : 여기서는 실수 1.23456을 소수점 이하 4개까지 10진 실수 문자열로 변환하여 출력합니다.

02 컴파일과 업로드를 수행한 후 [시리얼 모니터] 버튼을 눌러줍니다. 시리얼 모니터 창이 뜨면, 우측 하단에서 통신 속도를 115200으로 맞춰줍니다.

 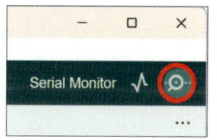 

03 출력결과를 확인합니다.

```
78
4E
1001110
1
1.23
1.2346
```

Special Page

C/C++ 코너 : C/C++의 기본 자료형 살펴보기

C/C++ 언어에서 일반적으로 사용하는 자료형은 int, double, char *, char입니다. int는 정수 값을 담을 수 있는 자료 형을, double은 실수 값을 담을 수 있는 자료 형을, char *는 문자열의 첫 문자의 주소를 담을 수 있는 자료 형을, char는 한 문자를 담을 수 있는 자료 형을 나타냅니다. 정수의 경우엔 크게 10진수, 16진수 두 종류가 있습니다(C++11 이상에서는 이진수도 지원합니다). 10진수의 경우엔 물건의 개수나 순서 등에 사용되며, 16진수는 메모리 주소 값이나 특정한 비트의 값을 나타낼 때 사용합니다. 10진수는 주로 사칙연산자나 비교연산자와 같이 사용되며, 16진수는 주로 비트연산자와 같이 사용됩니다. 아래는 C/C++에서 기본 자료형과 관련된 몇 가지 추가적인 내용을 정리한 것입니다.

❶ 추가 정수 자료형

C/C++에서는 앞에서 소개한 기본 자료형 외에도 저장할 값의 크기와 범위를 세밀하게 제어하기 위해 추가 기본 자료형을 사용할 수 있습니다. 예를 들어, int 자료형은 일반적으로 4바이트(32비트) 크기이며, 다음과 같은 수식어를 통해 크기와 표현 범위를 조정할 수 있습니다.

❶ short int: 더 작은 크기의 정수를 저장합니다(보통 2바이트).
❷ long int: 더 큰 크기의 정수를 저장합니다(보통 4~8바이트).
❸ unsigned int: 크기는 int와 같지만 0 또는 양수만 저장합니다. 따라서 양수 값의 범위가 두 배로 확장됩니다.

1바이트는 8비트로 구성됩니다. 1비트는 0 또는 1값을 가질 수 있는 크기의 데이터 단위입니다. 전등 하나가 하나의 비트라고 생각하면 됩니다. 전등이 켜진 상태를 1, 꺼진 상태를 0으로 생각하면 됩니다.

❷ 자료형의 크기 확인

C에서는 sizeof 연산자를 사용해 자료형의 크기를 확인할 수 있습니다. 이를 통해 시스템마다 자료형의 크기를 확인할 수 있습니다. 자료형의 크기는 바이트 단위로 알려줍니다.

01 다음과 같이 예제를 작성합니다.

```
01    void setup() {
02      Serial.begin(115200);
03      while(!Serial) {}
04
05      Serial.print(" int 크기(바이트): ");
06      Serial.println(sizeof(int));
07      Serial.print(" short int 크기(바이트): ");
08      Serial.println(sizeof(short int));
```

```
09      Serial.print(" long int 크기(바이트): ");
10      Serial.println(sizeof(long int));
11      Serial.print(" unsigned int 크기(바이트): ");
12      Serial.println(sizeof(unsigned int));
13    }
14
15    void loop() {
16
17    }
```

다음은 아두이노 우노 R3의 결과입니다.

```
int 크기(바이트): 2
short int 크기(바이트): 2
long int 크기(바이트): 4
unsigned int 크기(바이트): 2
```

다음은 아두이노 우노 R4의 결과입니다.

```
int 크기(바이트): 4
short int 크기(바이트): 2
long int 크기(바이트): 4
unsigned int 크기(바이트): 4
```

우노 종류에 따라 다른 결과를 볼 수 있는데, 아두이노 우노 R3는 8비트 AVR CPU를 사용하고, 아두이노 우노 R4는 32비트 ARM CPU를 사용하기 때문입니다. 우노 R3에서는 int의 크기가 2바이트입니다. 우노 R4에서는 4바이트입니다. 이처럼 자료형의 크기는 시스템마다 다를 수 있습니다.

❸ 16진수와 2진수 표현

C/C++에서는 16진수와 2진수 표현을 위해 특정 접두사를 사용합니다.

16진수: 0x 또는 0X로 시작(C부터 지원)
2진수: 0b 또는 0B로 시작(C++11 이상에서 지원)

다음 그림은 10진수, 16진수, 2진수 비교표입니다.

10	16	2
1	1	0001
2	2	0010
3	3	0011
4	4	0100
5	5	0101
6	6	0110
7	7	0111
8	8	1000
9	9	1001
10	A	1010
11	B	1011
12	C	1100
13	D	1101
14	E	1110
15	F	1111

다음 예제를 살펴봅니다.

```
int hexValue = 0x1A3F;    // 16진수
int binValue = 0b1010;    // 2진수 (C++11 이상)
```

hexValue 변수에는 0x로 시작하는 16진수 1A3F값을 넣고 있습니다. 16진수 한자리는 4비트로 구성되며 0부터9, A부터 F 중 한 값으로 채워 넣을 수 있습니다. A부터 F는 십진수로 10부터15를 의미합니다. 16진수는 주로 메모리 주소나 하드웨어 레지스터에 이진수 단위로 값을 쓰거나 읽을 때 유용하며, 비트 연산자와 함께 사용됩니다. 여기서는 비트 연산에 대해서는 자세히 다루지 않습니다. binValue는 0b로 시작하는 이진수 1010값을 넣고 있습니다. 이진수 표현법은 C++11 이상에서 지원하며 아두이노에서 표현 가능합니다. 이진수 한자리는 0과1 중 한 값으로 채워 넣을 수 있습니다.

01 다음과 같이 예제를 작성합니다.

```
01    void setup() {
02      Serial.begin(115200);
03      while(!Serial) {}
04
05      int hexValue = 0x1A3F; // 16진수
06      int binValue = 0b1010; // 2진수 (C++11 이상)
07
08      Serial.print("hexValue : 0x ");
09      Serial.println(hexValue, HEX);
10
11      Serial.print("binValue : 0b ");
12      Serial.println(binValue, BIN);
13    }
14
15    void loop() {
16
17    }
```

Serial.println 함수를 이용하여 16진수를 출력하고자 할 경우엔 HEX을 인자로 추가해주며, 2진수를 출력하고자 할 경우엔 BIN을 인자로 추가해줍니다.

다음은 우노 R3와 R4에서의 결과입니다.

```
hexValue : 0x1A3F
binValue : 0b1010
```

❹ 자료형의 최대 최소값 확인

정수형의 경우 16진수 또는 2진수(C++ 11 이상)를 이용하여 최대값, 최소값을 확인할 수 있습니다. 아두이노 우노 R3의 최대 최소값을 확인해 봅니다.

다음과 같이 예제를 작성합니다.

```
01    void setup() {
02      Serial.begin(115200);
03      while(!Serial) {}
04
05      int intVarMax = 0x7FFF;
06      int intVarMin = 0x8000;
07      int positiveVar = 0xFFFF;
08
09      Serial.print(" int 최대값: ");
10      Serial.println(intVarMax);
11      Serial.print(" int 최소값: ");
12      Serial.println(intVarMin);
13      Serial.print(" int 최대값: ");
14      Serial.println(positiveVar);
15    }
16
17    void loop() {
18
19    }
```

다음은 아두이노 우노 R3의 결과입니다.

```
int 최대값: 32767
int 최소값: -32768
unsigned int 최대값: 65535
```

16진수는 0x로 시작하며 0~9, A~F까지 16가지 숫자를 사용합니다. 16진수에서는 A~F를 10~15의 십진수에 해당하는 숫자로 처리합니다. 16진수 하나는 0~15의 숫자값에 대응하며 4비트 값에 대응됩니다. 따라서 16진수 4개는 4비트x4=16비트=2바이트가 됩니다. 1바이트는 8비트입니다.

다음은 2진수로 최대값 최소값을 알아봅니다.

다음과 같이 예제를 작성합니다.

```
01   void setup() {
02     Serial.begin(115200);
03     while(!Serial) {}
04
05     int intVarMax = 0b0111111111111111; // 0:1개, 1:15개
06     int intVarMin = 0b1000000000000000; // 1:1개 0:15개
07     int positiveVar = 0b1111111111111111; // 1:16개
08
09     Serial.print("int 최대값: ");
10     Serial.println(intVarMax);
11     Serial.print("int 최소값: ");
12     Serial.println(intVarMin);
13     Serial.print("int 최대값: ");
14     Serial.println(positiveVar);
15   }
16
17   void loop() {
18
19   }
```

다음은 아두이노 우노 R3의 결과입니다. 이전 예제와 결과는 같습니다.

```
int 최대값: 32767
int 최소값: -32768
unsigned int 최대값: 65535
```

아두이노 우노 R3는 GCC 컴파일러를 사용하여 C++11을 지원합니다. C++11의 11은 2011년의 11을 의미합니다.

❺ 실수 자료형의 종류

실수는 주로 소수점을 포함한 값을 표현하는 데 사용되며, 크기와 정확도에 따라 다음과 같이 나뉩니다.

float: 4바이트 크기의 단정밀도 실수형 (정밀도 약 7자리).
double: 8바이트 크기의 배정밀도 실수형 (정밀도 약 15자리).
long double: 최소 8바이트 이상의 크기를 가지며, 높은 정밀도 제공.

다음은 우노 R3에서의 실수값의 크기를 알아봅니다.

01 다음과 같이 예제를 작성합니다.

```
01    void setup() {
02      Serial.begin(115200);
03      while(!Serial) {}
04
05      Serial.print(" float 크기(바이트): ");
06      Serial.println(sizeof(float));
07      Serial.print(" double 크기(바이트): ");
08      Serial.println(sizeof(double));
09      Serial.print(" long double 크기(바이트): ");
10      Serial.println(sizeof(long double));
11    }
12
13    void loop() {
14
15    }
```

다음은 아두이노 우노 R3의 결과입니다.

```
float 크기(바이트): 4
double 크기(바이트): 4
long double 크기(바이트): 4
```

우노 R3에서는 float, double, long double의 크기가 모두 4바이트입니다. 8비트 CPU이다보니 실수의 크기도 작게 지원합니다.

다음은 실수값을 출력해 봅니다.

02 다음과 같이 예제를 작성합니다.

```
01    void setup() {
02      Serial.begin(115200);
03      while(!Serial) {}
04
05      float pi = 3.14f; // 'f'는 float임을 명시
06      double e = 2.718281828; // 기본 실수형은 double
07
08      Serial.println(pi);
09      Serial.println(e);
10    }
11
12    void loop() {
13
14    }
```

```
3.14
2.72
```

❻ 문자 자료형과 문자열

char : 한 개의 문자를 저장하는 자료형으로 1바이트 크기를 가집니다. 문자는 작은따옴표(')로 문자를 감싸서 표시합니다.

- char * : 여기서 *는 포인터(지시변수)라고 하며, 문자변수 하나를 가리키는 지시변수라는 의미입니다. 또, 문자변수 하나를 가리킨다는 말은 문자변수 하나의 메모리 주소 값을 가진다는 의미입니다. 포인터(지시변수)에 대해서는 뒤에서 소개합니다. char *는 문자열의 첫 번째 문자를 가리키는 지시변수를 나타냅니다. 문자열은 문자들의 배열로 표현되며, 문자열의 마지막에는 C/C++ 컴파일러에 의해서 자동으로 null 문자(₩0)가 들어갑니다. null 문자는 문자열의 끝을 의미하기 위해 만들어졌으며, 1바이트짜리 0입니다. 문자열은 큰따옴표(")로 감싸서 표현합니다.

다음은 문자, 문자열, 문자열의 첫 번째 문자를 가리키는 포인터(지시변수)를 나타냅니다.

```
char grade = 'A';
char name[] = "Alice"; // name은 배열
char *ptr = name;      // ptr은 포인터로 문자열의 첫 번째 문자의 주소 저장
```

name 다음에 오는 []는 배열을 나타내며, ptr 앞에 오는 *는 포인터(지시변수)입니다. name 배열의 메모리 구조는 |A||l|i|c|e|0|과 같습니다. 여기서 |로 감싸진 공간은 1바이트 크기의 메모리를 의미합니다. 맨 마지막에는 문자열의 끝을 나타내는 1바이트 0값(null 문자)이 들어갑니다. ptr은 char(문자변수)를 가리키는 포인터(지시변수)입니다. 여기서는 name 문자열의 첫 번째에 오는 |A| 문자를 가진 메모리 주소 값을 가집니다. ptr가 char를 가리킨다는 말은 ptr이 char의 메모리 위치 값(주소 값)을 가지고 있다는 의미입니다. 배열과 포인터에 대해서는 뒤에서 살펴봅니다.

다음과 같이 예제를 작성합니다.

```
01    void setup() {
02      Serial.begin(115200);
03      while(!Serial) {}
04
05      char grade = 'A';
06      char name[] = "Alice"; // name은 배열
07      char *ptr = name; //ptr은 포인터로 문자열의 첫 번째 문자의 주소 저장
08
09      Serial.print("grade 값 : ");
10      Serial.print(grade);
11      Serial.print(", grade 크기 : ");
12      Serial.println(sizeof(grade));
13
14      Serial.print("name 값 : ");
15      Serial.print(name);
```

```
16      Serial.print(" , name 크기 : ");
17      Serial.println(sizeof(name));
18
19      Serial.print("ptr이 가리키는 배열 값 : ");
20      Serial.print(ptr);
21      Serial.print(" , ptr 지시 변수의 크기 : ");
22      Serial.println(sizeof(ptr));
23    }
24
25    void loop() {
26
27    }
```

다음은 아두이노 우노 R3의 결과입니다.

```
grade 값 : A, grade 크기 : 1
name 값 : Alice, name 크기 : 6
ptr이 가리키는 배열 값 : Alice, ptr 지시 변수의 크기 : 2
```

우노 R3에서는 포인터의 크기가 2바이트입니다.

❼ 상수(const)와 열거형(enum)

다음은 상수와 열거형에 대해서 살펴봅니다.

const : 변경되지 않는 값은 const로 선언
enum: 관련된 상수 집합을 정의하는 데 사용

const는 특정한 의미를 갖는 숫자값에 이름을 붙여줄 때 사용합니다. 예를 들어, 3이라는 값을 아두이노 핀 3이라는 것을 나타내기 위해 다음과 같이 표현할 수 있습니다.

```
const int PIN3=3;
```

또, 3.14라는 값을 원주율이라는 것을 나타내기 위해 다음과 같이 표현할 수 있습니다.

```
const int PI=3.14;
```

숫자에 이름을 붙여주면 가독성을 높일 수 있습니다.

enum의 경우는 관련된 값들에 이름을 붙여 가독성을 높여줄 때 사용합니다. const의 경우는 하나의 값에 이름을 붙여줄 때 사용하며, enum의 경우는 여러 개의 값에 이름을 붙여줄 때 사용합니다.

```
enum Color { RED, GREEN, BLUE };
Color favoriteColor = GREEN;
```

여기서 RED, GREEN, BLUE는 차례대로 0, 1, 2의 숫자값이며, 이 세 개의 숫자값에 각각 RED, GREEN, BLUE라는 이름을 붙인 후, 이러한 값을 담을 수 있는 Color 형의 변수형을 정의한 것입니다. Color 형의 변수는 RED(0), GREEN(1), BLUE(2) 값을 가질 수 있습니다. 그래서 favoriteColor 변수는 Color 형 변수이며, 이 예제에서는 GREEN 값을 가집니다. enum의 경우도 같은 목적을 가진 집합 값에 대해 이름을 붙여 코드에 대한 가독성(이해도)을 높여주는 기능을 합니다.

다음과 같이 값을 지정해 줄 수도 있습니다.

```
enum Color { RED, GREEN=3, BLUE };
Color favoriteColor = GREEN;
```

이 경우 RED는 0, GREEN은 3, BLUE는 3 다음값인 4가 됩니다.

다음과 같이 예제를 작성합니다.

```
01 void setup() {
02     Serial.begin(115200);
03     while(!Serial) {}
04 
05     enum Color { RED, GREEN, BLUE };
06     Color favoriteColor = GREEN;
07 
08     Serial.print(" favoriteColor : ");
09     Serial.println(favoriteColor);
10 }
11 
12 void loop() {
13 
14 }
```

다음은 우노 R3의 결과입니다.

```
favoriteColor : 1
```

이상 C/C++에서 다루는 기본 자료 형에 대해서 살펴보았습니다.

02

아두이노의 윙크 : digitalWrite

여러분은 다음과 같이 유튜브 등에서 아두이노를 이용하여 LED를 깜빡이는 동영상을 본적이 있나요?

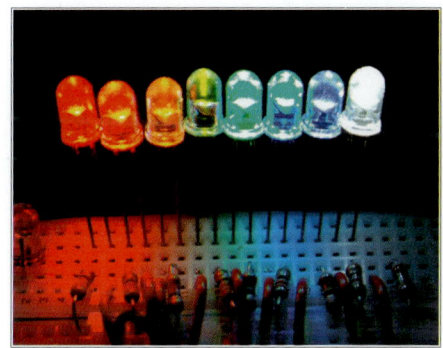

LED를 깜빡이게 하는 주인공이 바로 digitalWrite 함수입니다.

다음 핀들은 digitalWrite 함수를 통해 HIGH 또는 LOW 값을 내보낼 수 있는 핀들입니다.

여러분은 아두이노 스케치를 통해 LED를 제어할 때 다음 세 함수를 주로 사용하게 됩니다.

```
pinMode(pin, mode)
digitalWrite(pin, value)
delay(ms)
```

pinMode

pinMode란 특정 핀을 출력 또는 입력 모드로 설정하는 명령어입니다.

```
pinMode(pin, mode);
         ❶    ❷
❶ 설정하고자 하는 핀 번호
❷ 설정하고자 하는 모드로 입력일 때는 INPUT, 출력일 때는 OUTPUT
```

pinMode 함수는 특정한 핀을 출력으로 사용할지 입력으로 사용할지를 설정합니다. pin 인자로는 보드 상에 나와 있는 숫자 2~13을 사용합니다. 0, 1 핀의 경우 시리얼 통신용으로 할당되어 있기 때문에 사용하지 않도록 합니다. A0~A5의 경우도 사용할 수 있습니다. 이때는 숫자 14~19를 사용해야 합니다. mode 인자로는 OUTPUT, INPUT, INPUT_PULLUP을 사용할 수 있습니다. LED를 켜기 위해서는 0 또는 1을 LED로 쓰는 개념이기 때문에 OUTPUT으로 설정합니다. 버튼의 경우 버튼의 값을 읽는 개념이기 때문에 INPUT으로 설정합니다. 버튼의 경우 외부에 저항을 이용하여 회로를 구성하는데, 외부에 저항을 사용하지 않고 아두이노의 마이컴 내부에 있는 저항을 이용할 경우엔 INPUT_PULLUP으로 설정합니다. 마이컴 내부의 저항은 칩 내부에 있기 때문에 볼 수 없습니다.

digitalWrite

digitalWrite란 특정 핀을 HIGH 또는 LOW로 설정하는 명령어입니다.

```
digitalWrite(pin, value);
             ❶    ❷
❶ 제어하고자 하는 핀 번호
❷ HIGH 또는 LOW
```

digitalWrite 함수는 디지털 핀으로 HIGH(=1) 또는 LOW(=0) 값을 씁니다. pinMode 함수를 통해 해당 핀이 OUTPUT으로 설정되었을 때, HIGH 값의 경우엔 해당 핀이 5V로 설정되며, LOW 값의 경우엔 0V로 설정됩니다. 마치 우리가 거실에 있는 전등을 켜기 위해 스위치를 껐다 켰다 하는 원리와 같은 거죠.

delay

delay란 인자로 주어진 시간만큼 프로그램의 진행을 멈춥니다.

```
delay(ms);
      ①
```

① 멈춰야할 밀리초(ms : unsigned long 형)

TIP unsigned long은 변수형의 한 종류로 아두이노 스케치에서 0~4,294,967,295 (2^32 - 1) 범위의 0과 양의 정수 값을 갖습니다.

여기서는 digitalWrite 함수를 이용하여 LED를 켜보고 꺼보는 예제를 수행해 봅니다. 또 반복적으로 켜고 끄는 주기를 짧게 해가며 아래 그림과 같은 사각 파형에 대해서도 알아보도록 합니다.

02_1 아두이노 눈뜨기 : LED 켜기

먼저 digitalWrite 함수를 이용하여 LED를 켜봅니다.

여기서는 아두이노 우노의 13 번 핀에 연결된 LED를 켜 봅니다. 아두이노 우노의 13번 핀은 다음과 같이 보드 상에 L로 표시된 LED와 연결되어 있습니다.

01 다음과 같이 예제를 작성합니다.

221_0.ino
```
01    int LED = 13;
02
03    void setup() {
04     pinMode(LED, OUTPUT);
05
06     digitalWrite(LED, HIGH);
07    }
08
09    void loop() {
10
11
12    }
```

01 : LED 변수에 13 번 핀을 할당합니다.
04 : pinMode 함수를 이용하여 LED를 출력으로 설정하고 있습니다. pinMode 함수는 digitalWrite 함수를 이용하여 HIGH, LOW 값을 쓰고자 할 때 사용하는 함수입니다.
06 : digitalWrite 함수를 이용하여 LED에 HIGH 값을 씁니다. 그러면 LED는 켜지게 됩니다.

02 [툴] 메뉴를 이용하여 보드, 포트를 다음과 같이 선택합니다.

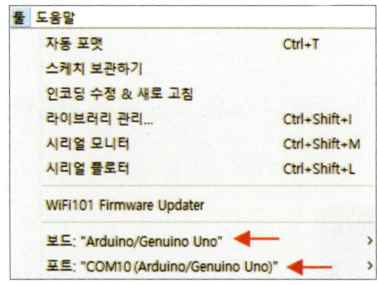

03 컴파일과 업로드를 수행합니다.

04 L로 표시된 LED가 켜진 것을 확인합니다.

02_2 아두이노 눈감기 : LED 끄기

이번엔 digitalWrite 함수를 이용하여 LED를 꺼봅니다.

01 다음과 같이 예제를 수정합니다.

```
222_0.ino
01    int LED = 13;
02
03    void setup() {
04     pinMode(LED, OUTPUT);
05
06     digitalWrite(LED, LOW);
07    }
08
09    void loop() {
10
11
12    }
```

06 : digitalWrite 함수를 이용하여 LED에 LOW 값을 씁니다. 그러면 LED는 꺼지게 됩니다.

02 컴파일과 업로드를 수행합니다.

03 L로 표시된 LED가 꺼진 것을 확인합니다.

02_3 아두이노 눈뜨고 감기 : LED 켜고 끄기 반복하기

이번엔 digitalWrite 함수를 이용하여 LED 켜고 끄기를 반복해 봅니다.

01 다음과 같이 예제를 작성합니다.

```
223_0.ino
01    int LED = 13;
02
03    void setup() {
04     pinMode(LED, OUTPUT);
05    }
06
07    void loop() {
08     digitalWrite(LED, HIGH);
9      digitalWrite(LED, LOW);
10    }
```

08 : digitalWrite 함수를 이용하여 LED를 켭니다.
09 : digitalWrite 함수를 이용하여 LED를 끕니다. 켜고 끄는 동작을 반복하기 위해 loop 함수에서 수행합니다.

02 컴파일과 업로드를 수행합니다.

03 L로 표시된 LED를 확인합니다.

LED가 희미하게 켜진 것처럼 보입니다. 아두이노의 켜고 끄는 동작이 너무 빠르기 때문에 희미하게 보입니다. 완전하게 켜지기 전에 끄기 때문입니다.

02_4 천천히 눈뜨고 감기 : LED 켜고 끄기 확인하기

LED가 켜지고 꺼지는 것을 확실하게 볼 수 있도록 예제를 수정해 봅니다.

01 다음과 같이 이전 예제를 수정합니다.

224_0.ino
```
01    int LED = 13;
02
03    void setup() {
04     pinMode(LED, OUTPUT);
05    }
06
07    void loop() {
08     digitalWrite(LED, HIGH);
09     delay(500);
10     digitalWrite(LED, LOW);
11     delay(500);
12    }
```

> **09, 11** : 0.5초간 지연을 줍니다. delay 함수는 아두이노가 아무것도 수행하지 않고 일정시간을 기다리게 하는 함수입니다. 함수의 인자로 주어지는 500은 밀리 초 단위입니다. 여기서는 500 밀리 초 동안 아두이노가 아무것도 수행하지 않습니다.

02 컴파일과 업로드를 수행합니다.

03 LED의 동작을 확인합니다.

1초 주기로 LED가 켜졌다 꺼졌다 하는 것을 확인합니다. 즉, 1Hz의 주파수로 LED가 점멸하는 것을 확인합니다.

LED의 점등은 LED(=13) 핀을 통해 나오는 HIGH 값에 의해 발생합니다. LED의 소등은 LED 핀을 통해 나오는 LOW 값에 의해 발생합니다. 즉, LED 핀으로는 위 그림과 같이 HIGH값과 LOW 값이 1초 주기로 나오게 되며, 이 값들에 의해 LED는 점멸을 반복하게 됩니다. 그리고 이 경우 여러분은 LED가 점멸 하는 것을 느낄 수 있습니다.

- Hz : 같은 동작이 1초에 1 번씩 반복될 때 우리는 1Hz로 동작한다고 합니다. 같은 동작이 1초에 2 번씩 반복될 때 우리는 2Hz로 동작한다고 합니다.

02_5 빨리 눈뜨고 감기 : LED 켜고 끄기 간격 줄여보기

여기서는 digitalWrite 함수를 이용하여 아래와 같은 사각 파형에 대한 주파수와 상하비의 개념을 이해해 보도록 합니다.

주파수란 1초간 반복되는 사각 파형의 개수를 의미하며, 상하 비란 사각 파형의 HIGH 값과 LOW 값의 비를 의미합니다.

이제 LED의 점멸 간격을 줄여보도록 합니다. 그러면 여러분은 좀 더 조밀하게 LED가 점멸하는 것을 느낄 것입니다.

01 다음과 같이 이전 예제를 수정합니다.

```
225_0.ino
01    int LED = 13;
02
03    void setup() {
04      pinMode(LED, OUTPUT);
05    }
06
07    void loop() {
08      digitalWrite(LED, HIGH);
09      delay(50);
10      digitalWrite(LED, LOW);
11      delay(50);
12    }
```

09, 11 : 500을 50으로 변경합니다.

02 컴파일과 업로드를 수행합니다.

03 LED의 동작을 확인합니다.

 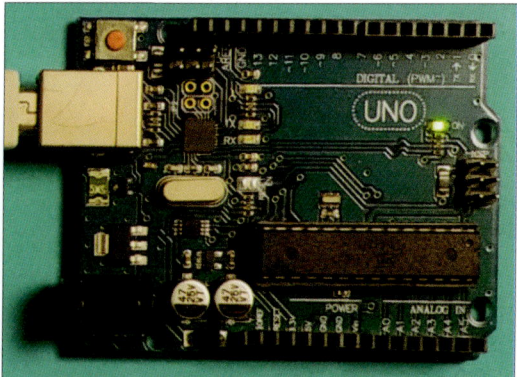

이 예제의 경우 LED는 초당 10번 점멸하게 됩니다. 즉, 10Hz의 주파수로 점멸하게 됩니다.

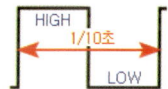

그림과 같은 파형이 초당 10개가 생성됩니다. 이 경우에도 여러분은 반복적으로 LED가 점멸하는 것을 느낄 것입니다. 그러나 그 간격은 더 조밀하게 느껴질 것입니다.

02_6 눈을 떴을까 감았을까? : LED 켜고 끄기를 밝기로 느껴보기

LED의 점멸 간격을 더 줄여보도록 합니다. 여기서 여러분은 LED의 점멸을 느끼지 못하게 될 것입니다. 오히려 LED가 일정한 밝기로 켜져 있다고 느낄 것입니다.

01 다음과 같이 예제를 수정합니다.

```
226_0.ino
01    int LED = 13;
02
03    void setup() {
04      pinMode(LED, OUTPUT);
05    }
06
07    void loop() {
```

```
08        digitalWrite(LED, HIGH);
09        delay(5);
10        digitalWrite(LED, LOW);
11        delay(5);
12    }
```

09, 11 : 50을 5로 변경합니다.

02 컴파일과 업로드를 수행합니다.

03 LED의 동작을 확인합니다.

이 예제의 경우 LED는 초당 100번 점멸 하게 됩니다. 즉, 100Hz의 주파수로 점멸하게 됩니다.

그림과 같은 파형이 초당 100개가 생성됩니다. 이제 여러분은 LED가 점멸하는 것을 느끼지 못할 것입니다. 오히려 LED가 일정하게 켜져 있다고 느낄 것입니다.

일반적으로 이러한 파형이 초당 50개 이상이 되면, 즉, 50Hz 이상의 주파수로 LED 점멸을 반복하면 우리는 그것을 느끼기 어렵습니다.

02_7 LED 어둡게 하기

이제 delay 함수를 조절하여 LED의 밝기를 어둡게 해 봅니다. 이전 예제의 경우 LED는 100Hz의 속도로 50%는 점등을, 50%는 소등을 반복하였습니다. 그리고 이 경우 우리는 LED의 밝기를 평균 값인 50%의 밝기로 느꼈습니다. 만약 LED에 대해 10%는 점등을, 90%는 소등을 반복한다면 우리는 LED의 밝기를 어떻게 느낄까요? 평균 10%의 밝기로 느끼게 되지 않을까요? 예제를 통해 확인해 보도록 합니다.

01 다음과 같이 예제를 수정합니다.

```
227_0.ino
01    int LED = 13;
02
03    void setup() {
04      pinMode(LED, OUTPUT);
05    }
06
07    void loop() {
08      digitalWrite(LED, HIGH);
09      delay(1);
10      digitalWrite(LED, LOW);
11      delay(9);
12    }
```

09 : 5를 1로 변경합니다.
11 : 5를 9로 변경합니다.

02 컴파일과 업로드를 수행합니다.

03 LED의 동작을 확인합니다.

이 예제의 경우도 LED는 초당 100번 점멸 하게 됩니다. 즉, 100Hz의 주파수로 점멸하게 됩니다. 그러나 10%는 점등 상태로, 90%는 소등 상태로 있게 됩니다. 그래서 우리는 LED의 밝기가 이전 예제보다 낮다고 느끼게 됩니다.

그림에서 LED는 실제로 10%만 점등 상태이지만 100Hz의 주파수로 점멸하기 때문에 우리는 10%의 평균 밝기로 느끼게 됩니다. 10%는 HIGH 값에 의해 켜져있고 90%는 LOW 값에 의해 꺼져있으며, 이 경우 (HIGH:LOW)=(1:9)가 되게 됩니다. 즉, 상하비가 1:9이 됩니다.

02_8 LED 밝게 하기

이제 반대로 LED의 밝기를 밝게 해 봅니다.

01 다음과 같이 예제를 수정합니다.

```
228_0.ino
01      int LED = 13;
02
03      void setup() {
04       pinMode(LED, OUTPUT);
05      }
06
07      void loop() {
08       digitalWrite(LED, HIGH);
09       delay(9);
10       digitalWrite(LED, LOW);
11       delay(1);
12      }
```

09 : 1를 9로 변경합니다.
11 : 9를 1로 변경합니다.

02 컴파일과 업로드를 수행합니다.

03 LED의 동작을 확인합니다.

이 예제의 경우도 LED는 초당 100번 점멸 하게 됩니다. 즉, 100Hz의 주파수로 점멸하게 됩니다. 그러나 90%는 점등 상태로, 10%는 소등 상태로 있게 됩니다. 그래서 우리는 LED가 이전 예제에 비해 아주 밝다고 느끼게 됩니다.

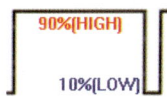

그림에서 LED는 실제로 90%만 점등 상태이지만 100Hz의 주파수로 점멸하기 때문에 우리는 90%의 평균 밝기로 느끼게 됩니다. 90%는 HIGH 값에 의해 켜져 있고 10%는 LOW 값에 의해 꺼져 있으며, 이 경우 (HIGH:LOW)=(9:1)이 되게 됩니다. 즉, 상하비가 9:1이 됩니다.

상하비가 2:8이 되면 우리는 LED가 20%의 밝기로 켜져 있다고 느끼게 됩니다. 1:9에 해당되는 부분을 차례대로 다음과 같이 바꾸어 볼 수 있습니다.

```
0:10, 1:9, 2:8, 3:7 ... 10:0
```

우리는 HIGH와 LOW의 상하 비에 따라 LED의 밝기를 조절할 수 있습니다.

02_9 LED 밝기 조절해 보기

여기서는 1초 간격으로 다음의 상하비로 LED의 밝기를 조절해 보도록 합니다.

0:10, 1:9, 2:8, 3:7 ... 10:0

즉, HIGH의 개수는 0부터 10까지 차례로 늘어나며, 반대로 LOW의 개수는 10부터 0까지 차례로 줄 게 됩니다.

0.01초 간격으로 LED 밝기 11 단계 조절해보기

먼저 0.01초 간격으로 LED의 밝기를 11단계로 조절해 봅니다.

01 다음과 같이 예제를 수정합니다.

```
229_1.ino
01    int LED = 13;
02
03    void setup() {
04     pinMode(LED, OUTPUT);
05    }
06
07    void loop() {
08     for(int t_high=0;t_high<=10;t_high++) {
09            digitalWrite(LED, HIGH);
10            delay(t_high);
11            digitalWrite(LED, LOW);
12            delay(10-t_high);
13     }
14    }
```

08	: t_high 변수를 0부터 10까지 1씩 증가시켜가면서, 중괄호 안쪽(8줄~13줄)의 동작을 수행합니다. for 문에 대해서는 바로 뒤에서 살펴봅니다.
09, 10	: LED를 켜고 t_high 시간만큼 기다립니다.
11, 12	: LED를 끄고 (10-t_high) 시간만큼 기다립니다.
10, 12	: t_high + (10 - t_high) = 10이 되어 for문을 한 번 도는 데는 10밀리 초 정도가 되며 for문 전체를 도는 데는 110밀리 초 정도가 됩니다.

02 컴파일과 업로드를 수행합니다.

03 LED의 동작을 확인합니다.

10밀리 초 간격으로 다음의 비율로 LED가 밝아집니다.

```
0%, 10% 20%, 30%, ... 100%
```

아래와 같은 형태의 파형이 반복되면서 LED의 밝기가 변합니다.

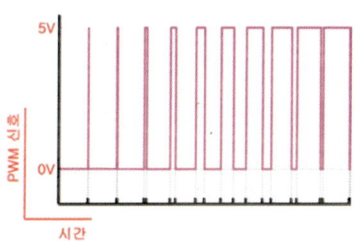

이 예제의 경우 밝기의 변화가 너무 빨라 밝기가 변하는 것을 느끼기 힘듭니다. 깜빡임으로 느낄 수 있습니다.

> Special Page

C/C++ 코너 : for문 살펴보기

❶ for 문 살펴보기 : 여기부터 저기까지 반복해!

앞의 예제에서는 for 문이 처음으로 사용되었습니다. 여기서는 for 문에 대해서 살펴봅니다.

for 문은 어떤 범위에 있는 변수 하나 하나에 대해 반복적인 동작을 수행할 때 사용합니다. 즉, 일정한 간격으로 같은 동작이 여러 번 반복될 때 사용합니다.

다음은 아두이노 스케치에서 사용하는 for 문의 한 형태입니다.

```
for ( int t_high=0 ; t_high<=10 ; t_high++ ) {
 ❶  ❷   ❸       ❻    ❹      ❻    ❺    ❷❼
      Serial.println(t_high) ;
                    ❾
}
❽
```

❶ for 문을 나타냅니다.
❷ 소괄호 ()는 for 문에 적용될 조건식을 담습니다.
❸ 변수의 시작 값을 나타냅니다. 즉, t_high 변수의 시작 값은 0입니다.
❹ 변수의 마지막 값을 나타냅니다. 즉, t_high 변수의 마지막 값은 10입니다.
❺ 변수의 증감을 나타냅니다. t_high 값을 하나 증가시키라는 의미입니다.
❻ for 문의 조건식도 반점(세미콜로) ';'으로 구분합니다.
❼❽ for 문의 조건식이 적용될 for 문의 범위를 나타냅니다. 수학의 집합기호와 같다고 생각할 수 있습니다.
❾ for 문에서 반복적으로 실행할 동작을 나타냅니다. 여기서는 Serial.println 함수를 호출하여 t_high 값을 출력하고 있습니다.

for 문의 실행은 다음 순서로 진행합니다.

❸ -> ❹ -> ❼ -> ❺ -> ❹ -> ❼ -> ❺ -> ... -> ❹ -> for 문 종료

❸의 동작은 for 문을 시작할 때 한 번 수행하고 ❹에서 for 문의 계속 실행 조건을 확인한 후, 계속 실행 조건에 맞으면 ❼ 전체를 실행하고 ❺의 증감 조건을 실행합니다. 그리고 다시 ❹의 조건을 확인합니다. 이 과정(❼ -> ❺ -> ❹)을 반복하다가 ❹의 조건에 맞지 않으면 for 문을 빠져 나옵니다. 즉, ❽ 다음 줄로 빠져 나갑니다.

for 문을 사용하지 않을 경우 위의 예제는 다음과 같이 작성해야 합니다.

```
Serial.println(0);
Serial.println(1);
Serial.println(2);
Serial.println(3);
Serial.println(4);
Serial.println(5);
Serial.println(6);
Serial.println(7);
Serial.println(8);
Serial.println(9);
Serial.println(10);
```

0~10까지 1 단위로 Serial.println 함수를 이용하여 출력합니다. 즉, 0~10까지 1씩 증가시켜가면서 Serial.println 함수를 반복적으로 수행합니다. 0~10까지는 개수가 많지 않으므로 위와 같이 스케치를 작성할 수 있지만 0~100, 0~1000, 0~10000까지 등의 숫자의 범위가 되면 for 문은 반드시 필요해집니다.

❷ for 문 실행해보기

이제 for 문에 대한 테스트를 수행해 봅니다.

01 다음과 같이 예제를 작성합니다.

```
229_2.ino
void setup() {
        Serial.begin(115200);
        while(!Serial) {}

        for(int t_high=0;t_high<=10;t_high++) {
                Serial.println(t_high);
                delay(1000);
        }
}

void loop() {

}
```

02 컴파일과 업로드를 수행한 후 [시리얼 모니터] 버튼을 눌러줍니다. 시리얼 모니터 창이 뜨면, 우측 하단에서 통신 속도를 115200으로 맞춰줍니다.

 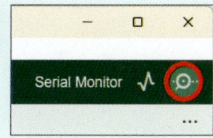 

03 출력결과를 확인합니다.

```
0
1
2
3
4
5
6
7
8
9
10
```

0~10까지 시리얼 모니터로 출력됩니다.

❸ for 문 풀어보기

이제 for 문을 사용하지 않고 같은 동작을 수행해 보도록 합니다.

01 다음과 같이 예제를 작성합니다.

229_3.ino

```cpp
void setup() {
        Serial.begin(115200);
        while(!Serial) {}

        Serial.println(0);
        delay(1000);
        Serial.println(1);
        delay(1000);
        Serial.println(2);
        delay(1000);
        Serial.println(3);
        delay(1000);
        Serial.println(4);
        delay(1000);
        Serial.println(5);
        delay(1000);
        Serial.println(6);
        delay(1000);
        Serial.println(7);
        delay(1000);
        Serial.println(8);
        delay(1000);
        Serial.println(9);
        delay(1000);
```

```
        Serial.println(10);
        delay(1000);
}

void loop() {

}
```

02 컴파일과 업로드를 수행한 후 [시리얼 모니터] 버튼을 눌러줍니다. 시리얼 모니터 창이 뜨면, 우측 하단에서 통신 속도를 115200으로 맞춰줍니다.

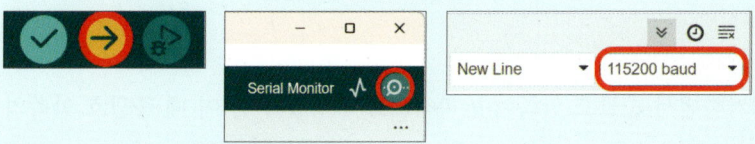

03 출력결과를 확인합니다.

```
0
1
2
3
4
5
6
7
8
9
10
```

0~10까지 시리얼 모니터로 출력됩니다.

두 예제의 관계를 다음 그림을 통해서 이해해 봅니다.

```
void setup() {                    void setup() {
 Serial.begin(115200);             Serial.begin(115200);

 Serial.println(0);                for(int t_high=0;t_high<=10;t_high++) {
 Serial.println(1);                 Serial.println(t_high);
 Serial.println(2);                }
 Serial.println(3);               }
 Serial.println(4);
 Serial.println(5);               void loop() {
 Serial.println(6);
 Serial.println(7);               }
 Serial.println(8);
 Serial.println(9);
 Serial.println(10);
}

void loop() {

}
```

왼쪽 예제의 빨간 박스에서 숫자가 0~10까지 1씩 증가하는 것을 볼 수 있습니다. 이것은 오른쪽 예제의 빨간 박스의 for 문으로 대체됩니다. 왼쪽 예제의 파란 박스에서 반복적으로 호출되는 Serial.println 함수는 오른쪽 예제의 파란 박스의 Serial.println 함수 하나로 대체됩니다.

이제 다음 예제를 다시 한번 살펴봅니다.

```
for(int t_high=0;t_high<=10;t_high++) {
    digitalWrite(LED, HIGH);
    delay(t_high);
    digitalWrite(LED, LOW));
    delay(10-t_high);
}
```

t_high 값이 0~10까지 1씩 증가하면서 중괄호 안쪽이 반복적으로 수행됩니다. 이 때 중괄호 안쪽의 t_high 값은 0~10까지 1씩 증가하는 값으로 대체되게 됩니다.

❹ for 문의 형식

일반적인 for 문의 형식은 아래와 같습니다.

```
for ( 변수의 초기값 ; 변수의 마지막 조건 ; 변수의 증감치 )
{
   실행문 ;
}
```

0.1초 간격으로 LED 밝기 11 단계 조절해보기

다음은 0.1초 간격으로 LED의 밝기를 11단계로 조절해 봅니다.

04 다음과 같이 예제를 수정합니다.

```
229_4.ino
01    int LED = 13;
02
03    void setup() {
04      pinMode(LED, OUTPUT);
05    }
06
07    void loop() {
08      for(int t_high=0;t_high<=10;t_high++) {
09         int cnt=0;
10         while(true) {
11           digitalWrite(LED, HIGH);
12           delay(t_high);
13           digitalWrite(LED, LOW);
14           delay(10-t_high);
15
16           cnt++;
17           if(cnt==10) break;
18         }
19      }
20    }
```

08 : for 문을 사용하여 t_high 변수 값을 0부터 10까지 주기적으로 변경하고 있습니다. t_high 변수 값은 16, 18 번째 줄에서 사용되며, LED을 통해 HIGH, LOW 값이 나가는 시간 값을 가집니다.
10 : 조건이 없는 while 문을 수행합니다. while 문을 나오는 조건은 21 번째 줄에 있으며, 1초 간격으로 나오게 됩니다.
09 : cnt 변수 생성 후, 0으로 초기화합니다.
16 : cnt 변수를 하나씩 증가시킵니다.
17 : cnt 변수가 10이 되면 break 문을 수행하여 while 문을 벗어납니다.

09 : cnt 변수를 선언한 후, 0으로 초기화합니다.
10 : 무한루프를 돌면서
11 : cnt 값을 하나씩 증가시킵니다.
12 : cnt 값이 10이 되면 내부 while 문을 나옵니다.

05 컴파일과 업로드를 수행합니다.

06 LED의 동작을 확인합니다.

1.1초 주기로 다음의 비율로 LED가 밝아집니다.

```
0%, 10% 20%, 30%, ... 100%
```

Special Page

C/C++ 코너 : while문 살펴보기

❶ while 문 살펴보기 : 그만하라고 할 때까지 계속해서 반복해!

앞의 예제에서는 while 문이 처음으로 사용되었습니다. 여기서는 while 문에 대해서 살펴봅니다. while 문은 주어진 조건이 만족될 때까지 반복적인 동작을 수행할 때 사용합니다.

다음은 아두이노 스케치에서 사용하는 while 문의 한 형태로 앞에서 수행했던 for 문을 while 문으로 변형한 형태입니다.

```
int t_high=0;
      ❸
while ( t_high<=10 ) {
 ❶   ❷    ❹      ❷ ❺
    Serial.println(t_high) ;
                ❻
    t_high++;
      ❻
}
❺
```

❶ while 문을 나타냅니다.
❷ 소괄호 ()는 while 문에 적용될 조건식을 담습니다.
❸ 조건 변수의 초기 값을 나타냅니다. 즉, t_high 변수의 초기 값은 0입니다.
❹ 조건을 나타냅니다. 즉, t_high 변수의 값이 10보다 작아야 중괄호 {}로 싸여진 ❺ 부분을 수행합니다.
❺ while 문의 조건식이 적용될 while 문의 범위를 나타냅니다. 수학의 집합기호와 같다고 생각할 수 있습니다.
❻ for 문에서 반복적으로 실행할 동작을 나타냅니다. 여기서는 Serial.println 함수를 호출하여 t_high 값을 출력하고 있습니다. 그리고 t_high 변수 값을 하나 증가시키고 있습니다.

while 문은 for 문에 비해 상대적으로 언제까지 수행될지 모를 때 주로 사용합니다. 예를 들어, 프로그램의 종료는 사용자가 결정하는데 언제 결정할지 모릅니다. 이 때, while 문이 주로 사용됩니다.

❷ if 문 살펴보기 : 이 경우는 이거해!

위의 예제는 if 문을 이용하여 다음과 같이 변경할 수도 있습니다.

```
int t_high=0;
while ( true ) {
      ❶         ❷
  Serial.println(t_high);
  ─────────────────
  t_high++;  ❻
  if ( t_high>10 ) break ;
  ❹ ❼    ❺    ❼   ❻
}
❸
```

❶ while (true) 는 계속해서라는 의미입니다. 예제에서는 계속해서 중괄호 {}로 싸여진 ❷~❸ 부분을 반복수행하라는 의미입니다. while 문을 빠져 나오는 조건은 ❺ 부분으로 옮겨갑니다. while 문은 상대적으로 언제까지 수행될지 모르기 때문에 while (true)로 시작한 다음 ❺와 같이 조건을 넣는 것이 생각하기 편합니다. 주의할 점은 앞의 예제의 조건의 반대가 되어야 합니다. 앞의 예제에서는 조건 부분이 (t_high<=10)이었지만, 현재 예제에서는 (t_high>10)이 됩니다.

❹ if 문을 나타냅니다. 만약이라는 의미로 ❹❺를 합치면 [만약 t_high값이 10보다 크면]의 의미가 됩니다.

❻ break 문은 반복된 동작을 깨고 나가라는 의미로 예제에서는 while 문을 빠져 나가 ❸ 다음 부분으로 가라는 의미입니다.

❼ 소괄호 ()는 if 문에 적용될 조건식을 담습니다.

❺ if 문의 조건을 나타냅니다. 즉, t_high 변수의 값이 10보다 크면 ❻을 수행하고 그렇지 않으면 ❻을 수행하지 않습니다.

❸ while 문 실행해보기

이제 while 문에 대한 테스트를 수행해 봅니다.

01 다음과 같이 예제를 작성합니다.

229_5.ino
```
void setup() {
        Serial.begin(115200);
        while(!Serial) {}

        int t_high=0;
        while(t_high<=10) {

                Serial.println(t_high);
                delay(1000);

                t_high++;
        }
}

void loop() {

}
```

02 컴파일과 업로드를 수행한 후 [시리얼 모니터] 버튼을 눌러줍니다. 시리얼 모니터 창이 뜨면, 우측 하단에서 통신 속도를 115200으로 맞춰줍니다.

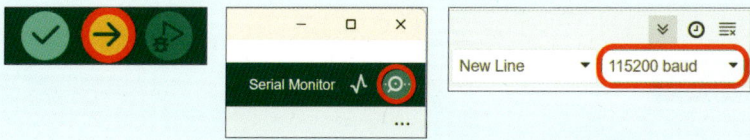

03 출력결과를 확인합니다.

```
0
1
2
3
4
5
6
7
8
9
10
```

0~10까지 시리얼 모니터로 출력됩니다.

❹ while(true) 문 실행해보기

이제 while(true) 문을 이용한 같은 동작을 수행해 보도록 합니다.

01 다음과 같이 예제를 작성합니다.

229_6.ino
```
void setup() {
        Serial.begin(115200);
        while(!Serial) {}

        int t_high=0;
        while(true) {
                Serial.println(t_high);
                delay(1000);

                t_high++;
                if(t_high>10)
                        break;
        }
}

void loop() {

}
```

02 컴파일과 업로드를 수행한 후 [시리얼 모니터] 버튼을 눌러줍니다. 시리얼 모니터 창이 뜨면, 우측 하단에서 통신 속도를 115200으로 맞춰줍니다.

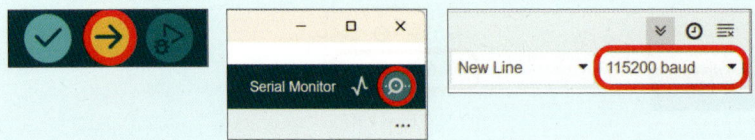

03 출력결과를 확인합니다.

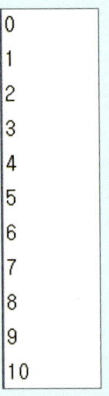

0~10까지 시리얼 모니터로 출력됩니다.

이제 다음 예제를 다시 한 번 살펴봅니다.

```
int cnt=0;
while(true) {
        digitalWrite(LED, HIGH);
        delay(t_high);
        digitalWrite(LED, LOW);
        delay(10-t_high);

        cnt++;
        if(cnt==10) break;
}
```

cnt 값을 0으로 초기화한 후, while 문을 계속해서 수행합니다. while 문 내부에서는 digitalWrite, delay 함수를 이용하여 LED를 켜고 끈 후, cnt 값을 하나 증가시킵니다. 이 동작을 반복하다가 cnt 값이 10이 되면 while 문을 빠져 나갑니다.

❺ while 문의 형식

일반적인 while 문의 형식은 아래와 같습니다.

```
while ( 조건문 )
{
    실행문 ;
}
```

❻ if 문의 형식

일반적인 if 문의 형식은 아래와 같습니다. 다음은 단순 if 문입니다.

```
if ( 조건문 )
{
    실행문 ;
}
```

단순 if 문은 조건문에 맞을 때만 실행문 부분을 수행합니다.

다음은 if-else 문입니다.

```
if ( 조건문 )
{
    실행문 ;
}
else
{
    실행문 2;
}
```

if-else 문은 조건문에 맞으면 실행문 부분을 수행하고 그렇지 않을 경우 실행문 2 부분을 수행합니다.

다음은 다중 if 문입니다.

```
if ( 조건문 )
{
    실행문 ;
}
else if ( 조건문 2)
{
    실행문 2;
}
else
{
    실행문 3;
}
```

다중 if 문은 조건문에 맞으면 실행문 부분을 수행하고 그렇지 않고 조건문 2에 맞으면 실행문 2부분을 수행하고 그렇지 않을 경우 실행문 3 부분을 수행합니다.

if 문에 대해서는 뒤에서 다양하게 사용이 되며 그 때 다시 살펴보도록 합니다.

03

LED 회로를 구성해보자!

여기서는 LED 회로를 구성하는 방법에 대해서 소개합니다. 간단하게 13 번 핀에 LED를 연결하는 방법을 소개하고 이전에 작성했던 예제를 이용하여 테스트를 수행해 봅니다. 그리고 8 개의 LED를 한 줄로 연결한 후 몇 가지 예제를 작성해 봅니다. 마지막으로 하트 모양으로 LED 회로를 구성한 후 예제를 작성해 테스트해 봅니다.

03_1 LED, 저항, 브레드 보드 살펴보기

먼저 LED, 저항, 브레드 보드에 대해 살펴봅니다.

LED

LED는 크기나 색깔, 동작 전압에 따라 여러 가지 형태가 존재합니다.

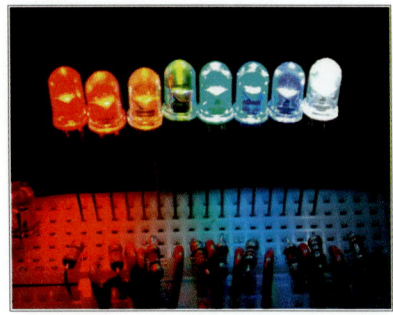

LED의 모양은 다음과 같으며, 긴 핀과 짧은 핀을 갖습니다.

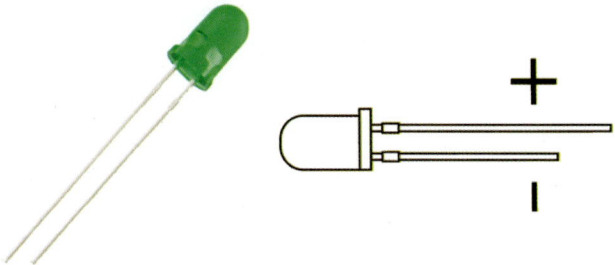

LED는 방향성이 있습니다. 즉, 회로에 연결할 때 방향을 고려해야 합니다. 긴 핀을 전원의 양극 (VCC, 5V), 짧은 핀을 음극(GND, 0V)으로 연결합니다. 반대로 연결할 경우 전류가 흐르지 못해 LED가 켜지지 않습니다.

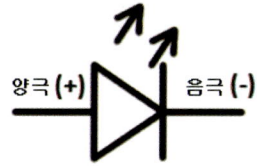

LED를 나타내는 기호는 다음과 같습니다. 양극(+)에서 음극(-)으로 전류가 흐릅니다.

LED는 저항과 직렬로 연결해야 하며, 아두이노 보드에서는 5V와 0V 사이에 연결해 줍니다. LED를 위한 저항은 보통 220 Ohm 또는 330 Ohm을 사용합니다.

저항

다음 저항은 220 Ohm 저항입니다. 저항은 전류의 양을 조절하는 역할을 합니다. 저항은 방향성이 없기 때문에 VCC와 GND에 어떤 방향으로도 연결할 수 있습니다.

다음은 저항 기호를 나타냅니다.

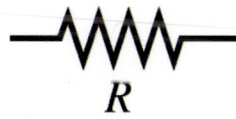

❶ 저항 읽는 법

다음 그림을 이용하면 저항 값을 알 수 있습니다.

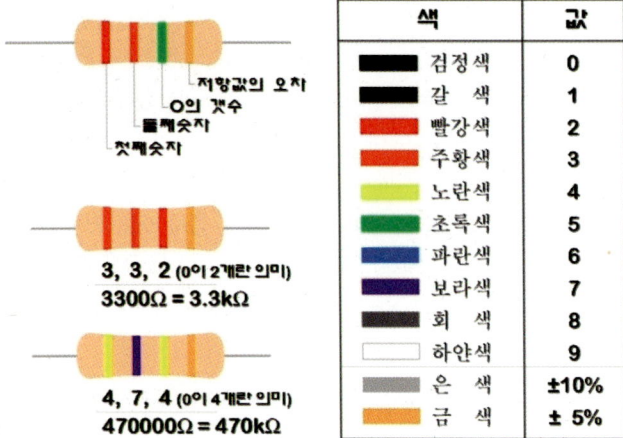

❷ 자주 사용하는 저항

다음은 이 책에서 주로 사용하는 저항의 종류입니다.

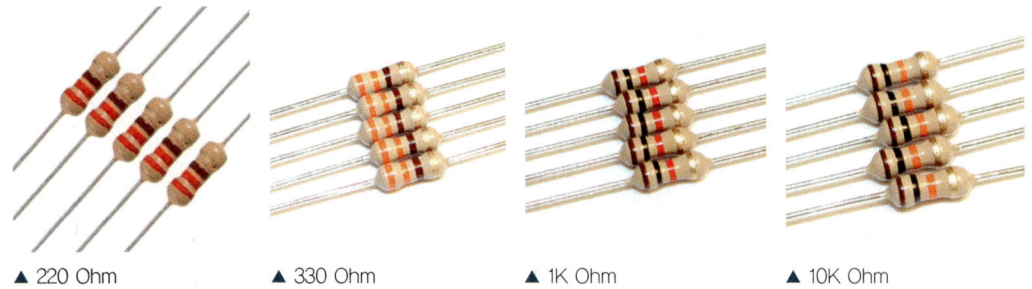

▲ 220 Ohm   ▲ 330 Ohm   ▲ 1K Ohm   ▲ 10K Ohm

브레드 보드

다음은 브레드 보드입니다. 브레드 보드를 사용하면 납땜을 하지 않고, 시험용 회로를 구성할 수 있습니다. 일반적으로 빨간 선을 VCC, 파란 선을 GND에 연결합니다.

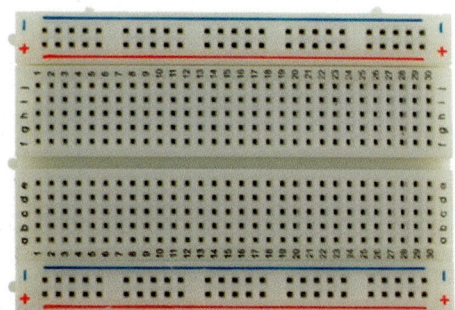

브레드 보드의 내부 구조는 다음과 같으며, 전선의 집합으로 이해할 수 있습니다.

03_2 간단한 LED 회로 구성하기

여기서는 보드 상의 L로 표시된 LED에 연결된 13 번 핀에 외부 LED를 연결하여 이전에 작성했던 예제를 이용하여 테스트를 수행해 봅니다. 그 과정에서 LED 회로 연결법에 대해 이해해 봅니다.

다음과 같이 회로를 구성합니다.

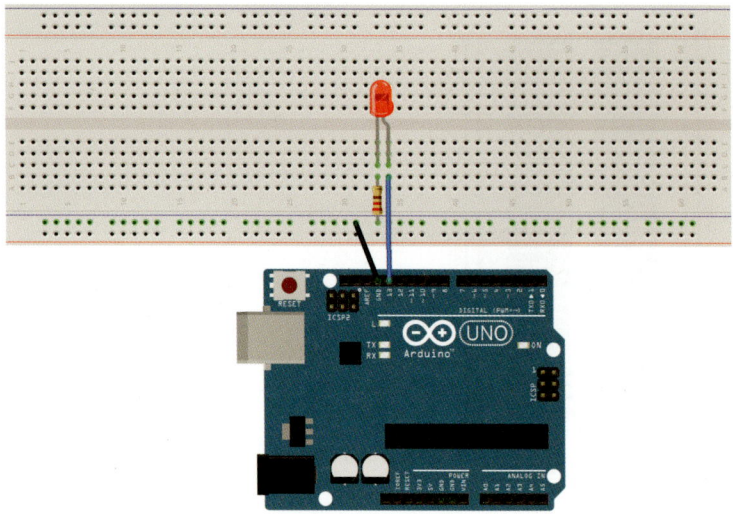

LED의 긴 핀(+)을 아두이노 우노 보드의 13번 핀에 연결합니다. LED의 짧은 핀(-)은 220 또는 330 Ohm 저항을 통해 GND 핀에 연결합니다.

회로 구성 시 LED와 저항의 핀은 니퍼를 이용해 다음과 같이 적당하게 잘라줍니다.

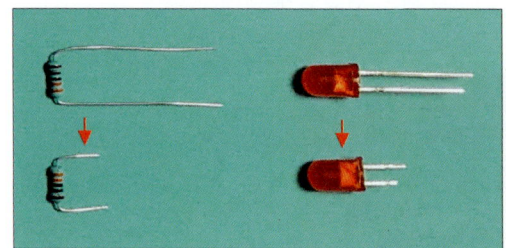 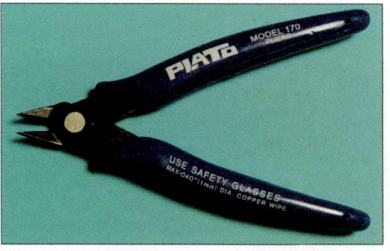

그리고 다음과 같이 브레드 보드에 LED와 저항을 연결합니다.

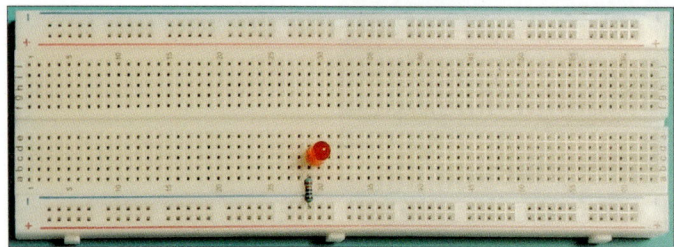

마지막으로 다음과 같이 아두이노 보드와 연결합니다.

[통합 키트]는 다음과 같이 연결합니다.

❶ 아두이노의 GND 전원을 쉴드의 GND 핀으로 연결해 줍니다.
❷ LED를 장착해 줍니다. LED의 긴 핀을 + 방향에, 짧은 핀을 − 방향으로 해서 장착합니다.
❸ 저항을 장착합니다. 저항은 극성이 없으므로 어떤 방향이든 상관없습니다.
❹ 아두이노의 13번 핀을 그림과 같이 연결해 줍니다.

03_3 LED 켜고 끄기

LED가 켜지고 꺼지는 것을 확인하기 위해 다음 예제를 수행합니다.

01 앞에서 작성했던 다음 예제를 사용합니다.

233.ino
```
01    int LED = 13;
02
03    void setup() {
04      pinMode(LED, OUTPUT);
05    }
06
07    void loop() {
08      digitalWrite(LED, HIGH);
09      delay(500);
10      digitalWrite(LED, LOW);
11      delay(500);
12    }
```

08 : digitalWrite 함수를 이용해 LED에 HIGH 값을 주면 다음과 같이 LED에 전류가 흐릅니다.

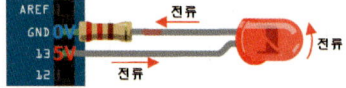

10 : digitalWrite 함수를 이용해 LED에 LOW 값을 주면 전류의 흐름이 멈춥니다.

02 컴파일과 업로드를 수행합니다.

03 LED의 동작을 확인합니다.

 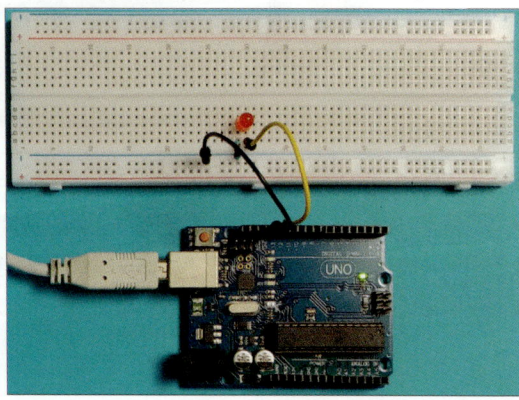

1초 주기로 외부 LED가 켜졌다 꺼졌다 하는 것을 확인합니다.

03_4 복잡한 LED 회로 구성하기

여기서는 8 개의 LED를 한 줄로 연결해 보고 몇 가지 예제를 작성해 봅니다. 이 과정에서 8 개의 LED를 효율적으로 표현하기 위해 배열을 소개하고 활용해 봅니다.

먼저 다음과 같이 회로를 구성합니다.

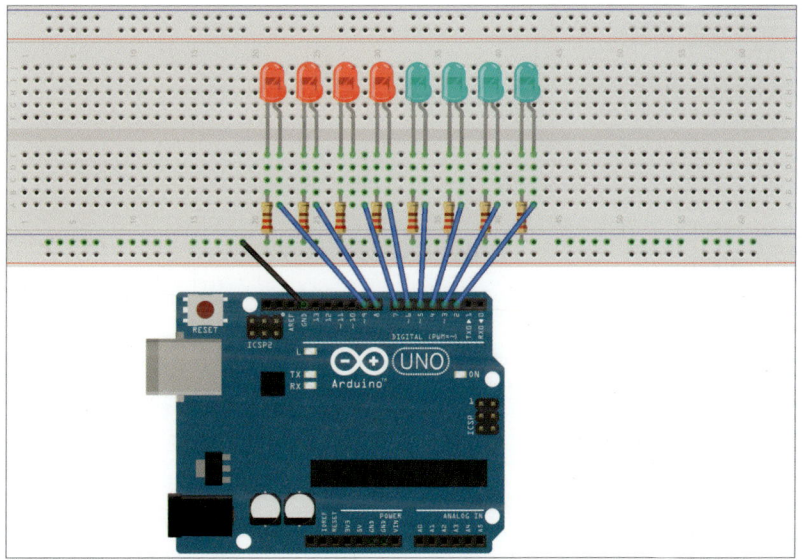

8 개의 LED를 그림과 같이 배치합니다. 각각의 LED의 음극은 저항을 통해 GND로 연결합니다. 8 개의 LED의 양극을 왼쪽부터 차례대로 아두이노 우노 보드의 2~9번 핀에 그림과 같이 전선으로 연결합니다. [통합 보드]의 경우 아두이노 우노 보드의 2~9번 핀을 LD1~LD8번 핀에 차례대로 연결합니다.

03_5 전체 LED 켜 보기

여기서는 8개의 LED 전체를 초기화하고 켜 보도록 합니다.

01 다음과 같이 예제를 작성합니다.

235.ino
```
01   int led_0 = 2;
02   int led_1 = 3;
03   int led_2 = 4;
04   int led_3 = 5;
05   int led_4 = 6;
06   int led_5 = 7;
07   int led_6 = 8;
08   int led_7 = 9;
09
10   void setup() {
11     // led 초기화
12     pinMode(led_0, OUTPUT);
13     pinMode(led_1, OUTPUT);
14     pinMode(led_2, OUTPUT);
15     pinMode(led_3, OUTPUT);
16     pinMode(led_4, OUTPUT);
17     pinMode(led_5, OUTPUT);
18     pinMode(led_6, OUTPUT);
19     pinMode(led_7, OUTPUT);
20
21     // led 켜기
22     digitalWrite(led_0, HIGH);
23     digitalWrite(led_1, HIGH);
24     digitalWrite(led_2, HIGH);
25     digitalWrite(led_3, HIGH);
26     digitalWrite(led_4, HIGH);
27     digitalWrite(led_5, HIGH);
28     digitalWrite(led_6, HIGH);
29     digitalWrite(led_7, HIGH);
30   }
31
32   void loop() {
33
34   }
```

- **01~08** : led_0, led_1, led_2, led_3, led_4, led_5, led_6, led_7 변수에 아두이노 핀 2~9 번 핀을 할당합니다.
- **12~19** : pinMode 함수를 호출하여 led_0 ~ led_7 핀을 출력으로 설정합니다.
- **22~29** : digitalWrite 함수를 호출하여 led_0 ~ led_7 핀에 HIGH 신호를 줍니다. 이렇게 하면 8 개의 LED가 동시에 켜집니다.

02 [툴] 메뉴를 이용하여 보드, 포트를 다음과 같이 선택하고 컴파일과 업로드를 수행합니다.

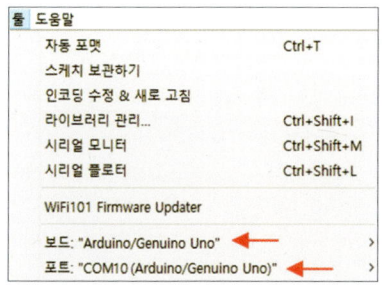 컴파일과 업로드를 수행합니다.

03 결과를 확인합니다.

8개의 LED가 모두 켜지는 것을 확인합니다.

03_6 변수 모여라! : 1차 배열 이용하기

우리는 앞의 예제에서 led_0~led_7 변수를 이용하여 LED를 다루어 보았습니다. 이처럼 같은 모양의 같은 용도로 사용하는 값들은 일반적으로 배열로 모아주고, for 문을 이용하여 모아진 값들을 처리하면 편리합니다. 여기서는 먼저 이전 예제의 led_0~led_7 변수를 1차 배열로 표현해 봅니다.

01 다음과 같이 예제를 수정합니다.

236.ino
```
01    int led[8] = { 2, 3, 4, 5, 6, 7, 8, 9 };
02
03    void setup() {
4       // led 초기화
05      pinMode(led[0], OUTPUT);
06      pinMode(led[1], OUTPUT);
07      pinMode(led[2], OUTPUT);
08      pinMode(led[3], OUTPUT);
09      pinMode(led[4], OUTPUT);
10      pinMode(led[5], OUTPUT);
11      pinMode(led[6], OUTPUT);
12      pinMode(led[7], OUTPUT);
13
14      // led 켜기
15      digitalWrite(led[0], HIGH);
16      digitalWrite(led[1], HIGH);
17      digitalWrite(led[2], HIGH);
18      digitalWrite(led[3], HIGH);
19      digitalWrite(led[4], HIGH);
20      digitalWrite(led[5], HIGH);
21      digitalWrite(led[6], HIGH);
22      digitalWrite(led[7], HIGH);
23    }
24
25    void loop() {
26
27    }
```

01 : int led_0, led_1, led_2, led_3, led_4, led_5, led_6, led_7 q수를 led[8]로 대체합니다. 배열 기호 []는 같은 형태의 자료가 여러 개라는 의미입니다. 8은 똑같은 형태의 자료가 8개라는 의미입니다. 복수를 표현하는 "들"과 같은 의미입니다. 배열 기호 []이 하나일 경우 일차 배열이라고 합니다. 배열에서 각 변수에 대한 아두이노 핀 초기 값들은 집합 기호 { }을 사용해서 묶어줍니다. 아래 그림을 참조합니다.

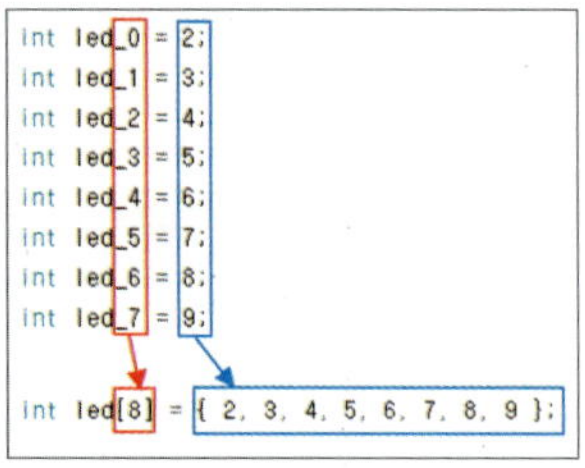

```
int led_0 = 2;
int led_1 = 3;
int led_2 = 4;
int led_3 = 5;
int led_4 = 6;
int led_5 = 7;
int led_6 = 8;
int led_7 = 9;

int led[8] = { 2, 3, 4, 5, 6, 7, 8, 9 };
```

05 ~ 12 : 배열의 각 항목인 led[0]~led[7] 핀을 출력으로 설정합니다. 꼭 기억해야 할 것은 배열의 항목은 1이 아닌 0에서 시작합니다. 즉, 배열의 개수는 8개 이지만 배열의 번호는 0~7이 됩니다. 이전 예제와는 다음과 같이 대응됩니다.

```
pinMode(led_0, OUTPUT);         pinMode(led[0], OUTPUT);
pinMode(led_1, OUTPUT);         pinMode(led[1], OUTPUT);
pinMode(led_2, OUTPUT);         pinMode(led[2], OUTPUT);
pinMode(led_3, OUTPUT);         pinMode(led[3], OUTPUT);
pinMode(led_4, OUTPUT);         pinMode(led[4], OUTPUT);
pinMode(led_5, OUTPUT);         pinMode(led[5], OUTPUT);
pinMode(led_6, OUTPUT);         pinMode(led[6], OUTPUT);
pinMode(led_7, OUTPUT);         pinMode(led[7], OUTPUT);
```

15 ~ 22 : digitalWrite 함수를 호출하여 배열의 각 항목인 led[0]~led[7] 핀에 HIGH 신호를 줍니다. 이렇게 하면 8개의 LED가 동시에 켜집니다. 이전 예제와는 다음과 같이 대응됩니다.

```
digitalWrite(led_0, HIGH);      digitalWrite(led[0], HIGH);
digitalWrite(led_1, HIGH);      digitalWrite(led[1], HIGH);
digitalWrite(led_2, HIGH);      digitalWrite(led[2], HIGH);
digitalWrite(led_3, HIGH);      digitalWrite(led[3], HIGH);
digitalWrite(led_4, HIGH);      digitalWrite(led[4], HIGH);
digitalWrite(led_5, HIGH);      digitalWrite(led[5], HIGH);
digitalWrite(led_6, HIGH);      digitalWrite(led[6], HIGH);
digitalWrite(led_7, HIGH);      digitalWrite(led[7], HIGH);
```

02 컴파일과 업로드를 수행합니다.

03 결과를 확인합니다.

이전과 같이 led[0]~led[7]까지의 LED가 모두 켜지는 것을 확인합니다.

03_7 배열의 단짝 for문

배열은 for 문과 아주 밀접한 관계가 있습니다. 배열이 같은 형태의 값들의 집합이라면, for 문은 같은 동작의 반복 실행을 위한 제어문입니다. 여기서 같은 동작의 반복 실행이란 일반적으로 같은 형태의 값들에 대한 같은 처리를 반복하는 것을 말합니다. 그래서 배열과 for 문은 같이 사용되는 경우가 많습니다. 여기서는 for 문을 이용하여 배열 표현을 간단하게 합니다.

01 다음과 같이 예제를 수정합니다.

237.ino
```
01    int led[8] = { 2, 3, 4, 5, 6, 7, 8, 9 };
02
03    void setup() {
04      // led 초기화
05      for(int x=0;x<8;x++) {
06        pinMode(led[x], OUTPUT);
07      }
08
09      // led 켜기
10      for(int x=0;x<8;x++) {
11        digitalWrite(led[x], HIGH);
12      }
13    }
14
15    void loop() {
16
17    }
```

5 ~ 7 : 배열의 각 항목인 led[0]~led[7] 핀을 출력으로 설정하기 위해서 for 문을 사용합니다. 아래 그림을 참조합니다.

```
pinMode(led[0], OUTPUT);
pinMode(led[1], OUTPUT);
pinMode(led[2], OUTPUT);
pinMode(led[3], OUTPUT);
pinMode(led[4], OUTPUT);
pinMode(led[5], OUTPUT);
pinMode(led[6], OUTPUT);
pinMode(led[7], OUTPUT);

for(int x=0;x<8;x++) {
  pinMode(led[x], OUTPUT);
}
```

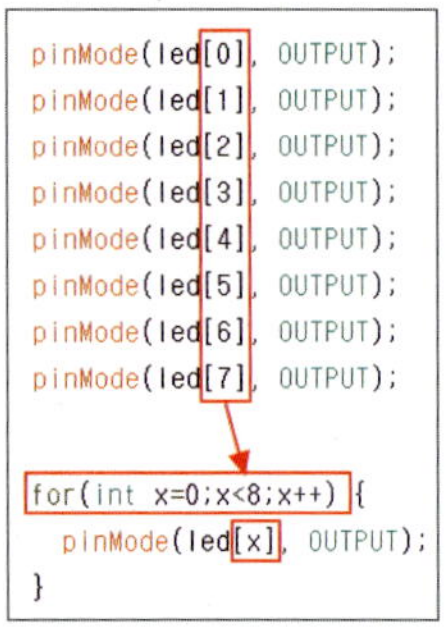

10 ~ 12 : 배열의 각 항목인 led[0]~led[7] 핀에 HIGH 값을 주기 위해서 for 문을 사용합니다. 아래 그림을 참조합니다.

```
digitalWrite(led[0], HIGH);
digitalWrite(led[1], HIGH);
digitalWrite(led[2], HIGH);
digitalWrite(led[3], HIGH);
digitalWrite(led[4], HIGH);
digitalWrite(led[5], HIGH);
digitalWrite(led[6], HIGH);
digitalWrite(led[7], HIGH);

for(int x=0;x<8;x++) {
  digitalWrite(led[x], HIGH);
}
```

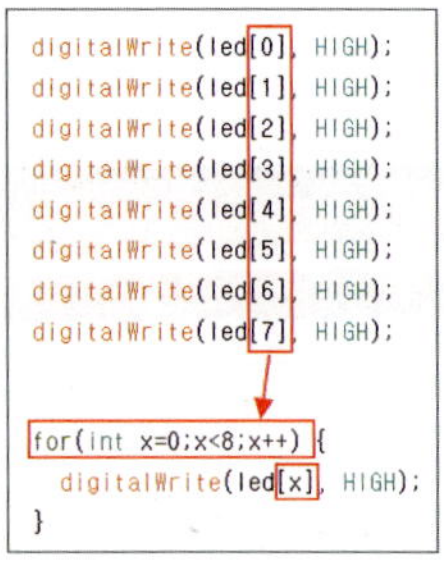

02 컴파일과 업로드를 수행합니다.

03 결과를 확인합니다.

이전과 같이 led[0]~led[7]까지의 LED가 모두 켜지는 것을 확인합니다.

for 문을 사용하면 LED의 개수가 바뀌더라도 for 문에서는 숫자만 변경해주면 됩니다. 이와 같이 for 문을 사용하면 간단하고 효율적으로 표현할 수 있습니다. 앞에서도 말했지만 배열과 for 문은 단짝과도 같은 관계입니다. 배열은 반복된 자료, for 문은 반복된 동작이기 때문입니다.

Special Page

C/C++ 코너 : 배열과 for문 살펴보기

아두이노에서 배열은 같은 자료형의 변수들을 하나의 단위로 묶어 관리할 수 있는 유용한 기능입니다. 배열을 사용하면 여러 개의 변수를 효율적으로 처리하고, 코드의 가독성을 높이며, 편리하게 수정할 수 있습니다.

❶ 배열의 개념 소개

배열은 같은 자료형의 데이터들을 연속적인 메모리 공간에 저장하는 데이터 구조입니다.
만약 센서 값 10개를 저장해야 한다면,

`int sensor1, sensor2, ..., sensor10;` 와 같이 개별 변수로 선언하는 것보다

`int sensors[10];` 와 같이 배열로 선언하는 것이 효율적입니다.

❷ 배열의 선언과 초기화

배열은 다음과 같이 선언합니다.

`데이터형 배열이름[원소 수];`

예를 들어, 다음에서는 int형 변수 5개를 가진 배열을 선언하고 있습니다.

`int numbers[5];`

여기서 numbers는 정수 변수 5개짜리 배열을 의미합니다. 즉, 5개의 정수값을 담을 수 있습니다.
배열은 다음과 같이 초기화할 수 있습니다.

`int numbers[5] = {1, 2, 3, 4, 5};`

여기서 numbers는 정수 변수 5개로 구성된 배열이며, 각각의 정수에 차례대로 1, 2, 3, 4, 5 값이 들어간 형태로 초기화됩니다. 즉, 메모리 상에 다음과 같이 값이 들어갑니다.

`|1|2|3|4|5|`

여기서 |는 메모리의 경계를 나타내며, 아두이노 우노 R3의 경우는 | | 한 칸이 2바이트가 됩니다.
배열은 다음과 같이 원소 수를 생략하고 초기화 목록으로 선언할 수 있습니다:

```
int numbers[] = {1, 2, 3, 4, 5};
```

이 경우, 아두이노 컴파일러가 {} 내에 있는 원소수를 세어 배열 개수를 정해줍니다.

❸ 배열 요소에 접근하기

배열의 각 요소는 인덱스(지시값)를 통해 접근합니다. 인덱스(지시값)는 0부터 시작합니다.

```
int numbers[5] = {10, 20, 30, 40, 50};
Serial.println(numbers[0]); // 출력: 10
Serial.println(numbers[4]); // 출력: 50
```

배열의 경우 첫 번째 요소가 인덱스 0에 해당하기 때문에, 마지막 요소는 배열의 크기보다 1 작은 값이 됩니다. 즉, 이 예제에서는 4에 해당하는 요소가 배열의 마지막 요소를 나타내며, 이것은 배열의 크기 5보다 1 작은 값입니다. 배열을 사용할 때는 마지막 인덱스가 배열의 크기보다 1 작은 것에 주의하여 사용해야 합니다.

❹ 배열과 반복문 활용

for 문을 사용하면 배열의 각 요소를 효율적으로 처리할 수 있습니다.

```
for (int i = 0; i < 5; i++) {
  Serial.println(numbers[i]);
}
```

반복문을 통해 센서 데이터 수집이나 LED 제어 등 다양한 작업을 간단하게 구현할 수 있습니다.
다음과 같이 예제를 작성합니다.

```
01  void setup() {
02    Serial.begin(115200);
03    while(!Serial) {}
04
05    int numbers[5] = {10, 20, 30, 40, 50};
06
07    for (int i = 0; i < 5; i++) {
08      Serial.print(" numbers[ ");
09      Serial.print(i);
10      Serial.print(" ] : ");
11      Serial.println(numbers[i]);
12    }
13  }
14
```

```
15      void loop() {
16
17      }
```

다음은 결과 화면입니다.

```
numbers[0] : 10
numbers[1] : 20
numbers[2] : 30
numbers[3] : 40
numbers[4] : 50
```

❺ 다차원 배열

배열은 다차원으로 확장 가능합니다. 2차원 배열은 행과 열로 데이터를 저장합니다.

```
int matrix[2][3] = {
  {1, 2, 3},
  {4, 5, 6}
};
Serial.println(matrix[0][1]); // 출력: 2
```

여기서 2는 행을 나타내며, 3은 열을 나타냅니다. 2가 큰 단위, 3이 작은 단위가 됩니다.
다음과 같이 예제를 작성합니다.

```
01   void setup() {
02     Serial.begin(115200);
03     while(!Serial) {}
04
05     int matrix[2][3] = {
06         {1, 2, 3},
07         {4, 5, 6}
08     };
09     for (int row = 0; row < 2; row++) {
10         for (int col = 0; col < 3; col++) {
11             Serial.print("matrix[");
12             Serial.print(row);
13             Serial.print("][");
14             Serial.print(col);
15             Serial.print("] : ");
16             Serial.println(matrix[row][col]);
17         }
```

```
18        }
19      }
20
21  void loop() {
22
23  }
```

다음은 실행 결과입니다.

```
matrix[0][0] : 1
matrix[0][1] : 2
matrix[0][2] : 3
matrix[1][0] : 4
matrix[1][1] : 5
matrix[1][2] : 6
```

2차원 배열에 대해서는 뒤에서 다루어 보도록 합니다.

이상 배열에 대해서 살펴보았습니다.

03_8 전체 LED 켜고 꺼보기

여기서는 8 개의 LED 전체를 켜고 끄고를 반복해 보도록 합니다.

01 다음과 같이 예제를 수정합니다.

238.ino
```
01 int led[8] = { 2, 3, 4, 5, 6, 7, 8, 9 };
02
03 void setup() {
04     // led 초기화
05     for(int x=0;x<8;x++) {
06             pinMode(led[x], OUTPUT);
07     }
08 }
09
10 int cnt=5;
11 void loop() {
12     if(cnt<=0) return;
13     cnt--;
14
15     // led 켜기
16     for(int x=0;x<8;x++) {
17             digitalWrite(led[x], HIGH);
18     }
19     delay(500);
20
21     // led 끄기
22     for(int x=0;x<8;x++) {
23             digitalWrite(led[x], LOW);
24     }
25     delay(500);
26 }
```

10	: cnt 정수 변수를 선언한 후, 5로 초기화합니다.
12	: cnt값이 0이하이면, loop 함수를 바로 빠져 나갑니다.
13	: cnt 값을 하나 빼 줍니다. 10,12,13 줄은 14줄 이하의 동작을 5회로 제한하기 위한 부분입니다.
16 ~ 18	: digitalWrite 함수를 호출하여 led[0]~led[7] 핀에 HIGH 신호를 주어 8 개의 LED를 켭니다.
19	: 0.5 초간 기다립니다.
22 ~ 24	: digitalWrite 함수를 호출하여 led[0]~led[7] 핀에 LOW 신호를 주어 8 개의 LED를 끕니다.
25	: 0.5 초간 기다립니다.

02 컴파일과 업로드를 수행합니다.

03 결과를 확인합니다.

8개의 LED 전체가 0.5 초 간격으로 모두 켜지고 꺼지고를 반복합니다.

03_9 함수로 정리하기

여기서는 앞의 예제를 함수로 정리해 봅니다. 함수로 정리하면 소스에 대한 가독성이 높아지며, 재사용이 가능해집니다. 가독성이 높아진다는 건 소스에서 어떤 일을 하는지 좀 더 알아보기 쉽다는 뜻입니다.

01 다음과 같이 예제를 수정합니다.

```
239.ino
01 int led[8] = { 2, 3, 4, 5, 6, 7, 8, 9 };
02
03 void leds_init() {
04         // led 초기화
05         for(int x=0;x<8;x++) {
06                 pinMode(led[x], OUTPUT);
07         }
08 }
09
```

```
10 void leds_on() {
11      // led 켜기
12      for(int x=0;x<8;x++) {
13              digitalWrite(led[x], HIGH);
14      }
15 }
16
17 void leds_off() {
18      // led 끄기
19      for(int x=0;x<8;x++) {
20              digitalWrite(led[x], LOW);
21      }
22 }
23
24 void setup() {
25      leds_init();
26 }
27
28 int cnt=5;
29 void loop() {
30      if(cnt<=0) return;
31      cnt--;
32
33      leds_on();
34      delay(500);
35
36      leds_off();
37      delay(500);
38 }
```

03~08 : leds_inits 함수를 정의합니다. LED를 초기화하는 함수라는 것을 알 수 있습니다.
10~15 : leds_on 함수를 정의합니다. LED를 켜는 함수라는 것을 알 수 있습니다.
17~22 : leds_off 함수를 정의합니다. LED를 끄는 함수라는 것을 알 수 있습니다.
25   : leds_inits 함수를 호출하여 LED를 초기화합니다.
33   : leds_on 함수를 호출하여 LED를 켭니다.
36   : leds_off 함수를 호출하여 LED를 끕니다.

02 컴파일과 업로드를 수행합니다.

03 결과를 확인합니다. 이전과 결과는 같습니다.

03_10 함수에 배열 넘기기

여기서는 함수에 인자로 배열을 넘겨봅니다.

01 다음과 같이 예제를 수정합니다.

2310.ino

```
01 int led[8] = { 2, 3, 4, 5, 6, 7, 8, 9 };
02
03 void leds_init(int led[], int led_cnt) {
04      // led 초기화
05      for(int x=0;x<led_cnt;x++) {
06              pinMode(led[x], OUTPUT);
07      }
08 }
09
10 void leds_on(int led[], int led_cnt) {
11      // led 켜기
12      for(int x=0;x<led_cnt;x++) {
13              digitalWrite(led[x], HIGH);
14      }
15 }
16
17 void leds_off(int led[], int led_cnt) {
18      // led 끄기
19      for(int x=0;x<led_cnt;x++) {
20              digitalWrite(led[x], LOW);
21      }
22 }
23
24 void setup() {
25      leds_init(led,8);
26 }
27
28 int cnt=5;
29 void loop() {
30      if(cnt<=0) return;
31      cnt--;
32
33      leds_on(led,8);
34      delay(500);
35
36      leds_off(led,8);
37      delay(500);
38 }
```

03, 10, 17 : 매개변수로 int led[]와 int led_cnt를 추가합니다. 일차 배열의 매개변수는 배열의 개수를 뺀 배열의 모양이 됩니다. 매개변수의 이름 led는 다른 이름으로 변경해도 됩니다.
05, 12, 19 : for 문의 조건 확인 부분을 8에서 led_cnt로 변경합니다.
25, 33, 36 : 함수에 인자로 led 배열과 led의 개수 8을 넘겨줍니다. led 배열을 함수에 넘겨줄 경우엔 배열의 이름을 인자로 넘겨줍니다.

02 컴파일과 업로드를 수행합니다.

03 결과를 확인합니다. 이전과 결과는 같습니다.

03_11 배열 매개변수 포인터로 변경하기

여기서는 함수의 배열을 받은 매개변수를 포인터로 변경해 봅니다.

01 다음과 같이 예제를 수정합니다.

2311.ino
```
01 int led[8] = { 2, 3, 4, 5, 6, 7, 8, 9 };
02
03 void leds_init(int * led, int led_cnt) {
04     // led 초기화
05     for(int x=0;x<led_cnt;x++) {
06         pinMode(led[x], OUTPUT);
07     }
08 }
09
10 void leds_on(int * led, int led_cnt) {
11     // led 켜기
12     for(int x=0;x<led_cnt;x++) {
13         digitalWrite(led[x], HIGH);
14     }
15 }
16
17 void leds_off(int * led, int led_cnt) {
18     // led 끄기
19     for(int x=0;x<led_cnt;x++) {
20         digitalWrite(led[x], LOW);
21     }
22 }
23
```

```
24 void setup() {
25        leds_init(led,8);
26 }
27
28 int cnt=5;
29 void loop() {
30        if(cnt<=0) return;
31        cnt--;
32
33        leds_on(led,8);
34        delay(500);
35
36        leds_off(led,8);
37        delay(500);
38 }
```

03, 10, 17 : 매개변수를 int led[]에서 int * led로 변경합니다. 매개변수의 이름 led는 다른 이름으로 변경해도 됩니다.
25, 33, 36 : 함수에 인자로 led 배열을 넘겨주는 부분은 그대로 둡니다.

02 컴파일과 업로드를 수행합니다.

03 결과를 확인합니다. 이전과 결과는 같습니다.

03_12 sizeof로 배열의 개수 구하기

여기서는 sizeof를 이용하여 배열의 개수를 구하는 방법을 살펴봅니다.

01 다음과 같이 예제를 수정합니다.

2312.ino

```
01 int led[8] = { 2, 3, 4, 5, 6, 7, 8, 9 };
02 int led_cnt=sizeof(led)/sizeof(led[0]);
03
04 void leds_init(int * led, int led_cnt) {
05        // led 초기화
06        for(int x=0;x<led_cnt;x++) {
07                pinMode(led[x], OUTPUT);
08        }
09 }
```

```
10
11  void leds_on(int * led, int led_cnt) {
12      // led 켜기
13      for(int x=0;x<led_cnt;x++) {
14              digitalWrite(led[x], HIGH);
15      }
16  }
17
18  void leds_off(int * led, int led_cnt) {
19      // led 끄기
20      for(int x=0;x<led_cnt;x++) {
21              digitalWrite(led[x], LOW);
22      }
23  }
24
25  void setup() {
26      leds_init(led,led_cnt);
27  }
28
29  int cnt=5;
30  void loop() {
31      if(cnt<=0) return;
32      cnt--;
33
34      leds_on(led,led_cnt);
35      delay(500);
36
37      leds_off(led,led_cnt);
38      delay(500);
39  }
```

02 : sizeof(led)를 이용하여 led 배열의 크기를 구합니다. sizeof(led[0])를 이용하여 led 배열의 첫 번째 항목의 크기를 구합니다. led 배열의 전체 크기를 첫 번째 항목의 크기로 나누면 배열의 개수가 나옵니다. 배열의 크기는 led_cnt 변수에 할당합니다.

26, 34, 37 : leds_init, leds_on, leds_off 함수의 두 번째 인자를 led_cnt로 수정합니다.

02 컴파일과 업로드를 수행합니다.

03 결과를 확인합니다. 이전과 결과는 같습니다.

Special Page

C/C++ 코너 : 배열, 함수, 포인터의 관계 살펴보기

배열은 같은 종류의 데이터 여러 개로 구성된 자료형입니다. 일반적으로 배열은 그 크기가 아주 큽니다. 예를 들어 대한민국 인구수에 해당하는 정수 배열을 만들 경우 배열의 항목 개수는 5천만 개가 됩니다. 이렇게 큰 배열은 일반적으로 한 개 이상의 함수를 거치며 처리되는 경우가 많습니다. 이런 경우, 배열을 함수로 넘길 때, 그 크기 때문에, 첫 번째 항목의 주소를 함수로 넘기는 형태로 코드가 생성됩니다. 이 때, 함수의 매개변수 자리에는 배열의 첫 번째 항목의 주소를 받기 위해 주소 변수가 오게 되며, 이것이 바로 포인터입니다. 여기서는 배열, 함수, 포인터의 관계를 자세히 살펴봅니다.

❶ 함수로 배열 넘기기

함수를 호출하는 과정에서 배열을 인자로 넘기는 부분에 대해, C/C++ 컴파일러는 배열을 해당 배열의 첫 번째 항목의 주소값으로 변환합니다. 예를 들어, 이전 예제의 다음 부분을 살펴봅니다.

```
26 leds_init(led,led_cnt);
```

이 부분은 다음과 같이 변경할 수 있습니다.

```
26 leds_init(&led[0],led_cnt); // led => &led[0]
```

함수의 인자 부분에서 사용된 배열 led는 &led[0]로 C/C++ 컴파일러가 변환하여 해석합니다. led[0]앞에 붙은 &는 메모리 주소값(위치값)을 의미하며, 주소 연산자라고 합니다.

❷ 함수에서 배열 받기

앞의 설명에 의해 함수 정의 부분에서 배열을 받는 매개 변수자리에는 주소 변수가 와야 합니다. 예를 들어, 이전 예제의 다음 부분을 살펴봅니다.

```
04 void leds_init(int * ledp, int led_cnt) {
```

설명의 편의상 led를 ledp로 변경하였습니다. 여기서 ledp 매개변수는 정수변수의 주소변수입니다. *는 포인터라고 하며 주소변수라는 의미입니다. int *는 정수변수의 주소변수를 의미합니다. 따라서 int * ledp에서 ledp는 정수변수의 주소변수가 됩니다. 그래서 함수 호출시, 다음과 같은 대입이 일어납니다.

```
04 void leds_init(int * ledp, int led_cnt) { // int * ledp = led
```

여기서 주석 부분에 해당하는 부분은 컴파일러에 의해 다음과 같이 해석됩니다.

```
04 void leds_init(int * ledp, int led_cnt) { // int * ledp = &led[0]
```

&led[0]의 &는 주소값입니다. int *의 *는 주소변수입니다. 따라서 *는 &를 받을 수 있는 주소변수입니다. 지금까지의 상황으로 배열과 포인터는 아주 밀접한 관계를 갖습니다. 포인터는 함수에 배열을 넘길 때 배열을 받기위해 만들어졌다고 해도 과언이 아닙니다.

❸ 포인터로 배열 항목 접근하기

다음은 포인터를 이용하여 배열의 항목을 접근하는 부분을 살펴봅니다.

```
07        pinMode(ledp[x], OUTPUT);
```

포인터는 함수의 매개변수 자리에서 배열(의 첫 번째 항목의 주소값)을 받습니다. 포인터는 배열을 받기 위해 만들어졌으며 따라서 포인터를 통해 배열의 항목을 접근하는 방법은 당연히 원래 배열의 항목을 접근하는 방법과 같습니다. 그래서 포인터를 이용하여 배열의 항목을 차례대로 접근할 수 있습니다.

❹ 배열, 함수, 포인터의 관계 정리하기

이상의 내용을 정리해 봅니다.

함수에 배열을 전달할 때 다음과 같은 특징이 있습니다.

1. 배열 이름은 배열의 첫 번째 요소의 주소로 변경됩니다.
2. 함수 매개변수로 배열을 선언할 때, 컴파일러는 이를 포인터로 처리합니다.
3. 함수 내에서 포인터를 배열이름처럼 사용하여 배열을 접근할 수 있습니다.

예를 들어, 다음과 같이 함수를 선언할 수 있습니다:

```
void processArray(int *arr, int size);
// 또는
void processArray(int arr[], int size);
```

두 선언은 동일하게 취급되며, 함수 내에서 arr는 포인터로 처리됩니다. 주의할 점은 함수로 전달된 배열의 크기 정보는 손실되므로, 보통 배열의 크기를 별도의 매개변수로 전달합니다.

03_13 cpp, h 파일 만들어보기

여기서는 앞에서 정의한 함수를 재사용하기 위한 환경을 만들어봅니다. 앞에서 정의한 함수를 재사용하기 위해서는 따로 파일을 만들어 함수 정의 부분 옮겨 주어야 합니다. 일반적으로 C/C++ 파일은 두 개의 파일로 구성됩니다. 하나는 함수의 타입(모양)을 작성하는 h(헤더) 파일입니다. 함수의 타입은 함수의 이름, 함수의 매개변수, 함수의 반환형으로 구성되며, 함수 정의가 들어가는 중괄호 {} 부분은 빠집니다. 또 다른 파일은 함수가 정의되는 cpp 파일입니다. h 파일은 다른 파일에서 해당 기능을 사용해야 할 때 #include로 포함시킬 때 사용합니다.

다음과 같은 순서로 진행합니다.

01 빈 스케치를 하나 생성합니다.

02 아두이노 소프트웨어 우측에 있는 […]을 마우스 클릭한 후, [New Tab] 메뉴를 선택합니다.

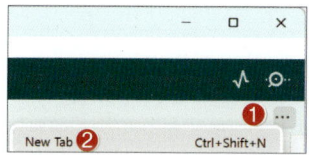

03 그러면 다음과 같은 창이 뜹니다. [leds.h]라고 입력한 후, [OK] 버튼을 눌러줍니다.

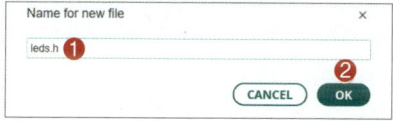

04 다음과 같이 leds.h 파일이 추가된 것을 확인합니다.

05 이번엔 cpp 파일을 추가해 봅니다. 2번과 같이 아두이노 소프트웨어 우측에 있는 […]을 마우스 클릭한 후, [New Tab] 메뉴를 선택합니다.

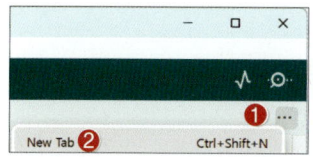

06 다음 창에서 [leds.cpp]라고 입력한 후, [OK] 버튼을 눌러줍니다.

07 다음과 같이 leds.cpp 파일이 추가된 것을 확인합니다.

sketch_nov30a.ino   leds.h   leds.cpp

08 다음과 같이 leds.h 파일을 작성합니다.

leds.h

```
01 #ifndef __LEDS_H__
02 #define __LEDS_H__
03
04 void leds_init(int * led, int led_cnt);
05 void leds_on(int * led, int led_cnt);
06 void leds_off(int * led, int led_cnt);
07
08 #endif//__LEDS_H__
```

01, 02, 08 : 헤더 파일의 중복 포함을 막는데 사용하는 전처리기입니다. __LEDS_H__ 매크로가 정의되어 있지 않으면(1번째 줄), __LEDS_H__ 매크로를 정의합니다(2번째 줄). 8번째 줄은 1번째 줄의 조건이 끝나는 부분을 나타냅니다. 이렇게 하면 leds.h 파일을 #include를 이용하여 중복 포함 하더라고 한 번만 포함되게 됩니다. 예를 들어, A.h라는 파일에서 leds.h가 필요해 포함하고, B.h라는 파일에서도 leds.h가 필요해 포함한 상태에서 C.cpp 파일에서 A.h와 B.h가 모두 필요해 포함할 경우 A.h에서 포함한 leds.h와 B.h에서 포함한 leds.h는 C.cpp 파일에서 2번 포함되게 됩니다. 똑같은 파일의 내용이 중복되어서 포함되면 컴파일러는 오류를 발생시킵니다. 이를 방지하기 위한 방법입니다. 일반적으로 파일의 이름을 대문자로 변환한 후, 점(.)은 밑줄(_)로 변환하고, 파일의 앞과 뒤에 각각 2개의 밑줄(__)을 붙여서 추가해줍니다.

04, 05, 06 : leds_init, leds_on, leds_off 함수 원형(함수의 이름, 매개변수, 반환형으로 구성된 표현식)을 작성합니다. 함수 원형은 컴파일러에게 함수의 구조를 알려주는 역할을 합니다.

09 다음과 같이 leds.cpp 파일을 작성합니다.

leds.cpp

```
01 #include "Arduino.h"
02
03 void leds_init(int * led, int led_cnt) {
04      // led 초기화
05      for(int x=0;x<led_cnt;x++) {
06              pinMode(led[x], OUTPUT);
07      }
08 }
09
10 void leds_on(int * led, int led_cnt) {
11      // led 켜기
12      for(int x=0;x<led_cnt;x++) {
13              digitalWrite(led[x], HIGH);
14      }
15 }
```

```
16
17 void leds_off(int * led, int led_cnt) {
18        // led 끄기
19        for(int x=0;x<led_cnt;x++) {
20                digitalWrite(led[x], LOW);
21        }
22 }
```

01 : Arduino.h 파일을 포함합니다. Arduino.h 파일에는 6, 13, 20 줄에서 사용하는 pinMode, digitalWrite 함수에 대한 함수 원형이 있습니다. 또, OUTPUT, HIGH, LOW에 대한 매크로 정의가 있습니다.
03~08, 10~15, 17~22 : 앞에서 정의했던 leds_init, leds_on, leds_off 함수를 그대로 복사합니다.

10 다음과 같이 아두이노 스케치를 작성합니다.

2313.ino
```
01 #include "leds.h"
02
03 int led[8] = { 2, 3, 4, 5, 6, 7, 8, 9 };
04 int led_cnt=sizeof(led)/sizeof(led[0]);
05
06 void setup() {
07        leds_init(led,led_cnt);
08 }
09
10 int cnt=5;
11 void loop() {
12        if(cnt<=0) return;
13        cnt--;
14
15        leds_on(led,led_cnt);
16        delay(500);
17
18        leds_off(led,led_cnt);
19        delay(500);
20 }
```

01   : leds.h 파일을 포함합니다.
03~20 : 앞에서 작성했던 파일의 내용을 그대로 가져옵니다.

11 컴파일과 업로드를 수행합니다.

12 결과를 확인합니다. 이전과 결과는 같습니다.

Special Page

C/C++ 코너 : h 파일 중복 포함 오류 살펴보기

앞에서 우리는 h 파일 중복 포함 방지 루틴을 작성해 보았습니다. 여기서는 예제를 통해 왜 이 루틴이 필요한지 살펴봅니다.

01 빈 스케치를 하나 생성합니다.

02 아두이노 소프트웨어 우측에 있는 [...]을 마우스 클릭한 후, [New Tab] 메뉴를 선택합니다.

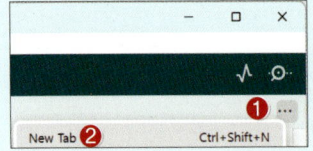

03 그러면 다음과 같은 창이 뜹니다. [leds.h]라고 입력한 후, [OK] 버튼을 눌러줍니다.

04 다음과 같이 leds.h 파일이 추가된 것을 확인합니다.

05 같은 방식으로 A.h, B.h, C.cpp 파일을 추가합니다.

06 최종적으로 다음과 같이 파일이 추가된 것을 확인합니다.

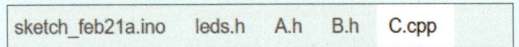

07 leds.h 파일을 다음과 같이 작성합니다.

```
void leds_init(int * led, int led_cnt) {}
```

08 A.h 파일을 다음과 같이 작성합니다.

```
#include "leds.h"
```

09 B.h 파일을 다음과 같이 작성합니다.

```
#include "leds.h"
```

10 C.cpp 파일을 다음과 같이 작성합니다.

```
#include "A.h"
#include "B.h"
```

11 다음 버튼을 눌러 Verify를 수행합니다.

12 다음과 같은 형태의 오류가 발생합니다.

```
Compilation error: redefinition of 'void leds_init(int*, int)'
```

13 leds.h 파일을 다음과 같이 수정합니다.

```
#ifndef __LEDS_H__
#define __LEDS_H__

void leds_init(int * led, int led_cnt) {}

#endif
```

14 다음 버튼을 눌러 Verify를 수행합니다.

15 정상적으로 처리되는 것을 확인합니다.

03_14 myleds 라이브러리 만들기

이제 다른 스케치에서도 사용할 수 있도록 앞에서 작성한 leds.h, leds.cpp 파일을 라이브러리화 합니다. 아두이노에서 라이브러리를 만드는 것은 쉽습니다. 다음과 같은 순서로 진행합니다.

01 다음 디렉터리로 이동합니다.

02 다음과 같이 myleds 디렉터리를 만듭니다.

03 앞에서 작성했던 leds.cpp, leds.h 파일을 myleds 디렉터리로 복사해 줍니다.

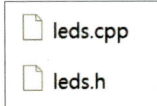

04 아두이노 소프트웨어를 종료한 후, 다시 시작합니다.

05 새로운 스케치를 생성한 후, 다음과 같이 앞에서 작성한 예제를 복사합니다.

```
2314.ino
01 #include "leds.h"
02
03 int led[8] = { 2, 3, 4, 5, 6, 7, 8, 9 };
04 int led_cnt=sizeof(led)/sizeof(led[0]);
05
06 void setup() {
07     leds_init(led,led_cnt);
08 }
09
10 int cnt=3;
11 void loop() {
12     if(cnt<=0) return;
13     cnt--;
14
15     leds_on(led,led_cnt);
16     delay(500);
17
18     leds_off(led,led_cnt);
19     delay(500);
20 }
```

06 컴파일과 업로드를 수행합니다.

07 결과를 확인합니다. 이전과 결과는 같습니다.

이상에서 leds 라이브러리를 추가해봤습니다. 이제 leds 라이브러리는 다른 스케치에서도 사용할 수 있습니다.

03_15 LED 차례대로 켜고 꺼보기

여기서는 8개의 LED를 차례대로 켜고 끄고를 반복해 봅니다. 그리고 켜고 끄는 시간 간격을 줄여가면서 8개의 LED 전체가 동시에 켜진 것처럼 보이게 해 봅니다.

01 다음과 같이 예제를 수정합니다.

2315.ino
```
01 #include "leds.h"
02
03 int led[8] = { 2, 3, 4, 5, 6, 7, 8, 9 };
04 int led_cnt=sizeof(led)/sizeof(led[0]);
05
06 void setup() {
07     leds_init(led,led_cnt);
08 }
09
10 int cnt=3;
11 void loop() {
12     if(cnt<=0) return;
13     cnt--;
14
15     for(int x=0;x<led_cnt;x++) {
16     // led 모두 끄기
17         leds_off(led,led_cnt);
18
19         digitalWrite(led[x], HIGH);
20
21         delay(500);//1/4=0.25Hz
22     }
23
24     leds_off(led,led_cnt);
25 }
```

> **15** : led[0]~led[7]까지 차례대로
> **17** : 전체 LED를 끈 후,
> **19** : digitalWrite 함수를 호출하여 각각의 LED를 켭니다.
> **21** : 0.5 초간 기다립니다.

이 예제는 10~20줄의 동작을 수행하는데 약 4초가 걸립니다. LED 8 개를 1회 차례대로 켜고 끄는데 걸리는 시간이 4초이니 주파수는 Tf=1 식에 의해 f=1/T가 되어 1/4=0.25Hz가 됩니다.

02 컴파일과 업로드를 수행합니다.

03 결과를 확인합니다.

8개의 LED가 차례대로 0.5초 간격으로 켜지고 꺼지는 것을 볼 수 있습니다.

04 이전 예제의 21번 째 줄을 다음과 같이 수정합니다.

```
21                  delay(50);//10/4=2.5Hz
```

> **21** : 지연 시간을 50으로 줄여 동작을 10배 빨리 하도록 합니다. 이렇게 하면 LED 8 개를 1회 차례대로 켜고 끄는데 초당 2.5회 수행하게 됩니다. 즉, 2.5Hz가 됩니다.

05 컴파일과 업로드를 수행합니다.

06 결과를 확인합니다.

8개의 LED가 차례대로 0.05초 간격으로 켜지고 꺼지는 것을 볼 수 있습니다. 개별 LED가 켜지고 꺼지는 것을 볼 수 있습니다.

07 이전 예제의 10, 21번 째 줄을 다음과 같이 수정합니다.

```
10  int cnt=30;             21              delay(5);//100/4=25Hz
```

> **21** : 지연 시간을 5로 줄여 동작을 처음보다 100배 빨리 하도록 합니다. 이렇게 하면 LED 8 개를 1회 차례대로 켜고 끄는데 초당 25회 수행하게 됩니다. 즉, 25Hz가 됩니다.

08 컴파일과 업로드를 수행합니다.

09 결과를 확인합니다.

8개의 LED가 차례대로 0.005초 간격으로 켜지고 꺼지지만 제대로 볼 수 없습니다. 전체 LED가 흔들리는 것처럼 켜져 있다고 느껴집니다.

10 이전 예제의 10, 21번 째 줄을 다음과 같이 수정합니다.

```
10 int cnt=300;          21           delay(1);//500/4=125Hz
```

10 : cnt 값을 300으로 변경합니다.
21 : 지연 시간을 1로 줄여 동작을 처음보다 500배 빨리 하도록 합니다. 이렇게 하면 LED 8 개를 1회 차례대로 켜고 끄는데 초당 125회 수행하게 됩니다. 즉, 125Hz가 됩니다.

11 컴파일과 업로드를 수행합니다.

12 결과를 확인합니다.

8개의 LED가 차례대로 0.001초 간격으로 켜지고 꺼지지만 제대로 볼 수 없습니다. 전체 LED가 안정적으로 켜져 있다고 느껴집니다. 일반적으로 50Hz 이상으로 동작하면 우리 눈은 그것의 자세한 동작을 구분할 수 없습니다.

03_16 하트 LED 회로 구성하기

여기서는 12 개의 LED를 하트 모양으로 연결해 보고 몇 가지 예제를 작성해 봅니다. 여기서는 12개의 LED를 제어하기 위해 앞에서 작성했던 라이브러리를 사용합니다.
회로 구성이 복잡해 몇 단계로 나누어 회로 구성을 해 봅니다.
01 먼저 다음과 같이 LED를 배치합니다.

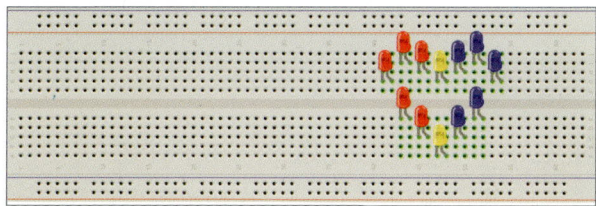

각 LED의 꺾인 다리 부분이 양극입니다. 다음 사진을 참조합니다.

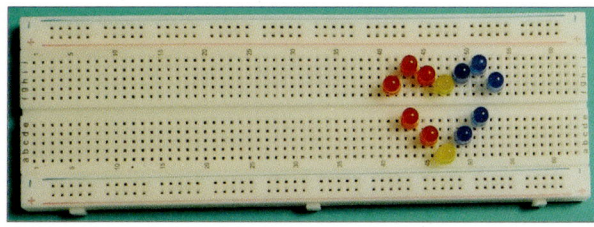

02 다음과 같이 저항을 배치합니다.

저항은 각 LED의 음극과 연결된 후, 브레드 보드의 공통 음극에 연결합니다.

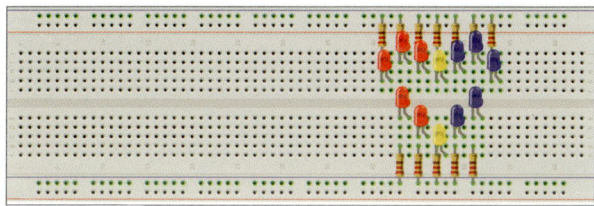

다음 사진을 참조합니다.

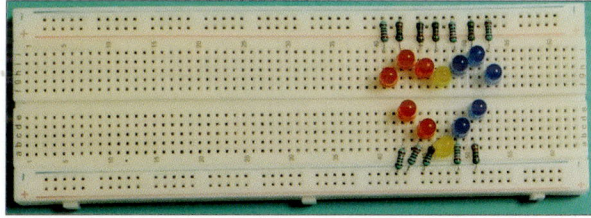

03 다음과 같이 선을 연결합니다.

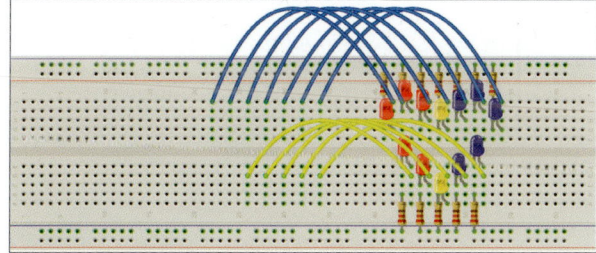

선을 LED의 양극에 그림과 같이 연결합니다.

다음 사진을 참조합니다.

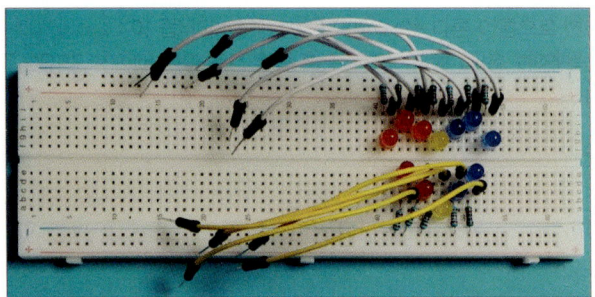

04 다음과 같이 아두이노 보드와 연결합니다.

다음 사진을 참조합니다.

05 다음과 같이 GND를 연결합니다.

다음 사진을 참조합니다.

[통합 보드]의 경우 다음 핀에 연결합니다.

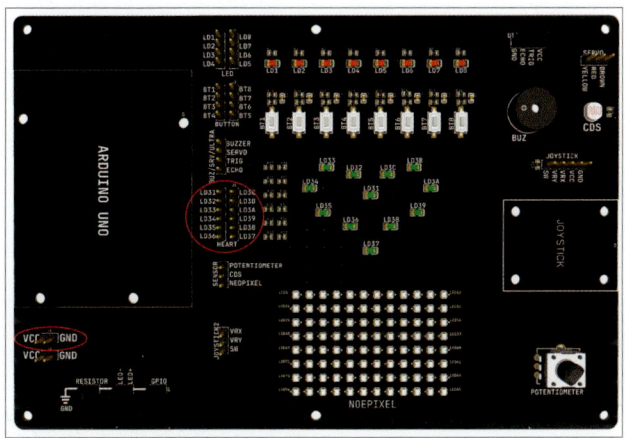

아두이노 핀 8,7,6,5,4,3,2,18,17,16,15,14을 차례대로 [통합 보드]의 LD31~LD3C로 연결해 줍니다. 아두이노의 5V, GND도 [통합 보드]의 VCC, GND에 연결합니다.

※ 회로 구성 시 저항이나 LED의 핀이 서로 닿으면 합선이 될 수 있으니 주의합니다.

03_17 하트 LED 켜 보기

여기서는 하트 LED 전체를 초기화하고 켜 보도록 합니다.

01 다음과 같이 예제를 작성합니다.

2317.ino
```
01 #include "leds.h"
02
03 int led[12] = { 8, 7, 6, 5, 4, 3, 2, 18, 17, 16, 15, 14 };
04 int led_cnt=sizeof(led)/sizeof(led[0]);
05
```

```
06 void setup() {
07     // 하트 led 초기화
08     leds_init(led,led_cnt);
09
10     // 하트 led 켜기
11     leds_on(led,led_cnt);
12 }
13
14 void loop() {
15
16 }
```

01 : 앞에서 작성했던 leds.h를 포함합니다.
03 : 정수 배열인 led를 선언하고 아두이노 핀 값을 예제와 같이 초기화합니다.
04 : led_cnt 변수를 선언하고 led 배열의 개수로 초기화합니다.
08 : leds_init 함수를 호출하여 하트 LED를 초기화합니다.
11 : leds_on 함수를 호출하여 하트 LED를 켭니다.

02 [툴] 메뉴를 이용하여 보드, 포트를 다음과 같이 선택합니다.

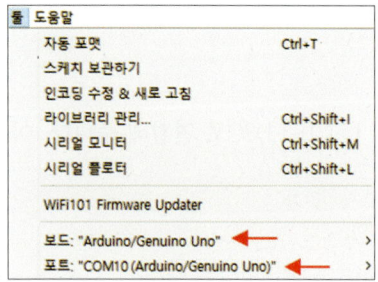

03 컴파일과 업로드를 수행합니다.

04 결과를 확인합니다.

하트 LED가 모두 켜지는 것을 확인합니다.

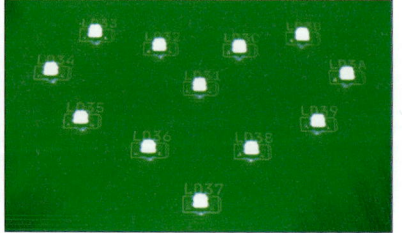

03_18 하트 LED 켜고 꺼보기

여기서는 하트 LED 전체를 켜고 끄고를 반복해 보도록 합니다.

01 다음과 같이 예제를 수정합니다.

```
2318.ino
01 #include "leds.h"
02
03 int led[12] = { 8, 7, 6, 5, 4, 3, 2, 18, 17, 16, 15, 14 };
04 int led_cnt=sizeof(led)/sizeof(led[0]);
05
06 void setup() {
07         // 하트 led 초기화
08         leds_init(led,led_cnt);
09 }
10
11 int cnt=3;
12 void loop() {
13         if(cnt<=0) return;
14         cnt--;
15
16         // 하트 led 켜기
17         leds_on(led,led_cnt);
18         delay(500);
19
20         // 하트 led 끄기
21         leds_off(led,led_cnt);
22         delay(500);
23 }
```

11, 13, 14 : 하트 LED를 켜고 끄는 동작을 3회 반복합니다.
17 : leds_on 함수를 호출하여 하트 LED를 켭니다.
18 : 0.5 초간 기다립니다.
21 : leds_off 함수를 호출하여 하트 LED를 끕니다.
22 : 0.5 초간 기다립니다.

02 컴파일과 업로드를 수행합니다.

03 결과를 확인합니다.

하트 LED 전체가 0.5 초 간격으로 모두 켜지고 꺼지고를 반복합니다.

03_19 하트 LED 차례대로 켜고 꺼보기

여기서는 하트 LED 하나하나를 차례대로 켜고 끄고를 반복해 봅니다. 그리고 켜고 끄는 시간 간격을 줄여가면서 하트 LED 전체가 동시에 켜진 것처럼 보이게 해 봅니다.

01 다음과 같이 예제를 수정합니다.

2319.ino

```
01 #include "leds.h"
02
03 int led[12] = { 8, 7, 6, 5, 4, 3, 2, 18, 17, 16, 15, 14 };
04 int led_cnt=sizeof(led)/sizeof(led[0]);
05
06 void setup() {
07     // 하트 led 초기화
08     leds_init(led,led_cnt);
09 }
10
11 int cnt=3;
12 void loop() {
13     if(cnt<=0) return;
14     cnt--;
15
16     for(int x=0;x<led_cnt;x++) {
17         // 하트 led 모두 끄기
18         leds_off(led,led_cnt);
```

```
19
20              digitalWrite(led[x], HIGH);
21
22              delay(500);
23          }
24
25      leds_off(led,led_cnt);
26  }
```

16 : led[0]~led[11]까지 차례대로
18 : 전체 LED를 끈 후.
20 : digitalWrite 함수를 호출하여 각각의 LED를 켭니다.
22 : 0.5 초간 기다립니다.

02 컴파일과 업로드를 수행합니다.

03 결과를 확인합니다.

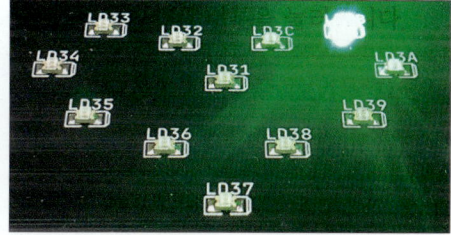

하트 LED 하나하나가 차례대로 0.5초 간격으로 켜지고 꺼지는 것을 볼 수 있습니다.

04 이전 예제의 22번 째 줄을 다음과 같이 수정합니다.

```
22              delay(50);//10/6=1.67Hz
```

지연 시간을 50으로 줄여 동작을 10배 빨리 하도록 합니다. 이렇게 하면 LED 12 개를 1회 차례대로 켜고 끄는데 초당 1.67회 수행하게 됩니다. 즉, 1.67Hz가 됩니다.

05 컴파일과 업로드를 수행합니다.

06 결과를 확인합니다.

 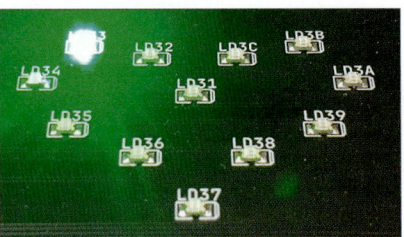

하트 LED 하나하나가 차례대로 0.05초 간격으로 켜지고 꺼지는 것을 볼 수 있습니다. 개별 LED가 켜지고 꺼지는 것을 볼 수 있습니다.

07 이전 예제의 11, 22번 째 줄을 다음과 같이 수정합니다.

```
11  int cnt=30;      22          delay(5);//100/6=16.7Hz
```

지연 시간을 5로 줄여 동작을 처음보다 100배 빨리 하도록 합니다. 이렇게 하면 LED 12 개를 1회 차례대로 켜고 끄는데 초당 16.7회 수행하게 됩니다. 즉, 16.7Hz가 됩니다.

08 컴파일과 업로드를 수행합니다.

09 결과를 확인합니다.

하트 LED 하나하나가 차례대로 0.005초 간격으로 켜지고 꺼지지만 제대로 볼 수 없습니다. 전체 LED가 흔들리는 것처럼 켜져 있다고 느껴집니다.

10 이전 예제의 11, 22번 째 줄을 다음과 같이 수정합니다.

```
11  int cnt=300;        22                    delay(1);//500/6=83.3Hz
```

지연 시간을 1로 줄여 동작을 처음보다 500배 빨리 하도록 합니다. 이렇게 하면 LED 12 개를 1회 차례대로 켜고 끄는데 초당 83.3회 수행하게 됩니다. 즉, 83.3Hz가 됩니다.

11 컴파일과 업로드를 수행합니다.

12 결과를 확인합니다.

 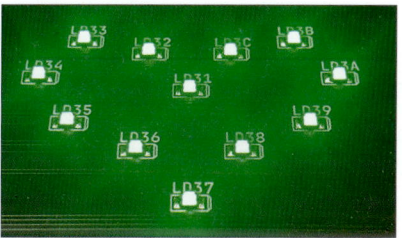

하트 LED 하나하나가 차례대로 0.001초 간격으로 켜지고 꺼지지만 제대로 볼 수 없습니다. 전체 LED가 안정적으로 켜져 있다고 느껴집니다.

이상 하트 LED에 대한 예제를 수행해 보았습니다. 여러분은 아래 그림과 같이 LED를 다이아몬드 모양으로 배치할 수도 있습니다. 또 화살표 모양으로 배치할 수도 있습니다.

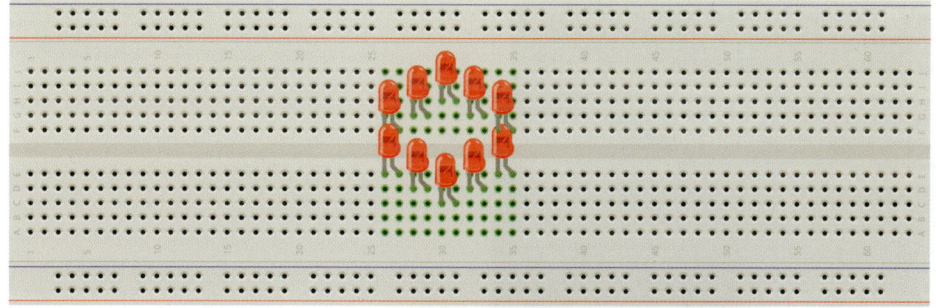

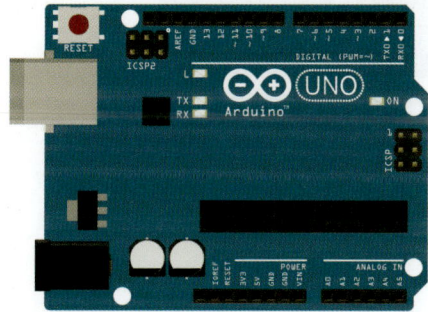

04

빛의 연주 : analogWrite

> 독자 여러분은 2장 2절에서 digitalWrite 함수와 delay 함수를 이용하여 100Hz의 주파수와 0~10개의 HIGH 값으로 LED의 밝기를 조절해 보았습니다. analogWrite 함수를 사용할 경우 빠른 주파수와 더 조밀한 상하비로 LED의 밝기를 조절할 수 있습니다. 상하비의 경우 HIGH에 해당하는 구간을 듀티 사이클(duty cycle)이라고 합니다.

아두이노 우노 보드에서 analogWrite 함수는 마이컴 내부에 있는 Timer/Counter 모듈에 명령을 주어 아래와 같은 형태의 사각 파형을 내보낼 수 있습니다.

Timer/Counter 모듈은 마이컴 내부에 있는 시계와 같습니다. 그래서 Timer/Counter 모듈은 시간에 맞추어 정해진 파형을 내보내는 역할을 합니다.

다음 핀들은 사각 파형을 내보낼 수 있는 핀들입니다. PWM이라고 표시된 핀들입니다.

여러분은 아두이노 스케치를 통해 LED의 밝기를 조절하거나 모터의 속도를 조절할 때 analogWrite 함수를 주로 사용합니다.

analogWrite

analogWrite란 특정 핀으로 일정한 모양의 사각파형을 내보내는 명령어입니다.

analogWrite(pin, value);
  ❶   ❷

❶ 제어하고자 하는 핀 번호입니다. 정수형을 씁니다.
❷ 듀티 사이클로 0~255 사이의 값을 가집니다. 정수형을 씁니다.

analogWrite 함수는 내부 Timer/Counter 모듈에 명령을 주어 해당 핀으로 일정한 모양의 사각파형을 내보내게 합니다. Timer/Counter 모듈은 새로운 analogWrite 명령을 받을 때까지 해당 핀으로 똑같은 사각 파형을 내보냅니다.

analogWrite 함수를 통해 여러분은 490Hz 또는 980Hz의 속도로 0~255의 HIGH 값으로 LED의 밝기를 조절할 수 있습니다. 즉, 더 빠른 주파수와 더 조밀한 상하비로 LED의 밝기를 조절할 수 있습니다. 그러나 주파수는 490Hz 또는 980Hz로 고정된 값이며 0~255의 상하비만 변경할 수 있습니다.

아두이노 우노의 경우 사각 파형의 주파수는 5, 6 번 핀의 경우 약 980 Hz이고, 나머지 핀들은 약 490 Hz 정도로 정해져 있습니다.

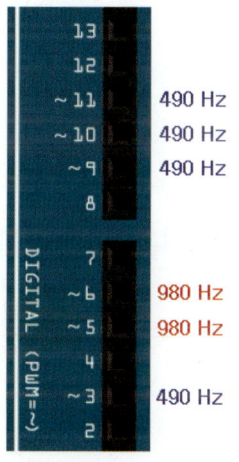

이전 예제를 analogWrite 함수를 이용하여 변경한 후, LED가 같은 형태로 동작하도록 해 봅니다.

04_01 LED 회로 구성하기

다음과 같이 회로를 구성합니다.

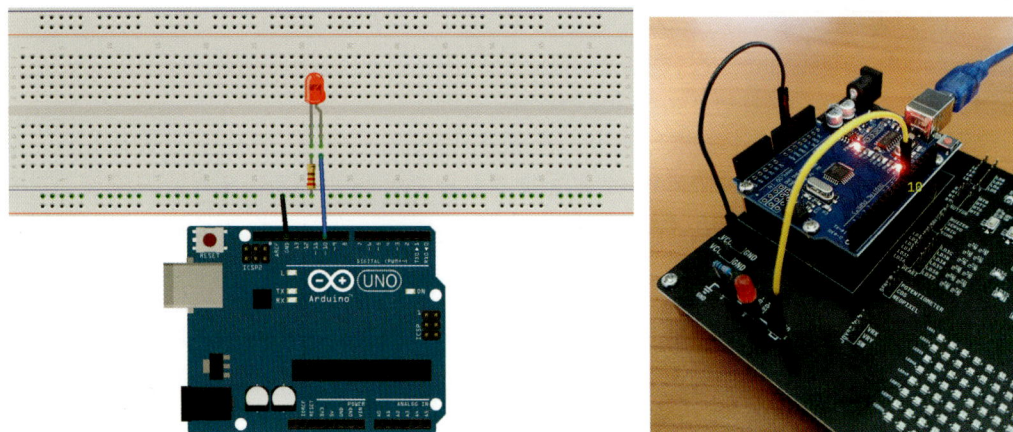

LED의 긴 핀(+)을 아두이노 우노 보드의 10번 핀에 연결합니다. LED의 짧은 핀(-)은 220 또는 330 Ohm 저항을 통해 GND 핀에 연결합니다. 10번 핀은 analogWrite를 통해 제어할 수 있는 PWM 핀입니다.

04_02 LED 어둡게 하기

여기서는 analogWrite 함수를 이용하여 PWM~ 핀에 연결된 LED의 밝기를 상대적으로 어둡게 해 봅니다.

01 예제를 다음과 같이 작성합니다.

242_1.ino
```
01    int LED = 10;
02
03    void setup() {
04     analogWrite(LED, 25);
05
06    }
07
08    void loop() {
09
10    }
```

01 : LED 변수에 10 번 핀을 할당합니다. 10번 핀은 PWM~ 핀입니다.
04 : analogWrite 함수를 이용해 LED 핀에 255중 25만큼 HIGH 값이 나가게 Timer/Counter 모듈을 설정합니다.

02 [툴] 메뉴를 이용하여 보드, 포트를 다음과 같이 선택합니다.

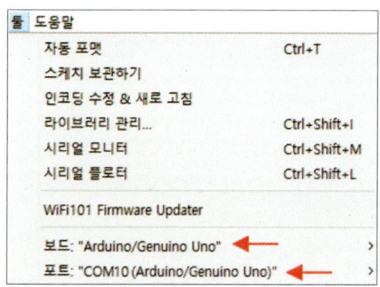

03 컴파일과 업로드를 수행합니다.

04 결과를 확인합니다.

이 예제의 경우 25(약 10%) 만큼 점등 상태로, (255-25)(약 90%) 만큼 소등 상태로 있게 됩니다. 그래서 LED가 어둡다고 느낄 수 있습니다.

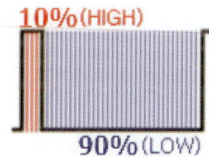

이 예제는 다음 예제와 같이 동작합니다.

242_2.ino
```
1     int LED = 10;
2
3     void setup() {
4       pinMode(LED, OUTPUT);
5     }
6
7     void loop() {
8       digitalWrite(LED, HIGH);
9       delay(1);
10      digitalWrite(LED, LOW);
11      delay(9);
12    }
```

digitalWrite 함수로 LED의 밝기를 조절한 경우엔 아두이노 칩 내부에 있는 CPU가 직접 핀 제어를 통해 주파수와 상하 비를 조절하였습니다. 그러나 analogWrite 함수의 경우에는 아두이노 칩 내부에 있는 Timer/Counter 모듈을 이용하여 사각 파형을 만들어 냅니다. 즉, Timer/Counter 모듈이 핀 제어를 통해 주파수와 상하 비를 조절합니다. CPU는 다른 코드를 수행할 수 있습니다.

04_03 LED 밝게 하기

이번엔 analogWrite 함수를 이용하여 PWM~ 핀에 연결된 LED의 밝기를 상대적으로 밝게 해 봅니다.
05 다음과 같이 예제를 수정합니다.

243_1.ino
```
01    int LED = 10;
02
03    void setup() {
04      analogWrite(LED, 225);
05
06    }
07
08    void loop() {
09
10    }
```

04 : analogWrite 함수를 이용해 LED 핀에 255중 225만큼 HIGH 값이 나가게 Timer/Counter 모듈을 설정합니다.

06 컴파일과 업로드를 수행합니다.

07 결과를 확인합니다.

이 예제의 경우 225(약 90%) 만큼 점등 상태로, (255-225)(약 10%) 만큼 소등 상태로 있게 됩니다. 그래서 우리는 LED가 이전 예제에 비해 아주 밝다고 느끼게 됩니다.

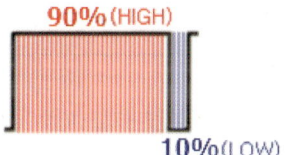

이 예제는 다음 예제와 같이 동작합니다.

243_2.ino
```
1    int LED = 10;
2
3    void setup() {
4     pinMode(LED, OUTPUT);
5    }
6
7    void loop() {
8     digitalWrite(LED, HIGH);
9     delay(9);
10    digitalWrite(LED, LOW);
11    delay(1);
12   }
```

Chapter 02_아두이노 초수되기 143

04_04 LED 밝기 조절해보기

여기서는 analogWrite 함수를 이용하여 256단계로 LED 밝기를 변경해 봅니다. 다음의 상하비로 LED의 밝기를 조절해 보도록 합니다.

> 0:255, 1:254, 2:253, 3:252 ... 255:0

즉, HIGH의 개수는 0부터 255까지 차례로 늘어나며, 반대로 LOW의 개수는 255부터 0까지 차례로 줄게 됩니다.

LED 밝기 11 단계 조절해 보기

먼저 0.1초 간격으로 LED의 밝기를 11단계로 조절해 봅니다.

01 이전 예제를 다음과 같이 수정합니다.

```
244_1.ino
01    int LED = 10;
02
03    void setup() {
04
05    }
06
07    void loop() {
08     for(int t_high=0;t_high<=10;t_high++) {
09            analogWrite(LED, t_high*25);
10            delay(100);
11     }
12    }
```

08 : for 문을 사용하여 t_high 변수 값을 0부터 10까지 1 간격으로 변경하고 있습니다.
09 : analogWrite 함수를 호출하여 LED에 0, 25, 50, ... 250의 HIGH 값을 주고 있습니다.
10 : 100 밀리 초간 기다립니다.

02 컴파일과 업로드를 수행합니다.

03 결과를 확인합니다.

약 1.1초 간 0, 25, 50, ...250 단계로 LED의 밝기가 증가하는 것을 볼 수 있습니다.

LED 밝기 256 단계 조절해 보기

이제 0.04초 간격으로 LED의 밝기를 256단계로 조절해 봅니다.

01 이전 예제를 다음과 같이 수정합니다.

```
244_2.ino
01    int LED = 10;
02
03    void setup() {
04
05    }
06
07    void loop() {
08     for(int t_high=0;t_high<=255;t_high++) {
09            analogWrite(LED, t_high);
10            delay(4);
11     }
12    }
```

08 : for 문을 사용하여 t_high 변수 값을 0부터 255까지 1 밀리 초 간격으로 주기적으로 변경하고 있습니다.
09 : analogWrite 함수를 호출하여 LED에 0, 1, 2, ... 255의 HIGH 값을 주고 있습니다.
10 : 4 밀리 초간 기다립니다.

02 컴파일과 업로드를 수행합니다.

03 결과를 확인합니다.

약 1초간 0~255 단계로 LED의 밝기가 증가하는 것을 볼 수 있습니다.

04_05 LED 회로 구성하기 2

여기서는 6 개의 LED를 한 줄로 연결해 보고 몇 가지 예제를 작성해 봅니다.
먼저 다음과 같이 회로를 구성합니다.

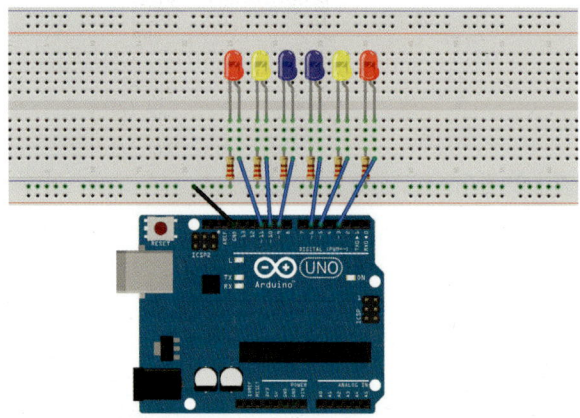
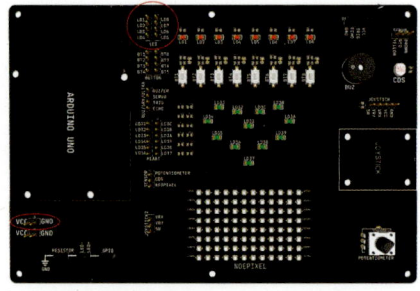

6 개의 LED를 그림과 같이 배치합니다. 각각의 LED의 음극은 저항을 통해 GND로 연결합니다. 6 개의 LED의 양극을 왼쪽부터 차례대로 아두이노 우노 보드의 PWM 핀인 ~3, ~5, ~6, ~9, ~10, ~11 번 핀에 그림과 같이 전선으로 연결합니다. [통합 보드]의 경우 차례대로 LD1~LD6에 연결합니다. 그리고 아두이노의 5V, GND도 보드의 VCC, GND에 연결합니다.

04_06 빛의 징검다리

여기서는 6개의 LED가 징검다리를 건너듯이 차례대로 밝아지며 빛을 이동시켜봅니다.

01 다음과 같이 예제를 작성합니다.

245.ino
```
01 int led[6] = { 3, 5, 6, 9, 10, 11 };
02
03 void setup() {
04
05 }
06
07 int cnt=3;
08 void loop() {
09     if(cnt<=0) return;
10     cnt--;
11
12     for(int t_high=0;t_high<=255;t_high++) {
13         analogWrite(led[0], t_high);
14         delay(2);
15     }
16     analogWrite(led[0], 0);
17
18     for(int t_high=0;t_high<=255;t_high++) {
19         analogWrite(led[1], t_high);
20         delay(2);
21     }
22     analogWrite(led[1], 0);
23
24     for(int t_high=0;t_high<=255;t_high++) {
25         analogWrite(led[2], t_high);
26         delay(2);
27     }
28     analogWrite(led[2], 0);
29
30     for(int t_high=0;t_high<=255;t_high++) {
31         analogWrite(led[3], t_high);
32         delay(2);
33     }
34     analogWrite(led[3], 0);
35
36     for(int t_high=0;t_high<=255;t_high++) {
37         analogWrite(led[4], t_high);
38         delay(2);
```

```
39        }
40        analogWrite(led[4], 0);
41
42        for(int t_high=0;t_high<=255;t_high++) {
43                analogWrite(led[5], t_high);
44                delay(2);
45        }
46        analogWrite(led[5], 0);
47 }
```

01	: 정수 변수 배열인 led를 선언하고 아두이노 PWM 핀 3, 5, 6, 9, 10, 11로 초기화합니다.
12 ~ 15	: led[0]의 밝기를 2밀리 초 간격으로 0~255까지 밝아지게 합니다.
16	: led[0]을 끕니다.
18~46	: 나머지 led에 대해서도 같은 동작을 수행합니다.

02 [툴] 메뉴를 이용하여 보드, 포트를 다음과 같이 선택합니다.

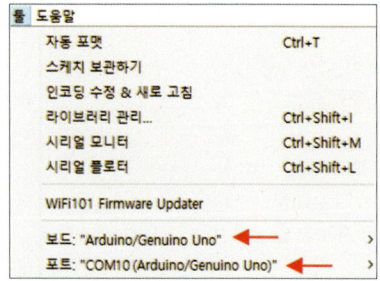

03 컴파일과 업로드를 수행합니다.

04 결과를 확인합니다.

6개의 LED가 차례대로 밝아지고 꺼지며 빛이 이동합니다.

04_07 이중 for 문 사용해 보기

여기서는 이전 예제를 하나의 for 문을 더해 좀 더 간단하게 정리해보겠습니다.
이전 예제는 6개의 for 문으로 구성되었습니다. 즉, 6개의 for 문이 반복적으로 수행되고 있습니다.
반복적인 동작은 for 문을 이용하여 간단하게 표현할 수 있습니다.

01 다음과 같이 예제를 수정합니다.

```
247.ino
01 int led[6] = { 3, 5, 6, 9, 10, 11 };
02
03 void setup() {
04
05 }
06
07 int cnt=3;
08 void loop() {
09     if(cnt<=0) return;
10     cnt--;
11
12     for(int n=0;n<6;n++) {
```

```
13
14              for(int t_high=0;t_high<=255;t_high++) {
15                  analogWrite(led[n], t_high);
16                  delay(2);
17              }
18
19              analogWrite(led[n], 0);
20
21          }
22      }
```

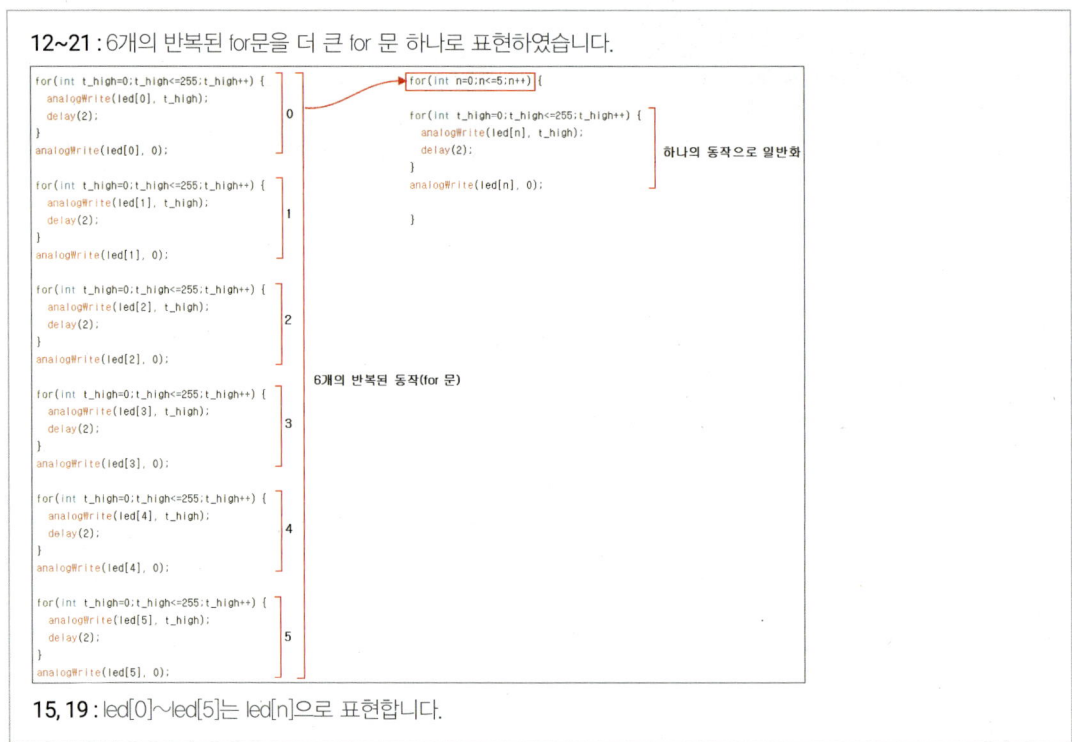

12~21 : 6개의 반복된 for문을 더 큰 for 문 하나로 표현하였습니다.

15, 19 : led[0]~led[5]는 led[n]으로 표현합니다.

02 컴파일과 업로드를 수행합니다.

03 결과를 확인합니다. 이전 예제의 동작과 같습니다. 즉, 6개의 LED가 차례대로 밝아지고 꺼지며 빛이 이동합니다.

04_08 LED 차례대로 밝아지기

여기서는 6개의 LED를 차례대로 밝아지게 하여 전체 LED가 켜지게 하는 동작을 반복해 봅니다.

01 다음과 같이 예제를 작성합니다.

248_1.ino

```
01 int led[6] = { 3, 5, 6, 9, 10, 11 };
02
03 void setup() {
04
05 }
06
07 int cnt=3;
08 void loop() {
09     if(cnt<=0) return;
10     cnt--;
11
12     for(int t_high=0;t_high<=255;t_high++) {
13         analogWrite(led[0], t_high);
14         delay(2);
15     }
16
17     for(int t_high=0;t_high<=255;t_high++) {
18         analogWrite(led[1], t_high);
19         delay(2);
20     }
21
22     for(int t_high=0;t_high<=255;t_high++) {
23         analogWrite(led[2], t_high);
24         delay(2);
25     }
26
27     for(int t_high=0;t_high<=255;t_high++) {
28         analogWrite(led[3], t_high);
29         delay(2);
30     }
31
32     for(int t_high=0;t_high<=255;t_high++) {
33         analogWrite(led[4], t_high);
34         delay(2);
35     }
36
37     for(int t_high=0;t_high<=255;t_high++) {
38         analogWrite(led[5], t_high);
39         delay(2);
```

```
40        }
41
42        for(int n=0;n<=5;n++) {
43                analogWrite(led[n], 0);
44        }
45
46        delay(500);
47 }
```

12 ~ 15 : led[0]의 밝기를 2밀리 초 간격으로 0~255까지 밝아지게 합니다.
17~40 : 나머지 led에 대해서도 같은 동작을 수행합니다.
42~44 : for 문을 이용하여 led[0]~led[5]를 모두 끕니다.
46   : 0.5 초 기다립니다.

02 컴파일과 업로드를 수행합니다.

03 결과를 확인합니다.

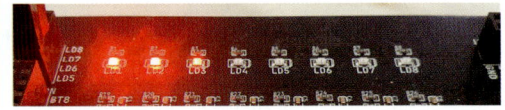

6개의 LED가 차례대로 밝아지며 전체 LED가 켜지고 동시에 꺼지는 동작을 반복합니다.

for 문으로 간단하게 표현하기

여기서는 이전 예제를 하나의 for 문을 더해 좀 더 간단하게 정리해보겠습니다.
이전 예제는 7개의 for 문으로 구성되었습니다. 이 중 6개의 for 문이 반복적으로 수행되고 있습니다. 반복적인 동작은 더 큰 for 문을 이용하여 간단하게 표현할 수 있습니다.

01 다음과 같이 예제를 수정합니다.

248_2.ino
```
01 int led[6] = { 3, 5, 6, 9, 10, 11 };
02
03 void setup() {
04
05 }
06
07 int cnt=3;
08 void loop() {
09     if(cnt<=0) return;
10     cnt--;
11
12     for(int n=0;n<6;n++) {
13         for(int t_high=0;t_high<=255;t_high++) {
14             analogWrite(led[n], t_high);
15             delay(2);
16         }
17     }
18
19     for(int n=0;n<6;n++) {
20         analogWrite(led[n], 0);
21     }
22
23     delay(500);
24 }
```

12~17 : 6개의 반복된 for문을 더 큰 for 문 하나로 표현하였습니다.

```
for(int t_high=0;t_high<=255;t_high++) {
  analogWrite(led[0], t_high);                    for(int n=0;n<=5;n++) {
  delay(2);                           0             for(int t_high=0;t_high<=255;t_high++) {
}                                                     analogWrite(led[n], t_high);
                                                      delay(2);
for(int t_high=0;t_high<=255;t_high++) {            }
  analogWrite(led[1], t_high);                    }
  delay(2);                           1
}

for(int t_high=0;t_high<=255;t_high++) {
  analogWrite(led[2], t_high);
  delay(2);                           2
}                                        6개의 반복된 for 문

for(int t_high=0;t_high<=255;t_high++) {
  analogWrite(led[3], t_high);
  delay(2);                           3
}

for(int t_high=0;t_high<=255;t_high++) {
  analogWrite(led[4], t_high);
  delay(2);                           4
}

for(int t_high=0;t_high<=255;t_high++) {
  analogWrite(led[5], t_high);
  delay(2);                           5
}
```

14, 20 : led[0]~led[5]는 led[n]으로 표현합니다.

02 컴파일과 업로드를 수행합니다.

03 결과를 확인합니다. 이전 예제의 동작과 같습니다. 즉, 6개의 LED가 차례대로 밝아지며 전체 LED가 켜지고 동시에 꺼지는 동작을 반복합니다.

04_09 LED 차례대로 밝아지고 어두워지기

여기서는 for 문을 하나 더 추가해 6개의 LED를 차례대로 밝아지게 하여 전체 LED가 켜진 후, 차례대로 어두워져 전체 LED가 꺼지는 동작을 반복해 봅니다. 추가되는 for 문은 이전 for 문에 대해 대칭되는 동작입니다.

01 다음과 같이 예제를 수정합니다.

```
249.ino
01 int led[6] = { 3, 5, 6, 9, 10, 11 };
02
03 void setup() {
04
05 }
06
07 int cnt=3;
08 void loop() {
09      if(cnt<=0) return;
10      cnt--;
11
12      for(int n=0;n<6;n++) {
13              for(int t_high=0;t_high<=255;t_high++) {
14                      analogWrite(led[n], t_high);
15                      delay(2);
16              }
17      }
18
19      for(int n=5;n>=0;n--) {
20              for(int t_high=255;t_high>=0;t_high--) {
21                      analogWrite(led[n], t_high);
22                      delay(2);
23              }
24      }
25
26      delay(500);
27 }
```

> 12   : led[0]~led[5]까지 차례대로
> 13 ~ 16 : led[n]의 밝기를 2밀리 초 간격으로 0~255까지 밝아지게 합니다.
> 19   : led[5]~led[0]까지 차례대로(순서가 반대입니다)
> 20 ~ 23 : led[n]의 밝기를 2밀리 초 간격으로 255~0까지 어두워지게 합니다(순서가 반대입니다).
> 26   : 0.5 초간 기다립니다.

02 컴파일과 업로드를 수행합니다.

03 결과를 확인합니다.

6개의 LED가 차례대로 밝아져 전체 LED가 켜진 후, 차례대로 어두워져 전체 LED가 꺼지는 동작을 반복합니다.

05
RGB 네오픽셀 LED 켜고 끄기

다음은 RGB 네오픽셀 LED입니다.

RGB 네오픽셀 LED는 WS2812 LED라고도 합니다. RGB 네오픽셀 LED는 R,G,B 각각에 대해 8비트의 색깔을 낼 수 있으며, 전체 24비트로 색깔을 표현할 수 있습니다. 네오픽셀은 그 모양을 다양하게 구성하여 프로젝트에 활용하기 좋습니다. 그리고 하나의 제어 핀을 통해 직렬로 몇 개든지 연결이 가능합니다. 이 책에서 사용하는 네오픽셀은 그림과 같이 96개의 RGB 네오픽셀로 구성됩니다. 그리고 네오픽셀은 다음과 같은 형태로 연결되어 있습니다.

아두이노와의 연결은 다음과 같이 합니다.

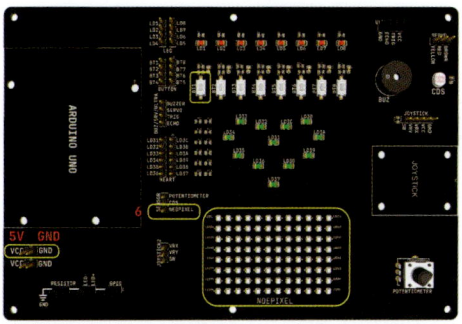

아두이노의 6번 핀을 NEOPIXEL 핀에 연결합니다. 전원선도 연결해 줍니다.

아두이노 스케치를 통해 NEOPIXEL을 제어할 때 다음 함수를 사용합니다.

```
begin()
setBrightness(brightness)
show()
setPixelColor(pos, color)
fill(color, start, numPixels)
clear()
```

- **begin** : 네오픽셀을 초기화합니다.
- **setBrightness** : 네오픽셀의 밝기를 설정합니다. 0~255 단계로 설정할 수 있습니다.
- **show** : 네오픽셀에 설정한 색깔을 물리적으로 반영합니다.
- **setPixelColor** : 특정 위치에 있는 네오픽셀의 색깔을 설정합니다.
- **fill** : 특정 위치부터 정해진 개수만큼 색깔을 설정합니다.
- **clear** : 네오픽셀을 끕니다.

05_01 네오픽셀 라이브러리 설치하기

네오픽셀을 사용하기 위해서 먼저 Adafruit NeoPixel 라이브러리를 설치합니다.

01 다음과 같이 Adafruit NeoPixel 라이브러리를 설치합니다.

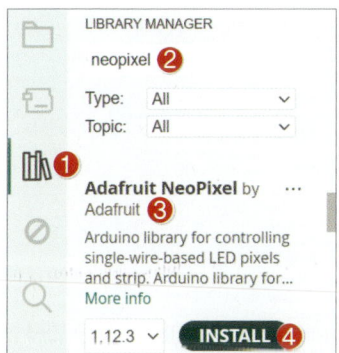

02 설치가 끝나면 [라이브러리 아이콘]을 눌러 창을 닫습니다.

05_02 LED 하나 켜고 꺼 보기

먼저 첫 번째 LED를 켜고 꺼봅니다.

01 다음과 같이 예제를 작성합니다.

252.py
```
01 #include <Adafruit_NeoPixel.h>
02
03 #define PIXEL_PIN 6
04 #define PIXEL_COUNT 96
05
06 Adafruit_NeoPixel Pixels(
07       PIXEL_COUNT,
08       PIXEL_PIN,
09       NEO_GRB + NEO_KHZ800
10 );
11
12 void setup() {
13       Pixels.begin(); // INITIALIZE NeoPixel strip object
14       Pixels.setBrightness(32); // Set BRIGHTNESS to about 1/8 (max = 255)
15       Pixels.show(); // Turn OFF all pixels ASAP
16 }
17
18 int cnt=5;
19 void loop() {
20       if(cnt<=0) return;
21       cnt--;
22
23       Pixels.setPixelColor(0, Pixels.Color(255,0,0));
24       Pixels.show();
25       delay(500);
26
27       Pixels.setPixelColor(0, Pixels.Color(0,0,0));
28       Pixels.show();
29       delay(500);
30 }
```

01	: Adafruit_NeoPixel.h 파일을 포함합니다.
03	: 네오픽셀 제어를 위한 핀 번호로 6을 정의합니다.
04	: 네오픽셀 개수를 96으로 설정합니다.
09~10	: Adafruit_NeoPixel 객체 Pixels를 생성합니다. Pixels 객체의 첫 번째 인자는 네오픽셀 LED의 개수, 두 번째 인자는 RGB 네오픽셀 LED가 연결된 핀 번호, 세 번째 인자는 픽셀 타입을 나타냅니다. NEO_KHZ800는 네오픽셀 bitstream 주파수를 의미합니다. 즉, 1초당 800*1000 bit의 속도로 설정합니다. NEO_GRB는 RGB 색깔의 순서를 의미합니다.
13	: NeoPixel을 초기화합니다.

14	: 네오픽셀의 밝기를 설정합니다. 밝기는 0~255레벨로 설정할 수 있으며, 여기서는 32레벨로 설정합니다.
15	: 네오픽셀을 설정에 따라 켜거나 끕니다.
18~21	: 19~30줄을 5회 수행합니다.
23	: setPixels 함수를 호출하여 0 번째 RGB 네오픽셀 LED의 색깔을 (R,G,B)에 대해 (255,0,0)으로 설정합니다. (R,G,B)는 각각 빨간색, 초록색, 파란색 색깔을 나타내며, 0~255 단계로 설정할 수 있습니다. setPixels 함수의 첫 번째 인자는 픽셀 번호, 두 번째 인자는 설정할 색깔을 나타냅니다. 픽셀 번호는 0~95까지입니다.
24	: show 함수를 호출하여 설정한 색깔을 RGB 네오픽셀 LED에 표시합니다.
25	: delay 함수를 호출하여 0.5초 동안 기다립니다.
27	: 0 번째 RGB 네오픽셀 LED의 색깔을 (0, 0, 0)으로 설정합니다. 이렇게 하면 LED가 꺼집니다.
28	: show 함수를 호출하여 설정한 색깔을 RGB 네오픽셀 LED에 표시합니다.
29	: delay 함수를 호출하여 0.5초 동안 기다립니다.

02 컴파일과 업로드를 수행합니다.

03 결과를 확인합니다. 0 번째 RGB 네오픽셀 LED가 빨갛게 켜졌다 꺼졌다 하는 것을 확인합니다. 이 동작을 5회 수행합니다.

05_03 전체 LED 켜고 꺼 보기

이번엔 전체 LED를 켜고 꺼봅니다.

01 다음과 같이 예제를 수정합니다.

253.py
```
01 #include <Adafruit_NeoPixel.h>
02
03 #define PIXEL_PIN 6
04 #define PIXEL_COUNT 96
05
06 Adafruit_NeoPixel Pixels(
07     PIXEL_COUNT,
08     PIXEL_PIN,
```

```
09          NEO_GRB + NEO_KHZ800
10 );
11
12 void setup() {
13      Pixels.begin(); // INITIALIZE NeoPixel strip object
14      Pixels.setBrightness(32); // Set BRIGHTNESS to about 1/8 (max = 255)
15      Pixels.show(); // Turn OFF all pixels ASAP
16 }
17
18 int cnt=5;
19 void loop() {
20      if(cnt<=0) return;
21      cnt--;
22
23      Pixels.fill(Pixels.Color(0,255,0),0,Pixels.numPixels());
24      Pixels.show();
25      delay(500);
26
27      Pixels.clear();
28      Pixels.show();
29      delay(500);
30 }
```

23 : fill 함수를 호출하여 전체 LED의 색깔을 초록색으로 설정합니다. fill 함수의 첫 번째 인자는 설정할 색깔, 두 번째 인자는 픽셀 번호, 세 번째 인자는 설정할 픽셀의 개수를 나타냅니다.
24 : show 함수를 호출하여 설정한 색깔을 RGB 네오픽셀 LED에 표시합니다.
25 : delay 함수를 호출하여 0.5초 동안 기다립니다.
27 : clear 함수를 호출하여 전체 LED를 끄기로 설정합니다.
28 : show 함수를 호출하여 설정한 색깔을 RGB 네오픽셀 LED에 표시합니다.
29 : delay 함수를 호출하여 0.5초 동안 기다립니다.

02 컴파일과 업로드를 수행합니다.

03 결과를 확인합니다.

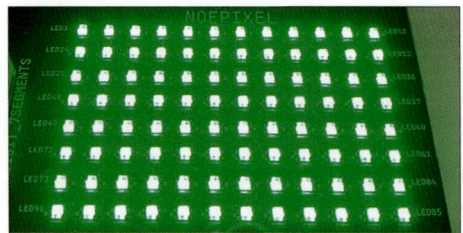

네오픽셀의 모든 LED가 켜지고 꺼지고를 반복합니다. 이 동작을 5회 수행합니다.

05_04 무지개 색깔 내보기

이번엔 전체 LED에 대해 무지개 색깔로 켜고 꺼봅니다.

01 다음과 같이 예제를 수정합니다.

254.py
```
01 #include <Adafruit_NeoPixel.h>
02
03 #define PIXEL_PIN 6
04 #define PIXEL_COUNT 96
05
06 Adafruit_NeoPixel Pixels(
07      PIXEL_COUNT,
08      PIXEL_PIN,
09      NEO_GRB + NEO_KHZ800
10 );
11
12 uint32_t BLACK = Pixels.Color(0,0,0);
13 uint32_t RED = Pixels.Color(255,0,0);
14 uint32_t ORANGE = Pixels.Color(255,36,0);
15 uint32_t YELLOW = Pixels.Color(255,143,0);
16 uint32_t GREEN = Pixels.Color(0,255,0);
17 uint32_t CYAN = Pixels.Color(0,255,255);
18 uint32_t BLUE = Pixels.Color(0,0,255);
19 uint32_t PURPLE = Pixels.Color(175,0,255);
20 uint32_t WHITE = Pixels.Color(255,255,255);
21
22 uint32_t COLORS[]={
23      RED,
24      ORANGE,
25      YELLOW,
26      GREEN,
27      CYAN,
28      BLUE,
29      PURPLE,
30      WHITE,
31      BLACK
32 };
33
34 void setup() {
35      Pixels.begin(); // INITIALIZE NeoPixel strip object
36      Pixels.setBrightness(32); // Set BRIGHTNESS to about 1/8 (max = 255)
37      Pixels.show(); // Turn OFF all pixels ASAP
38 }
39
```

```
40 int cnt=5;
41 void loop() {
42      if(cnt<=0) return;
43      cnt--;
44
45      for(int row=0;row<Pixels.numPixels()/12;row++) {
46              Pixels.fill(COLORS[row],row*12,12);
47              Pixels.show();
48              delay(500);
49      }
50
51      delay(1000);
52
53      // 네오픽셀 끄기
54      Pixels.clear();
55      Pixels.show();
56
57      delay(1000);
58
59 }
```

12~20 : 9개의 색깔을 정의합니다.
22~32 : COLORS 배열을 생성한 후, 9개의 색깔로 초기화합니다.
45~49 : LED를 12개 단위로 COLORS 배열의 항목 색깔로 표시합니다.

02 컴파일과 업로드를 수행합니다.

03 결과를 확인합니다.

LED가 12개 단위로 같은 색깔로 차례대로 켜지는 것을 확인합니다.

05_05 cpp, h 파일 만들어보기

여기서는 앞에서 생성한 Pixels 객체를 재사용하기 위해 cpp, h 파일을 만들어 봅니다. Pixels 객체를 Serial 객체처럼 사용할 수 있는 환경을 만들어봅니다.

다음과 같은 순서로 진행합니다.

01 빈 스케치를 하나 생성합니다.

02 아두이노 소프트웨어 우측에 있는 [...]을 마우스 클릭한 후, [New Tab] 메뉴를 선택합니다.

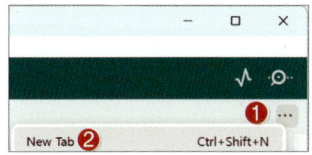

03 그러면 다음과 같은 창이 뜹니다. [myneopixel.h]라고 입력한 후, [OK] 버튼을 눌러줍니다.

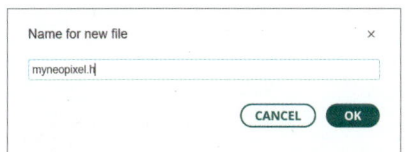

04 다음과 같이 myneopixel.h 파일이 추가된 것을 확인합니다.

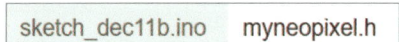

05 이번엔 cpp 파일을 추가해 봅니다. 2번과 같이 아두이노 소프트웨어 우측에 있는 [...]을 마우스 클릭한 후, [New Tab] 메뉴를 선택합니다.

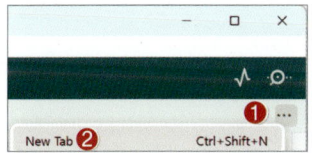

06 다음 창에서 [myneopixel.cpp]라고 입력한 후, [OK] 버튼을 눌러줍니다.

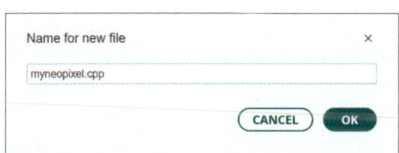

07 다음과 같이 myneopixel.cpp 파일이 추가된 것을 확인합니다.

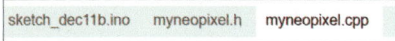

08 다음과 같이 myneopixel.h 파일을 작성합니다.

myneopixel.h
```
01 #ifndef __MYNEOPIXEL_H__
02 #define __MYNEOPIXEL_H__
03
04 #include <Adafruit_NeoPixel.h>
05
06 extern Adafruit_NeoPixel Pixels;
07
08 extern uint32_t BLACK;
09 extern uint32_t RED;
10 extern uint32_t ORANGE;
11 extern uint32_t YELLOW;
12 extern uint32_t GREEN;
13 extern uint32_t CYAN;
14 extern uint32_t BLUE;
15 extern uint32_t PURPLE;
16 extern uint32_t WHITE;
17
18 extern uint32_t COLORS[];
19
20 #endif
```

01, 02, 20 : 헤더 파일의 중복 포함을 막는데 사용하는 전처리기입니다.

06 : Adafruit_NeoPixel 객체 Pixels를 extern으로 설정합니다. C 언어에서 extern 키워드는 전역 변수나 함수가 다른 파일에 선언되어 있음을 알리는 데 사용됩니다. 이는 외부에서 선언된 변수나 함수를 다른 파일에서 사용할 수 있도록 연결해 주는 역할을 합니다.

09 다음과 같이 myneopixel.cpp 파일을 작성합니다.

myneopixel.cpp
```
01 #include <Adafruit_NeoPixel.h>
02
03 #define PIXEL_PIN 6
04 #define PIXEL_COUNT 96
05
06 Adafruit_NeoPixel Pixels(
07         PIXEL_COUNT,
08         PIXEL_PIN,
09         NEO_GRB + NEO_KHZ800
10 );
11
12 uint32_t BLACK = Pixels.Color(0,0,0);
13 uint32_t RED = Pixels.Color(255,0,0);
```

```
14 uint32_t ORANGE = Pixels.Color(255,36,0);
15 uint32_t YELLOW = Pixels.Color(255,143,0);
16 uint32_t GREEN = Pixels.Color(0,255,0);
17 uint32_t CYAN = Pixels.Color(0,255,255);
18 uint32_t BLUE = Pixels.Color(0,0,255);
19 uint32_t PURPLE = Pixels.Color(175,0,255);
20 uint32_t WHITE = Pixels.Color(255,255,255);
21
22 uint32_t COLORS[]={
23      RED,
24      ORANGE,
25      YELLOW,
26      GREEN,
27      CYAN,
28      BLUE,
29      PURPLE,
30      WHITE,
31      BLACK
32 };
```

01~32 : 앞에서 작성했던 파일의 내용을 그대로 가져옵니다.

10 다음과 같이 아두이노 스케치를 작성합니다.

254.ino
```
01 #include "myneopixel.h"
02
03 void setup() {
04      Pixels.begin(); // INITIALIZE NeoPixel strip object
05      Pixels.setBrightness(32); // Set BRIGHTNESS to about 1/8 (max = 255)
06      Pixels.show(); // Turn OFF all pixels ASAP
07 }
08
09 int cnt=5;
10 void loop() {
11      if(cnt<=0) return;
12      cnt--;
13
14      for(int row=0;row<Pixels.numPixels()/12;row++) {
15              Pixels.fill(COLORS[row],row*12,12);
16              Pixels.show();
17              delay(500);
18      }
19
20      delay(1000);
```

```
21
22          // 네오픽셀 끄기
23          Pixels.fill(BLACK,0,Pixels.numPixels());
24          Pixels.show();
25
26          delay(1000);
27      }
```

01 : myneopixel.h 파일을 포함합니다.
03~27 : 앞에서 작성했던 파일의 내용을 그대로 가져옵니다.

11 컴파일과 업로드를 수행합니다.

12 결과를 확인합니다. 이전과 결과는 같습니다.

05_06 myneopixel 라이브러리 만들기

이제 다른 스케치에서도 사용할 수 있도록 앞에서 작성한 myneopixel.h, myneopixel.cpp 파일을 라이브러리화 합니다. 아두이노에서 라이브러리를 만드는 것은 쉽습니다. 다음과 같은 순서로 진행합니다.

01 다음 디렉터리로 이동합니다.

문서 > Arduino > libraries >

02 다음과 같이 myleds 디렉터리를 만듭니다.

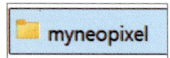

03 앞에서 작성했던 myneopixel.cpp, myneopixel.h 파일을 myneopixel 디렉터리로 복사해 줍니다.

04 새로운 스케치를 생성합니다.

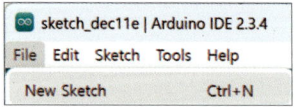

05 다음과 같이 앞에서 작성한 예제를 복사합니다.

255.ino
```
01 #include "myneopixel.h"
02
03 void setup() {
04     Pixels.begin(); // INITIALIZE NeoPixel strip object
05     Pixels.setBrightness(32); // Set BRIGHTNESS to about 1/8 (max = 255)
06     Pixels.show(); // Turn OFF all pixels ASAP
07 }
08
09 int cnt=5;
10 void loop() {
11     if(cnt<=0) return;
12     cnt--;
13
14     for(int row=0;row<Pixels.numPixels()/12;row++) {
15         Pixels.fill(COLORS[row],row*12,12);
16         Pixels.show();
17         delay(500);
18     }
19
20     delay(1000);
21
22     // 네오픽셀 끄기
23     Pixels.fill(BLACK,0,Pixels.numPixels());
24     Pixels.show();
25
26     delay(1000);
27 }
```

06 컴파일과 업로드를 수행합니다.

07 결과를 확인합니다. 이전과 결과는 같습니다.

이상에서 myneopixel 라이브러리를 추가해봤습니다. 이제 myneopixel 라이브러리는 다른 스케치에서도 사용할 수 있습니다. myneopixel 라이브러리는 뒤에서 블록 깨기 게임을 구현하기 위해 사용합니다.

CHAPTER 03

아두이노 중수되기

A R D U I N O

이번 장은 아두이노에게 여러 가지 자극을 주며 아두이노가 반응하도록 하는 방법을 살펴봅니다. PC를 통해 아두이노에게 메시지를 보내 아두이노가 LED를 제어하는 방법, 버튼을 이용한 LED 주사위를 만드는 방법, 가변 저항를 통해 LED 막대 측정기를 만드는 방법, 부저를 통해 연주하는 방법, 서보 모터를 동작시키는 방법, 초음파 센서를 이용하여 거리를 감지하는 방법 등을 살펴보고 아두이노 중수가 되어 봅니다.

01

아두이노의 귀 : Serial.read

우리는 앞에서 Serial.println 함수를 통해서 아두이노의 이야기를 듣는 방법을 살펴보았습니다. 그러면 아두이노가 우리의 이야기를 듣는 방법은 없을까요? 아두이노가 우리의 이야기를 들어야 우리가 원하는 것을 아두이노에게 시킬 수 있지 않을까요? 이 때 필요한 함수가 바로 Serial.read 함수입니다.

여기서는 시리얼 입력을 살펴봅니다. 시리얼 입력은 사용자의 입력을 받기 위해 필요하며 Serial.available 함수와 Serial.read 함수를 이용합니다. 사용자의 입력을 받기 때문에 아주 중요한 기능입니다.

다음 핀은 Serial.read 함수 등을 통해 PC로부터 문자열을 받는 핀입니다.

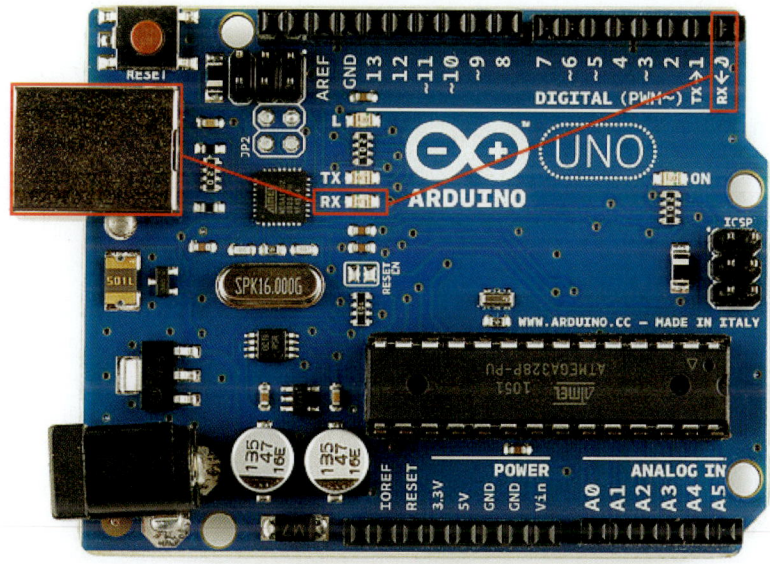

아두이노는 RX 핀과 USB 단자를 통해 PC로부터 메시지를 받습니다.

여러분은 아두이노 스케치를 통해 아두이노가 PC로부터 메시지를 받게 할 때 다음 세 함수를 주로 사용하게 됩니다.

```
Serial.begin(speed)
Serial.available()
Serial.read()
```

Serial.begin 함수는 앞에서 이미 살펴보았습니다. 여기서는 따로 설명하지 않습니다.
Serial.available은 PC로부터 도착한 데이터의 바이트 수를 돌려줍니다.
Serial.read는 PC로부터 받은 메시지의 첫 번째 바이트를 읽는 함수입니다.

01_1 사용자 입력 받기

여기서는 Serial.available 함수와 Serial.read 함수를 이용하여 PC를 통해 사용자로부터 문자를 입력받은 후, PC로 사용자 입력을 돌려보내 봅니다.

01 다음과 같이 예제를 작성합니다.

```
311.ino
01 void setup() {
02         Serial.begin(115200);
03 }
04
05 void loop() {
06         if(Serial.available()) {
07                 char userInput = Serial.read();
08                 Serial.print(userInput);
09         }
10 }
```

06 : Serial.available 함수를 호출하여 시리얼을 통해 도착한 문자가 있는지 확인합니다. 도착한 문자가 있을 경우 06~09줄을 수행합니다. Serial.available 함수는 시리얼 입력 버퍼에 도착한 데이터의 개수를 주는 함수입니다.
07 : Serial.read 함수를 호출하여 키보드 입력 문자 하나를 userInput 변수로 받습니다. Serial.read 함수는 시리얼 입력 버퍼에 도착한 데이터를 한 바이트 읽어내는 함수입니다.
08 : Serial.print 함수를 호출하여 사용자로부터 전달된 문자를 출력합니다.

02 컴파일과 업로드를 수행한 후 [시리얼 모니터] 버튼을 눌러줍니다. 시리얼 모니터 창이 뜨면, 우측 하단에서 통신 속도를 115200으로 맞춰줍니다.

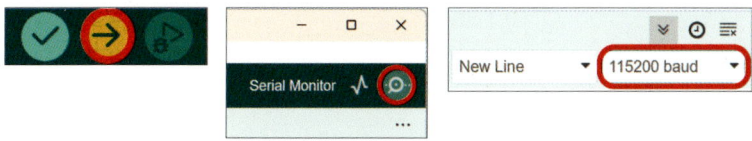

03 시리얼 모니터 창의 빨간 박스 입력 창에 1, 2, 3, 4를 입력해 봅니다.

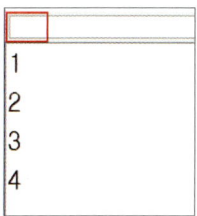

입력 창에는 표시가 되지 않습니다. 출력 창에 표시가 되는 것을 볼 수 있습니다.

01_2 LED 켜고 끄기

여기서는 사용자 입력을 받아 13 핀에 연결된 LED를 켜고 꺼보도록 합니다.

01 다음과 같이 예제를 작성합니다.

```
312.ino
01    int LED = 13;
02
03    void setup() {
04      Serial.begin(115200);
05      pinMode(LED, OUTPUT);
06    }
07
08    void loop() {
09      if(Serial.available()) {
10        char userInput = Serial.read();
11
12        switch(userInput) {
13          case 'n':
14            digitalWrite(LED, HIGH);
15            break;
16          case 'f':
17            digitalWrite(LED, LOW);
```

```
18                    break;
19            default:
20                    break;
21        }
22    }
23 }
```

01   : LED 상수를 선언한 후, 13번 핀으로 초기화합니다.
05   : pinMode 함수를 호출하여 LED 핀을 출력으로 설정합니다.
12~21 : switch 문을 이용하여 사용자 입력을 처리합니다.
13   : 사용자 입력 값이 'n' 문자이면
14   : digitalWrite 함수를 호출하여 LED 핀을 HIGH에 해당되는 VCC로 연결해 LED를 켭니다.
15   : switch 문을 빠져 나옵니다.
16   : 사용자 입력 값이 'f' 문자이면
17   : digitalWrite 함수를 호출하여 LED 핀을 LOW에 해당되는 GND로 연결해 LED를 끕니다.
18   : switch 문을 빠져 나옵니다.
19   : 그 이외의 문자의 경우
20   : 그냥 빠져 나옵니다.

02 컴파일과 업로드를 수행한 후 [시리얼 모니터] 버튼을 눌러줍니다. 시리얼 모니터 창이 뜨면, 우측 하단에서 통신 속도를 115200으로 맞춰줍니다.

 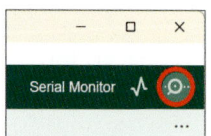 

03 결과를 확인합니다.

시리얼 모니터 창의 입력 창에 n, f를 입력해 봅니다. 그리고 다음과 같이 L로 표시된 LED가 켜지고 꺼지는 것을 확인합니다.

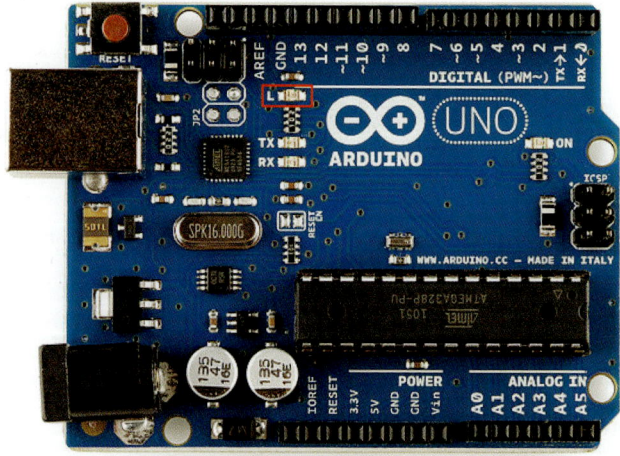

01_3 LED 밝기 조절하기

여기서는 사용자 입력을 받아 10 핀에 연결된 LED의 밝기를 10 단계로 조절해 봅니다.

01 다음과 같이 회로를 구성합니다.

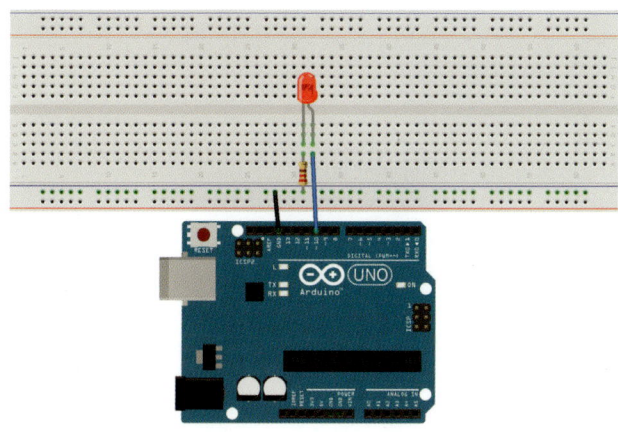

LED의 긴 핀(+)을 아두이노 우노 보드의 10번 핀에 연결합니다. LED의 짧은 핀(-)은 220 또는 330 Ohm 저항을 통해 GND 핀에 연결합니다. 10번 핀은 analogWrite를 통해 제어할 수 있는 PWM 핀입니다.

02 다음과 같이 예제를 작성합니다.

```
313.ino
01    int LED = 10;
02
03    void setup() {
04     Serial.begin(115200);
05    }
06
07    void loop() {
08     if(Serial.available()) {
09          char userInput = Serial.read();
10
11          switch(userInput) {
12            case '0': analogWrite(LED, 0); break;
13            case '1': analogWrite(LED, 25*1); break;
14            case '2': analogWrite(LED, 25*2); break;
15            case '3': analogWrite(LED, 25*3); break;
16            case '4': analogWrite(LED, 25*4); break;
17            case '5': analogWrite(LED, 25*5); break;
18            case '6': analogWrite(LED, 25*6); break;
```

```
19                case '7' : analogWrite(LED, 25*7); break;
20                case '8' : analogWrite(LED, 25*8); break;
21                case '9' : analogWrite(LED, 25*9); break;
22                default: break;
23            }
24        }
25    }
```

- **01**   : LED 상수를 선언한 후, 10번 핀으로 초기화합니다.
- **04**   : Serial.begin 함수를 호출하여 시리얼 통신 속도를 115200으로 설정합니다.
- **11~23** : switch 문을 이용하여 사용자 입력을 처리합니다.
- **12**   : 사용자 입력 값이 '0' 문자이면
- **13**   : analogWrite 함수를 호출하여 LED 핀에 0을 써서 LED의 밝기를 0으로 한 후, break 문을 수행하여 23 번째 줄 다음 줄인 24 번째 줄로 나옵니다.
- **13~21** : '1'~'9' 문자에 대해서도 LED의 밝기를 25*1~25*9 단계 밝기로 한 후, break 문을 수행하여 23 번째 줄 다음 줄인 24 번째 줄로 나옵니다.
- **22**   : 그 이외의 경우엔 default 문에서 아무것도 수행하지 않고 break 문을 수행하여 switch 문을 빠져 나옵니다.

03 컴파일과 업로드를 수행한 후 [시리얼 모니터] 버튼을 눌러줍니다. 시리얼 모니터 창이 뜨면, 우측 하단에서 통신 속도를 115200으로 맞춰줍니다.

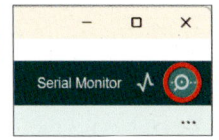

04 결과를 확인합니다.

키보드의 0~9 키를 눌러가며 LED의 밝기가 변하는 것을 확인합니다.

Special Page

C/C++ 코너 : switch문 살펴보기

❶ switch 문 살펴보기 : 사용자 입력은 내가 처리할게!

앞의 예제에서는 switch 문이 처음으로 사용되었습니다. 여기서는 switch 문에 대해서 살펴봅니다. switch 문은 사용자의 입력을 판단하고 처리하는 용도로 적합합니다. switch 문은 변수를 입력받는 구조로 되어 있는데, 이 변수는 키보드로부터 입력 받는 경우가 많습니다. 아두이노에서는 시리얼 통신을 통해 사용자 입력을 받게 됩니다.

다음은 아두이노 스케치에서 사용하는 swich 문의 한 형태입니다.

```
int userInput = Serial.read();
switch ( userInput ) {
   ❶         ❷
    case '1' :
       ❸
        Serial.println(1) ;
                 ❹
        break ;
         ❼
    case '2' :
        Serial.println(2) ;
                 ❽
    case '3' :
       ❾
        Serial.println(3) ;
                 ❾
        break ;
         ❾
    default :
       ❺
        Serial.println(userInput) ;
                 ❻
        break ;
}
```

❶ switch 문은 ❷ 정수 변수를 입력받아 ❸ case 문의 값과 일치하는지를 검사하고 같다면 해당 case 문의 ❹ 실행 문을 수행합니다. ❺ 만약 해당하는 case 문이 하나도 없다면 default 문의 ❻ 실행 문을 수행합니다. switch 문의 실행 문에는 중괄호 { }가 없기 때문에 ❼ break 문으로 각 case 문에 대한 실행 문을 구분합니다. ❽ break 문을 사용하지 않는다면 해당 case 문에 대한 실행 문을 수행하고 ❾ 다음에 나오는 case 문을 계속 수행하게 됩니다. 구간을 가지는 연속적인 값의 비교에는 사용할 수 없습니다.

❶ switch 문을 나타냅니다.
❷ 소괄호 ()는 switch 문에 적용될 정수 값을 담습니다.
❸ case 문의 구분은 온점(: 콜론)입니다. 반점(; 세미콜론)이 아닙니다.
❼ 각 경우의 끝은 break 문으로 끝내주도록 합니다. break 문은 switch 문을 빠져나가도록 합니다.

switch 문은 실제로 if 문으로 표현할 수 있습니다. 그럼에도 불구하고 switch 문이 있는 이유는 사용자 입력을 처리하는데 직관적이기 때문입니다. 그래서 switch 문은 사용자 입력에 특화된 특수한 if 문으로 생각할 수도 있습니다.

❷ swich 문 실행해보기

이제 switch 문에 대한 테스트를 수행해 봅니다.

01 다음과 같이 예제를 작성합니다.

313_2.ino
```
void setup() {
  Serial.begin(115200);
}

void loop() {
  if(Serial.available()) {
    int userInput = Serial.read();

    switch(userInput) {
      case '1':
        Serial.println(1);
        break;
      case '2':
        Serial.println(2);
      case '3':
        Serial.println(3);
        break;
      default:
        Serial.println(userInput);
        break;
    }
  }
}
```

02 파일과 업로드를 수행한 후 [시리얼 모니터] 버튼을 눌러줍니다. 시리얼 모니터 창이 뜨면, 우측 하단에서 통신 속도를 115200으로 맞춰줍니다.

 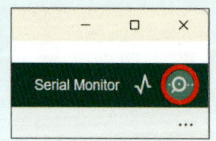 

03 출력결과를 확인합니다.

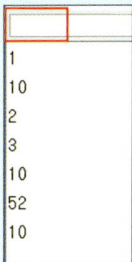

시리얼 모니터의 입력창에 차례대로 1, 2, 4를 입력해봅니다. 처음에 1을 입력하면 1, 10이 출력되는데 1은 Serial.println 함수를 통해 출력되었고, 10의 경우 엔터키의 입력을 나타내는데 default 문 부분에서 출력된 것입니다. 두 번째로 2를 입력하면 2, 3, 10이 출력됩니다. 2의 경우엔 break 문이 없으므로 3의 경우를 거쳐 수행된 후, 3의 break 문에 의해 빠져 나갑니다. 마지막으로 4를 입력하면 52, 10이 출력되는데 4가 아닌 52가 출력되는 이유는 '4' 문자에 대한 ascii 숫자 값이 52이기 때문입니다. 키보드를 통해 4를 입력하면 실제로는 아두이노로 '4' 문자를 나타내는 52 값이 전달됩니다. 이 52를 ascii 값이라고 합니다. 마찬가지로 1, 2를 입력하면 '1', '2' 문자를 나타내는 49, 50 값이 전달됩니다. 엔터키의 ascii 값은 10이 됩니다. ascii는 [American Standard Code for Information Interchange]의 약자로 [정보 교환을 위한 미국 표준 코드]를 의미합니다. 참고로 다음은 ascii 표입니다.

Dec	Hex	Char	Dec	Hex	Char	Dec	Hex	Char	Dec	Hex	Char
0	00	Null	32	20	Space	64	40	@	96	60	`
1	01	Start of heading	33	21	!	65	41	A	97	61	a
2	02	Start of text	34	22	"	66	42	B	98	62	b
3	03	End of text	35	23	#	67	43	C	99	63	c
4	04	End of transmit	36	24	$	68	44	D	100	64	d
5	05	Enquiry	37	25	%	69	45	E	101	65	e
6	06	Acknowledge	38	26	&	70	46	F	102	66	f
7	07	Audible bell	39	27	'	71	47	G	103	67	g
8	08	Backspace	40	28	(	72	48	H	104	68	h
9	09	Horizontal tab	41	29	)	73	49	I	105	69	i
10	0A	Line feed	42	2A	*	74	4A	J	106	6A	j
11	0B	Vertical tab	43	2B	+	75	4B	K	107	6B	k
12	0C	Form feed	44	2C	,	76	4C	L	108	6C	l
13	0D	Carriage return	45	2D	-	77	4D	M	109	6D	m
14	0E	Shift out	46	2E	.	78	4E	N	110	6E	n
15	0F	Shift in	47	2F	/	79	4F	O	111	6F	o
16	10	Data link escape	48	30	0	80	50	P	112	70	p
17	11	Device control 1	49	31	1	81	51	Q	113	71	q
18	12	Device control 2	50	32	2	82	52	R	114	72	r
19	13	Device control 3	51	33	3	83	53	S	115	73	s
20	14	Device control 4	52	34	4	84	54	T	116	74	t
21	15	Neg. acknowledge	53	35	5	85	55	U	117	75	u
22	16	Synchronous idle	54	36	6	86	56	V	118	76	v
23	17	End trans. block	55	37	7	87	57	W	119	77	w
24	18	Cancel	56	38	8	88	58	X	120	78	x
25	19	End of medium	57	39	9	89	59	Y	121	79	y
26	1A	Substitution	58	3A	:	90	5A	Z	122	7A	z
27	1B	Escape	59	3B	;	91	5B	[	123	7B	{
28	1C	File separator	60	3C	<	92	5C	\	124	7C		
29	1D	Group separator	61	3D	=	93	5D	]	125	7D	}
30	1E	Record separator	62	3E	>	94	5E	^	126	7E	~
31	1F	Unit separator	63	3F	?	95	5F	_	127	7F	☐

Line feed는 엔터키를 의미하며 10으로 나타냅니다. Dec는 10진수, Hex는 16진수, Char은 문자를 나타냅니다.

❸ switch 문의 형식

일반적인 swich 문의 형식은 아래와 같습니다.

```
switch ( 정수 )
{
    case 값1 :
        실행문1 ;
        break;
    case 값2 :
        실행문2 ;
        break;
    ...
    case 값N :
        실행문N ;
        break;
    default :
        기본 실행문 ;
}
```

02

눌렀을까 뗐을까? : digitalRead

여러분 다음 그림은 뭘까요? 네! 바로 푸시 버튼입니다.

버튼을 이용해 LED를 켜거나 끄고 싶은데, 어떻게 버튼이 눌렸는지 떼졌는지 알 수 있을까요? 주인공은 바로 digitalRead 함수입니다.

다음 핀들은 digitalRead 함수를 통해 1 또는 0을 읽을 수 있는 핀들입니다.

Chapter 03_아두이노 중수되기 179

여러분은 아두이노 스케치를 통해 버튼이 눌렸는지 떼졌는지 알고자 할 때 다음 두 함수를 사용해야 합니다.

```
pinMode(pin, mode)
digitalRead(pin)
```

pinMode 함수는 앞에서 살펴보았습니다. 2장 2절을 참조합니다.

digitalRead

digitalRead란 특정 핀의 값을 읽는 명령어입니다.

```
digitalRead(pin);
              ❶
```
❶ 읽고자 하는 핀 번호 HIGH 또는 LOW 값을 돌려줍니다.

digitalRead 함수는 할당된 핀이 VCC(=5V) 또는 GND에 연결된 상태에 따라 논리적으로 1, 0을 읽는 함수입니다. 할당된 핀이 VCC(=5V)에 연결되었을 경우엔 1이, GND에 연결되었을 때는 0을 읽게 됩니다.

02_1 0, 1 읽어보기

여기서는 digitalRead 함수를 이용하여 간단하게 0과 1을 읽어봅니다.

01 다음과 같이 예제를 작성합니다.

```
321.ino
01 int digitalPin = 2;
02
03 void setup() {
04      Serial.begin(115200);
05
06      pinMode(digitalPin, INPUT);
07 }
08
09 void loop() {
10      int digitalValue = digitalRead(digitalPin);
11      Serial.println(digitalValue);
12      delay(100);
13 }
```

01 : digitalPin 변수를 선언하고 2 번 핀으로 초기화합니다.
06 : pinMode 함수를 이용하여 digitalPin을 입력으로 설정하고 있습니다. pinMode 함수는 digitalRead 함수를 이용하여 HIGH, LOW 값을 읽고자 할 때 사용하는 함수입니다.
10 : digitalRead 함수를 이용하여 digitlaPin 값을 읽은 후, digitalValue 변수에 저장합니다.
11 : digitalValue 변수 값을 시리얼 모니터로 출력합니다.

02 컴파일과 업로드를 수행합니다.

03 그림과 같이 2번 디지털 핀을 5V 핀에 연결합니다.

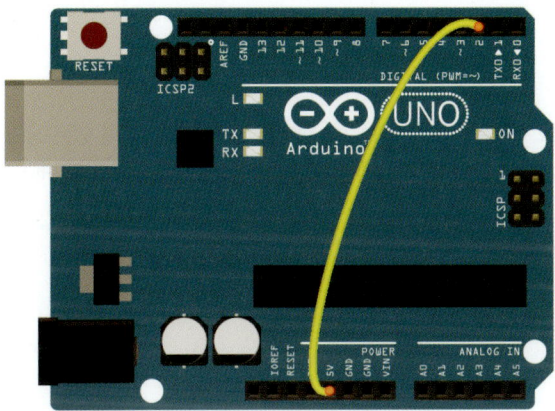

04 [시리얼 모니터] 버튼을 눌러줍니다. 시리얼 모니터 창이 뜨면, 우측 하단에서 통신 속도를 115200으로 맞춰줍니다.

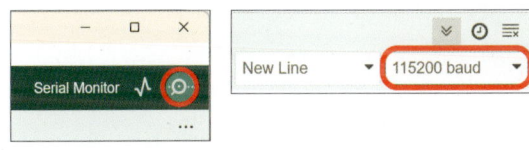

05 결과를 확인합니다. 다음과 같이 1 값이 출력되는 것을 볼 수 있습니다.

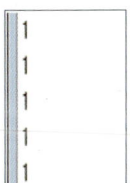

아두이노 보드에서 디지털 입력 핀을 5V에 연결하면 논리적으로 1 값이 입력됩니다.

06 이번엔 2번 디지털 핀을 0V(GND) 핀에 연결합니다.

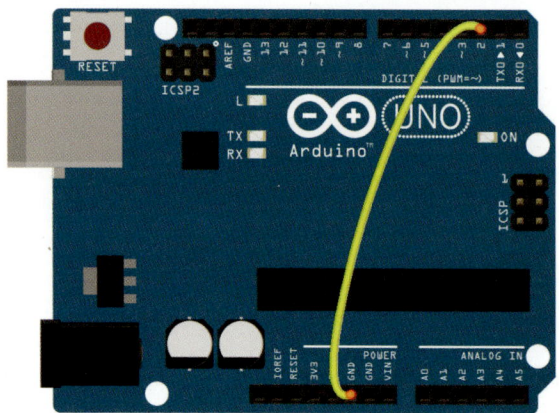

07 결과를 확인합니다. 다음과 같이 0 값이 출력되는 것을 볼 수 있습니다.

```
0
0
0
0
0
```

TIP 선이 연결되어 있지 않은 상태에서도 0 또는 1이 입력되기도 합니다. 이 경우 핀이 떠 있는 상태라고 하며 값이 정의되지 않은 상태입니다. 따라서 입력되는 값에 대해 논리적인 의미를 두지 않습니다.

아두이노 보드에서 디지털 입력 핀을 0V에 연결하면 논리적으로 0 값이 입력됩니다.

02_2 푸시 버튼 살펴보기

일반적인 푸시 버튼의 모양은 다음과 같습니다.

다음과 같이 두 쌍의 핀이 있으며, 각 쌍은 내부적으로 연결되어 있습니다.

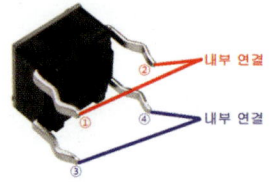

내부적인 연결은 다음과 같습니다.

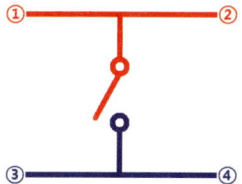

가운데 버튼을 누르면 양 쪽의 핀이 연결되는 구조입니다.

푸시 버튼을 나타내는 기호는 다음과 같고, 극성은 없습니다.

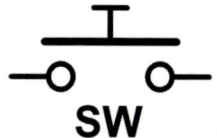

버튼 입력 회로는 일반적으로 다음과 같습니다.

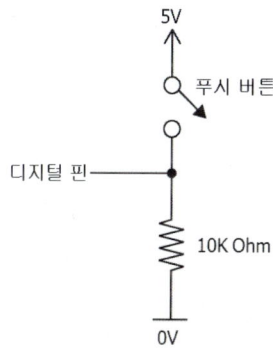

그림에서 디지털 핀은 버튼이 눌리지 않았을 때는 10K Ohm 저항을 통해 0V로 연결되며, 논리적으로 0 값이 입력됩니다(10K Ohm 저항 대신에 220 Ohm, 330 Ohm, 1K Ohm 저항을 사용하는 경우도 있습니다. 그러나 저항 값이 너무 낮으면 흐르는 전류량이 많아져 전력 소모가 심해집니다. 아두이노 우노의 경우 내부 저항 값이 크므로 보통 10K~100K Ohm범위의 저항을 사용합니다). 버튼을 눌렀을 경우에 디지털 핀은 5V로 연결되며, 논리적으로 1 값이 입력됩니다. 저항이 없는 상태에서 버튼을 누를 경우 5V와 0V가 직접 연결되는 단락 회로(short-circuit)가 만들어지며, 이 경우 저항이 0 Ω에 가까운 회로가 만들어집니다. 이럴 경우 옴의 법칙(I = V/R)에 의해 아주 큰 전류가 흐르게 되고, 보호 회로가 없을 경우에 칩이 망가질 수 있습니다. 저항은 단락 회로를 방지하는 역할을 하게 됩니다.

버튼 입력 회로는 다음과 같이 구성할 수도 있습니다.

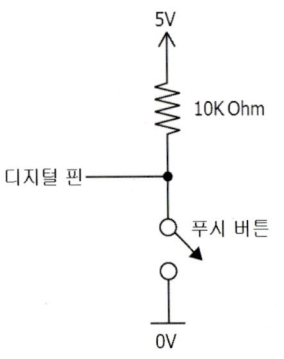

이 경우 디지털 핀은 버튼이 눌리지 않았을 때는 10K Ohm 저항을 통해 5V로 연결되며, 논리적으로 1 값이 입력됩니다. 버튼을 눌렀을 경우에 디지털 핀은 0V로 연결되며, 논리적으로 0 값이 입력됩니다.

02_3 버튼 회로 구성하기

여기서는 버튼 회로를 구성해 보고 이전에 작성한 예제를 이용하여 버튼 값을 읽어봅니다.
다음과 같이 회로를 구성합니다.

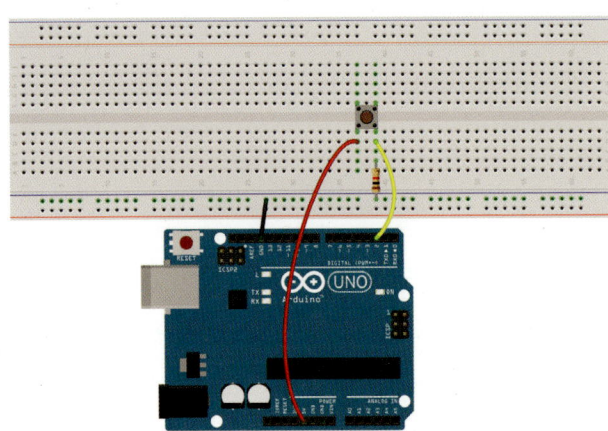

버튼의 한 쪽 핀을 5V로 연결합니다. 그림에서는 빨간색 전선 부분입니다. 버튼의 다른 쪽 핀을 10K Ohm 저항을 통해 GND로 연결해 줍니다. 그림에서는 검은색 전선 부분입니다. 저항의 다른 쪽 핀을 아두이노의 2 번 핀에 연결합니다. [통합 보드]에서는 그림과 같이 연결합니다. 통합 보드에는 버튼이 저항에 연결이 되어 있습니다.

01 바로 전에 작성한 다음 예제를 이용합니다.

323.ino
```
01 int digitalPin = 2;
02
03 void setup() {
04     Serial.begin(115200);
05
06     pinMode(digitalPin, INPUT);
07 }
08
09 void loop() {
10     int digitalValue = digitalRead(digitalPin);
11     Serial.println(digitalValue);
12     delay(100);
13 }
```

02 컴파일과 업로드를 수행한 후 [시리얼 모니터] 버튼을 눌러줍니다. 시리얼 모니터 창이 뜨면, 우측 하단에서 통신 속도를 115200으로 맞춰줍니다.

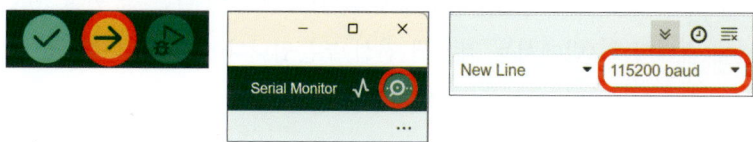

03 결과를 확인합니다. 버튼을 누르지 않은 상태에서는 다음과 같이 0 값이 출력되는 것을 볼 수 있습니다.

```
0
0
0
0
0
```

버튼을 눌러 봅니다. 그러면 다음과 같이 1 값이 출력되는 것을 볼 수 있습니다.

02_4 버튼 값에 따라 LED 켜고 끄기

여기서는 버튼을 누르면 13 번 LED가 켜지고 버튼을 떼면 13 번 LED가 꺼지도록 프로그램을 작성해 보도록 합니다.

01 다음과 같이 회로를 구성합니다. 이전 회로와 같습니다.

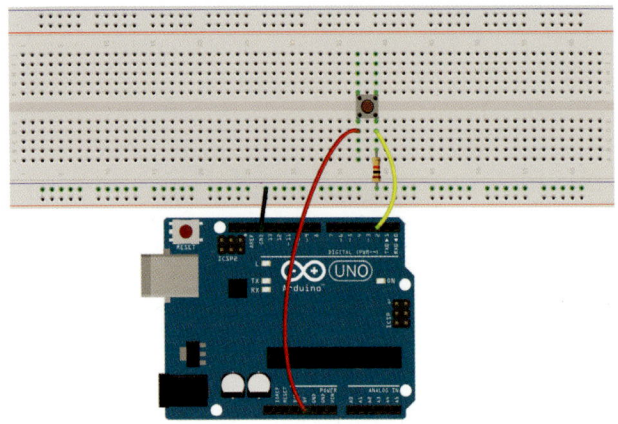

버튼의 한 쪽 핀을 5V로 연결합니다. 그림에서는 빨간색 전선 부분입니다. 버튼의 다른 쪽 핀을 10K Ohm 저항을 통해 GND로 연결해 줍니다. 그림에서는 검은색 전선 부분입니다. 저항의 다른 쪽 핀을 2 번 핀에 연결합니다. 다음과 같이 브레드 보드에 버튼과 저항을 연결합니다.

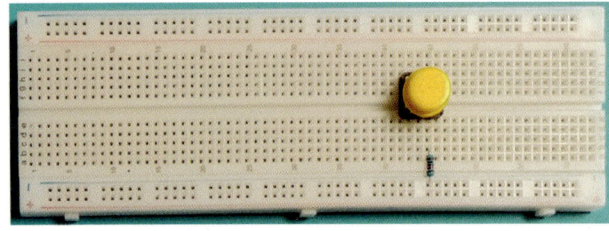

그리고 다음과 같이 아두이노 보드에 연결합니다.

02 다음과 같이 예제를 작성합니다.

```
324.ino
01    int ledPin = 13;
02    int buttonPin = 2;
03
4     void setup() {
05     pinMode(ledPin, OUTPUT);
06     pinMode(buttonPin, INPUT);
07    }
08
09    void loop() {
10     int buttonInput = digitalRead(buttonPin);
11     digitalWrite(ledPin, buttonInput);
12    }
```

01 : ledPin 변수를 선언한 후, 13 번 핀을 할당합니다.
05 : pinMode 함수를 호출하여 ledPin을 출력으로 설정합니다.
10 : digitalRead 함수를 호출하여 buttonPin 값을 buttonInput 변수로 읽습니다.
11 : digitalWrite 함수를 호출하여 ledPin에 buttonInput 변수 값을 씁니다.

03 컴파일과 업로드를 수행한 후, 결과를 확인합니다. 버튼을 누르면 LED가 켜지고 버튼을 떼면 LED가 꺼지는 것을 확인합니다.

02_5 버튼 값에 따라 LED 밝기 조절하기

여기서는 버튼을 누르고 있으면 10 번 LED의 밝기가 변하고 버튼을 떼면 LED가 꺼지도록 프로그램을 작성해 보도록 합니다.

01 다음과 같이 회로를 구성합니다.

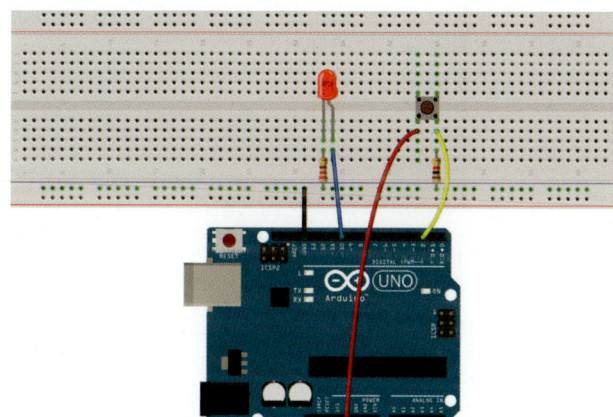

LED의 긴 핀(+)을 아두이노 우노 보드의 10번 핀에 연결합니다. LED의 짧은 핀(-)은 220 또는 330 Ohm 저항을 통해 GND 핀에 연결합니다. 버튼의 한 쪽 핀을 5V로 연결합니다. 그림에서는 빨간색 전선 부분입니다. 버튼의 다른 쪽 핀을 1K Ohm 저항을 통해 GND로 연결해 줍니다. 그림에서는 검은색 전선 부분입니다. 저항의 다른 쪽 핀을 2 번 핀에 연결합니다. [통합 보드]의 경우 그림과 같이 연결합니다.

02 다음과 같이 예제를 작성합니다.

```
325.ino
1    int ledPin = 10;
2    int buttonPin = 2;
3
4    void setup() {
5     pinMode(buttonPin, INPUT);
6    }
7
8    void loop() {
9     int buttonInput = digitalRead(buttonPin);
10    if(buttonInput == HIGH) {
11         for(int t_high=0;t_high<=255;t_high++) {
12          analogWrite(ledPin, t_high);
13          delay(4);
14         }
15    } else {
16         analogWrite(ledPin, 0);
17    }
18   }
```

- 01 : ledPin 변수를 선언한 후, 10 번 핀을 할당합니다.
- 05 : pinMode 함수를 호출하여 buttonPin을 입력으로 설정합니다.
- 09 : digitalRead 함수를 호출하여 buttonPin 값을 buttonInput 변수로 읽습니다.
- 10 : buttonInput 값이 HIGH이면
- 11~14 : for 문을 사용하여 t_high 변수 값을 0부터 255까지 4 밀리 초 간격으로 주기적으로 변경하고 있습니다.
- 15 : 그렇지 않으면 즉, buttonInput 값이 LOW이면
- 16 : analogWrite 함수를 호출하여 ledPin에 0 값을 써서 LED를 끕니다.

03 컴파일과 업로드를 수행합니다.

04 결과를 확인합니다. 버튼을 누르면 LED의 밝기가 변하고 버튼을 떼면 LED가 꺼지는 것을 확인합니다.

02_6 LED 주사위 만들기

여기서는 버튼을 누르고 있으면 빠른 속도로 6 개의 LED가 차례로 켜지다가 버튼을 떼면 그 시점에 켜진 LED만 켜지도록 프로그램을 작성해 보도록 합니다. 켜진 LED의 위치 값이 주사위 값이 됩니다.

01 다음과 같이 회로를 구성합니다.

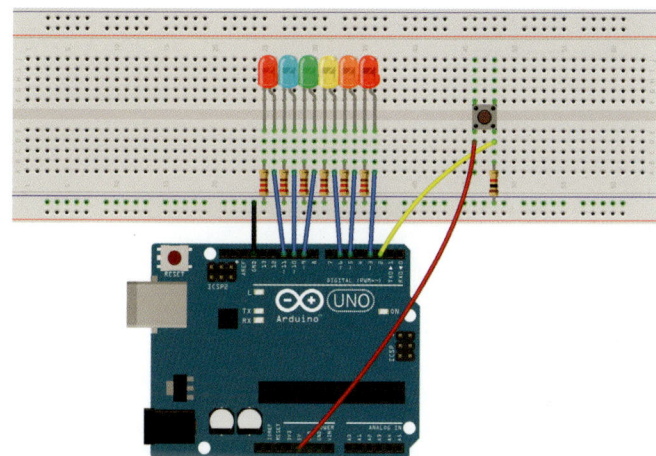 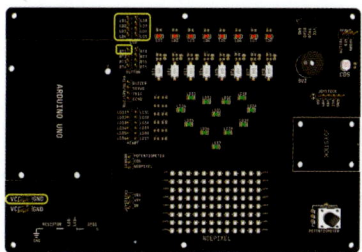

6 개의 LED를 그림과 같이 배치합니다. 각각의 LED의 음극은 저항을 통해 GND로 연결합니다. 6 개의 LED의 양극을 왼쪽부터 차례대로 아두이노 우노 보드의 3, 5, 6, 9, 10, 11 번 핀에 그림과 같이 전선으로 연결합니다. 버튼의 한 쪽 핀을 5V로 연결합니다. 그림에서는 빨간색 전선 부분입니다. 버튼의 다른 쪽 핀을 1K Ohm 저항을 통해 GND로 연결해 줍니다. 그림에서는 검은색 전선 부분입니다. 저항의 다른 쪽 핀을 2 번 핀에 연결합니다. [통합 보드]의 경우 2번 핀을 BT1에 연결합니다. 그리고 아두이노 우노 보드의 3, 5, 6, 9, 10, 11 번 핀을 LD1~LD6 번 핀에 연결합니다.

02 다음과 같이 예제를 작성합니다.

```
326.ino
01    int led[6] = { 3, 5, 6, 9, 10, 11 };
02    int buttonPin = 2;
03
04    void setup() {
05     for(int x=0;x<6;x++) {
06            pinMode(led[x], OUTPUT);
07     }
08     pinMode(buttonPin, INPUT);
09    }
10
11    void loop() {
12     int buttonInput = digitalRead(buttonPin);
13     if(buttonInput == HIGH) {
```

```
14              for(int x=0;x<6;x++) {
15                  // led 모두 끄기
16                  for(int x=0;x<6;x++) {
17                      digitalWrite(led[x], LOW);
18                  }
19
20                  digitalWrite(led[x], HIGH);
21
22                  buttonInput = digitalRead(buttonPin);
23                  if(buttonInput == LOW) break;
24
25                  delay(50);
26              }
27          }
28      }
```

01   : 정수 배열 led를 선언한 후, 3, 5, 6, 9, 10, 11 번 핀을 할당합니다.
02   : buttonPin 변수를 선언한 후, 2 번 핀을 할당합니다.
05 ~ 07 : 배열의 각 항목인 led[0]~led[5] 핀을 pinMode 함수를 호출하여 출력으로 설정합니다.
08   : pinMode 함수를 호출하여 buttonPin을 입력으로 설정합니다.
12   : digitalRead 함수를 호출하여 buttonPin 값을 buttonInput 변수로 읽습니다.
13   : buttonInput 값이 HIGH이면 13~27 줄을 수행합니다.
14   : led[0]~led[5]까지 차례대로
16~18   : 전체 LED를 끈 후,
20   : digitalWrite 함수를 호출하여 각각의 LED를 켭니다.
22   : digitalRead 함수를 호출하여 buttonPin 값을 buttonInput 변수로 읽습니다.
23   : buttonInput 값이 LOW이면 break 문을 수행하여 14 번째 줄에서 시작하는 for 문을 빠져 나갑니다.
25   : 0.05 초간 기다립니다.

03 컴파일과 업로드를 수행합니다.

04 결과를 확인합니다.

버튼을 누르고 있으면 빠른 속도로 6 개의 LED가 차례로 켜지다가 버튼을 떼면 그 시점에 켜진 LED만 켜지는 것을 확인합니다.

03

아두이노의 감각 : analogRead

다음은 조이스틱입니다. 우리는 조이스틱을 이용하여 게임을 조종할 수 있습니다. 조이스틱은 손잡이의 상하좌우 위치 값을 읽을 수 있는 센서입니다.

다음은 가변 저항입니다. 회전 센서라고도 하며 일정 범위 내에서 회전한 정도를 측정합니다.

다음은 Cds라고 하는 빛 센서입니다. 빛의 밝기를 측정할 수 있는 센서입니다.

위의 센서들을 아두이노에 장착하면 아두이노는 할 수 있는 일들이 점점 많아집니다. 이러한 센서들을 읽을 수 있는 주인공은 바로 analogRead 함수입니다.

다음 핀들은 analogRead 함수를 통해 앞에서 본 센서들을 읽을 수 있는 핀들입니다.

아두이노 우노의 아날로그 입력 핀은 총 6개 있으며, A0~A5의 이름을 갖습니다. 아날로그 입력은 0V~5V 사이의 값을 가지며, Atmega328 칩 내부에 있는 ADC 모듈을 통해 0~1023 사이의 값으로 대응됩니다.

analogRead

analogRead란 특정 아날로그 핀의 값을 읽는 명령어입니다.

> analogRead(pin);
>   ❶
>
> ❶ 읽고자 하는 아날로그 핀 번호 0~1023 사이의 값을 돌려줍니다.

analogRead 함수는 마이컴 내부의 ADC 모듈을 제어하여 센서 값을 읽는 역할을 합니다. 아날로그 입력 핀으로 입력되는 0~5V의 전압 값을 논리적으로 0~1023 사이의 정수 값으로 바꿔주는 함수입니다. 우리는 analogRead 함수를 이용하여 ADC 모듈에 연결된 센서 값을 읽을 수 있습니다.

03_1 ADC값 간편하게 읽어보기

여기서는 analogRead 함수를 이용하여 GND, 5V, 3.3V 값을 읽어봅니다.

01 다음과 같이 예제를 작성합니다.

```
331.ino
01 int analogPin = A0;
02
03 void setup() {
04     Serial.begin(115200);
05 }
06
07 void loop() {
08     int analogValue = analogRead(analogPin);
09     Serial.println(analogValue);
10     delay(100);
11 }
```

01 : analogPin 변수에 A0 번 핀을 할당합니다.
04 : Serial.begin 함수를 호출하여 시리얼 통신 속도를 115200 bps로 설정합니다.
08 : analogRead 함수를 이용하여 analogPin 값을 읽은 후, analogValue 변수에 저장합니다. analogRead 함수는 인자로 넘어온 핀의 아날로그 값을 읽어내는 함수입니다. 리턴 값은 0~1023 사이의 값이며 0~5V에 대응됩니다.
09 : analogValue 변수 값을 시리얼 모니터로 출력합니다.

02 컴파일과 업로드를 수행합니다.

03 그림과 같이 A0 아날로그 입력 핀을 5V 핀에 연결합니다.

04 [시리얼 모니터] 버튼을 눌러준 후, 시리얼 모니터 창이 뜨면, 우측 하단에서 통신 속도를 115200으로 맞춰줍니다.

05 결과를 확인합니다. 다음과 같이 1023 값이 출력되는 것을 볼 수 있습니다.

1023
1023
1023
1023
1023

아두이노 보드에서 아날로그 입력 핀을 5V에 연결하면 논리적으로 최대 값 1023 값이 입력됩니다. 아두이노 보드에서 아날로그 입력 값은 0V~5V 범위의 값이 되어야 하며, 논리적으로 0~1023에 대응됩니다.

06 이번엔 A0 아날로그 입력 핀을 0V(GND) 핀에 연결합니다.

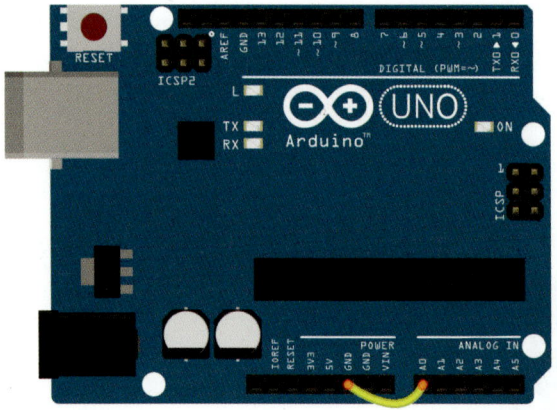

07 결과를 확인합니다. 다음과 같이 0 값이 출력되는 것을 볼 수 있습니다.

아두이노 보드에서 아날로그 입력 핀을 0V에 연결하면 논리적으로 최소 값인 0 값이 입력됩니다.

08 이번엔 A0 아날로그 입력 핀을 3V3(3.3V) 핀에 연결합니다.

09 결과를 확인합니다. 필자의 경우 다음과 같이 707 정도의 값이 출력됩니다.

```
706
706
707
707
707
```

3.3V에 연결할 경우 다음 계산식에 의해

```
(1024/5V) x 3.3V = 675.8 V
```

가 나와야 하며, 707이면 크게 벗어나지 않은 값입니다. 707은 3.45V에 해당되며, 이 정도의 오차는 생길 수 있습니다.

03_2 가변저항 살펴보기

본 책에서 사용할 가변 저항의 모양은 다음과 같습니다.

가변 저항은 세 개의 핀으로 구성됩니다.
가변저항의 내부 구조는 다음과 같습니다.

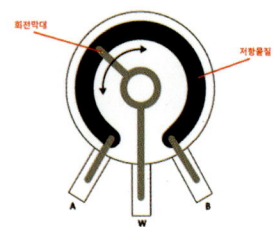

가변 저항은 극성이 없으며 A 핀을 VCC, B 핀을 GND 또는 반대로 A 핀을 GND, B 핀을 VCC로 연결을 해줍니다. W 핀은 아두이노 우노의 아날로그 입력 핀으로 연결되며 내부 막대의 위치에 따라 W 핀에 연결된 아날로그 값이 정해집니다.
앞의 그림은 다음과 같이 표시할 수 있습니다.

A와 B를 잡아 늘리면 다음 그림과 같이 표시할 수 있습니다.

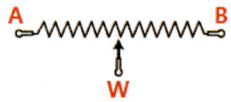

회전 막대가 움직이는 것은 W 핀이 A와 B 사이를 움직이는 것과 같습니다. A 핀을 VCC, B 핀을 GND에 연결한 상태에서 W 핀이 A 핀에 가까워질수록 W 핀은 VCC에 가까워지고, 반대로 B핀에 가까워질수록 GND에 가까워집니다. W 핀이 아날로그 핀에 연결되어 있으면 해당 전압이 아날로그 핀으로 입력됩니다.
가변 저항의 기호는 다음과 같습니다.

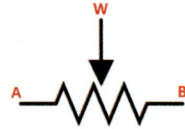

또는 다음과 같이 표시합니다.

03_3 가변저항 회로 구성하기

다음과 같이 가변저항 회로를 구성합니다.

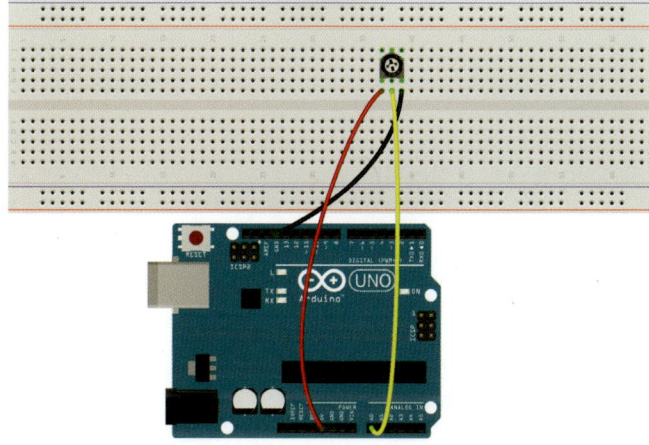
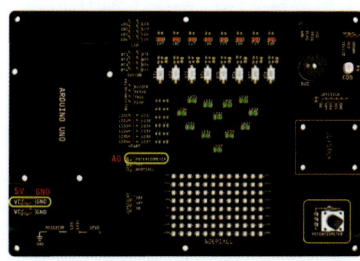

가변 저항의 양쪽 끝 핀을 각각 5V, GND에 연결합니다. 가변 저항의 중앙 핀을 아두이노 우노 보드의 A0번 핀에 연결합니다. [통합 보드]의 경우 2번 핀을 POTENTIOMETER 핀에 연결합니다.

01 바로 전에 작성한 다음 예제를 이용합니다.

```
333.ino
01 int analogPin = A0;
02
03 void setup() {
04     Serial.begin(115200);
05 }
06
07 void loop() {
08     int analogValue = analogRead(analogPin);
09     Serial.println(analogValue);
10     delay(100);
11 }
```

02 컴파일과 업로드를 수행합니다. [시리얼 모니터] 버튼을 눌러준 후, 시리얼 모니터 창이 뜨면, 우측 히단에서 통신 속도를 115200으로 맞춰줍니다.

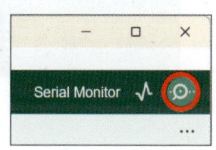

03 결과를 확인합니다. 가변 저항을 다음 값이 나올 때까지 한쪽 끝까지 돌려봅니다.

```
1023
1023
1023
1023
1023
```

가변 저항을 다음 값이 나올 때까지 반대쪽 끝까지 돌려봅니다.

```
0
0
0
0
0
```

가변 저항을 다음 정도의 값이 나올 때까지 중간 정도로 돌려봅니다.

```
624
624
624
624
624
```

가변 저항을 이용하면 0~1023 사이의 값이 나오는 것을 확인할 수 있습니다.

03_4 가변저항 입력에 따라 LED 밝기 조절하기

여기서는 가변 저항 값에 따라 LED의 밝기를 조절하는 예제를 수행해 보도록 합니다.

01 먼저 다음과 같이 회로를 구성합니다.

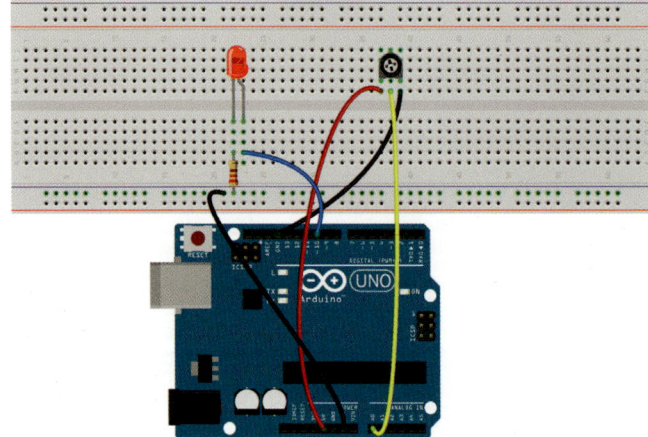
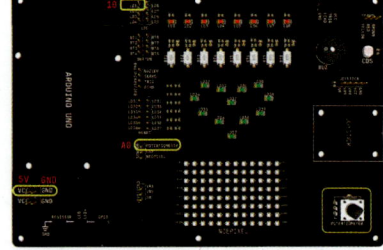

이전에 구성한 회로에 LED 회로를 추가합니다.

02 다음과 같이 예제를 수정합니다.

334.ino
```
01 int ledPin = 10;
02 int analogPin = A0;
03
04 void setup() {
05
06 }
07
08 void loop() {
09     int sensorInput = analogRead(analogPin);
10     analogWrite(ledPin, sensorInput/4);
11     delay(100);
12 }
```

01 : ledPin 변수를 10 번 핀으로 초기화합니다.
02 : analogPin 변수에 A0 번 핀을 할당합니다.
09 : analogRead 함수를 이용하여 analogPin 값을 읽은 후, sensorInput 변수에 저장합니다. analogRead 함수는 인자로 넘어온 핀의 아날로그 값을 읽어내는 함수입니다. 리턴 값은 0~1023 사이의 값이며 0~5V에 대응됩니다.
09 : analogWrite 함수를 호출하여 ledPin으로 sensorInput 값을 4로 나눈 값을 내보냅니다. analogWrite 함수를 이용해 PWM 핀으로 내보낼 수 있는 값의 범위는 0~255사이의 값이므로 sensorInput 값을 4로 나눈 값을 내보내도록 합니다. 0~1023 사이의 값을 4로 나누면 0~255사이의 값에 대응됩니다.

03 컴파일과 업로드를 수행합니다.

04 결과를 확인합니다. 가변 저항을 돌려서 LED의 밝기가 변하는 것을 확인합니다. 가변 저항 값을 한쪽 끝으로 돌리면 LED가 꺼지고 반대쪽 끝으로 돌리면 최대 밝기가 됩니다.

03_5 디지털 LED 막대 측정기

여기서는 6 개의 LED를 일렬로 구성한 후, 가변 저항을 회전한 만큼의 LED가 켜지도록 합니다. 가변 저항의 입력 값은 0~1023 사이의 값인데 이 구간을 7로 나눕니다. 146, 292, 438, 584, 730, 876과 같이 6개의 경계점이 생깁니다. 다음과 같이 각 경계점을 지날 때마다 LED가 하나씩 켜지도록 합니다.

01 다음과 같이 회로를 구성합니다.

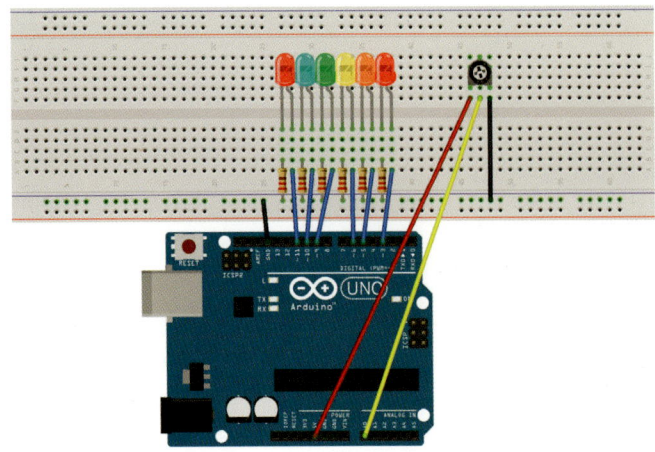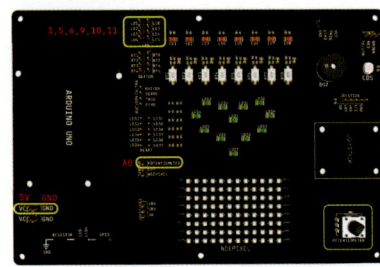

6 개의 LED를 그림과 같이 배치합니다. 각각의 LED의 음극은 저항을 통해 GND로 연결합니다. 6 개의 LED의 양극을 왼쪽부터 차례대로 아두이노 우노 보드의 3, 5, 6, 9, 10, 11 번 핀에 그림과 같이 전선으로 연결합니다. 가변 저항의 양쪽 끝 핀을 각각 5V, GND에 연결합니다. 가변 저항의 중앙 핀을 아두이노 우노 보드의 A0번 핀에 연결합니다. [통합 보드]의 경우 아두이노의 3, 5, 6, 9, 10, 11 번 핀을 LD1~LD6으로 연결합니다.

02 다음과 같이 예제를 작성합니다.

335_1.ino
```
01    int led[6] = { 3, 5, 6, 9, 10, 11 };
02    int analogPin = A0;
03
04    void setup() {
05     for(int x=0;x<6;x++) {
06            pinMode(led[x], OUTPUT);
07     }
08    }
09
10    void loop() {
11     int sensorInput = analogRead(analogPin);
12
13     if(sensorInput > 1024/7*(1+0)) // 146
14            digitalWrite(led[0], HIGH);
15     else digitalWrite(led[0], LOW);
16
17     if(sensorInput > 1024/7*(1+1)) // 292
18            digitalWrite(led[1], HIGH);
```

```
19         else digitalWrite(led[1], LOW);
20
21         if(sensorInput > 1024/7*(1+2)) // 438
22             digitalWrite(led[2], HIGH);
23         else digitalWrite(led[2], LOW);
24
25         if(sensorInput > 1024/7*(1+3)) // 584
26             digitalWrite(led[3], HIGH);
27         else digitalWrite(led[3], LOW);
28
29         if(sensorInput > 1024/7*(1+4)) // 730
30             digitalWrite(led[4], HIGH);
31         else digitalWrite(led[4], LOW);
32
33         if(sensorInput > 1024/7*(1+5)) // 876
34             digitalWrite(led[5], HIGH);
35         else digitalWrite(led[5], LOW);
36     }
```

- **01**   : 정수 배열 led를 선언한 후, 3, 5, 6, 9, 10, 11 번 핀을 할당합니다.
- **02**   : analogPin 상수를 선언한 후, A0 번 핀을 할당합니다.
- **05~07** : 배열의 각 항목인 led[0]~led[5] 핀을 pinMode 함수를 호출하여 출력으로 설정합니다.
- **11**   : analogRead 함수를 호출하여 analogPin 값을 sensorInput 변수로 읽습니다.
- **13**   : sensorInput 값이 1027/7*(1+0) 보다 크면, 즉, 146 보다 크면
- **14**   : digitalWrite 함수를 호출하여 led[0] 핀에 HIGH 값을 주어 첫 번째 LED를 켭니다.
- **15**   : 그렇지 않으면 즉, sensorInput 값이 146 보다 작거나 같으면 led[0] 핀에 LOW 값을 주어 첫 번째 LED를 끕니다.
- **17~35** : 나머지 LED에 대해서도 같은 방식으로 해당 LED의 경계 값을 넘어가면 LED를 켜고 그렇지 않으면 LED를 끕니다.

각 LED를 켜는 경계 값에 대해서는 다음 그림을 참조합니다.

03 컴파일과 업로드를 수행합니다.

04 결과를 확인합니다.

가변 저항을 돌려 6 개의 LED가 차례대로 켜지고 꺼지는지 확인합니다.

for 문으로 일반화하기

앞의 예제는 여섯 개의 if~else 문이 반복됩니다. 반복된 동작의 경우는 for 문을 이용하여 간단하게 표현할 수 있습니다. 여기서는 앞의 예제를 for 문을 이용하여 일반화해 봅니다.

01 다음과 같이 예제를 수정합니다.

```
335_2.ino
1    int led[6] = { 3, 5, 6, 9, 10, 11 };
2    int analogPin = A0;
3
4    void setup() {
5     for(int x=0;x<6;x++) {
6            pinMode(led[x], OUTPUT);
7     }
8    }
9
10   void loop() {
11    int sensorInput = analogRead(analogPin);
12
13    for(int n=0;n<6;n++) {
14
15           if(sensorInput > 1024/7*(1+n))
16            digitalWrite(led[n], HIGH);
17           else digitalWrite(led[n], LOW);
18
19    }
20   }
```

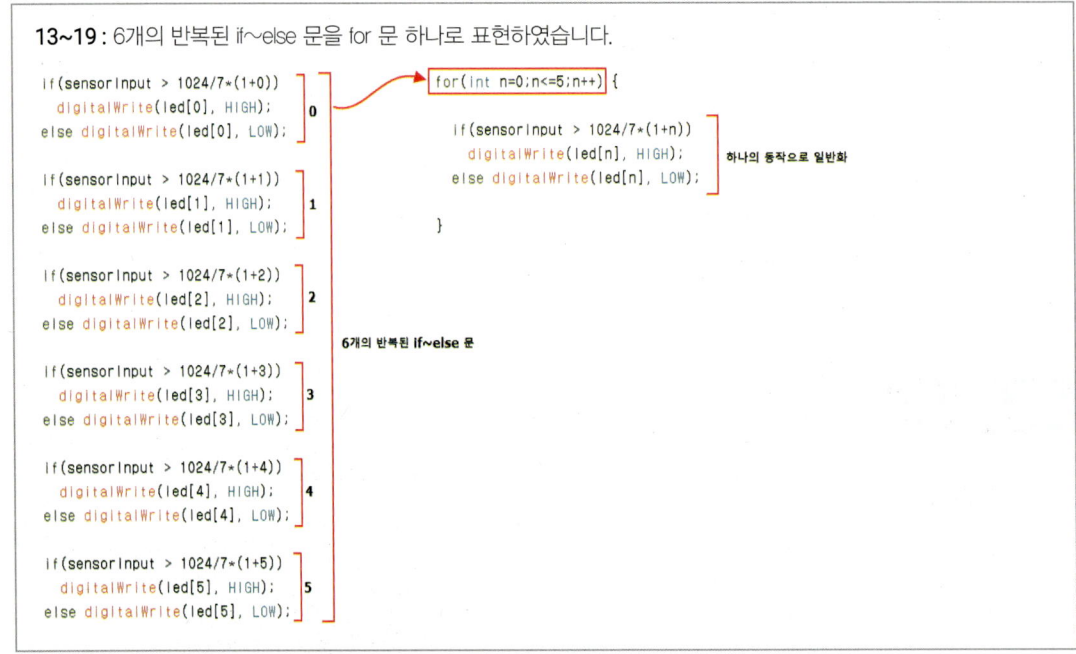

13~19 : 6개의 반복된 if~else 문을 for 문 하나로 표현하였습니다.

02 컴파일과 업로드를 수행합니다.

03 결과를 확인합니다.

이전 예제와 같이 테스트합니다. 가변 저항을 돌려 6개의 LED가 차례대로 켜지고 꺼지는지 확인합니다.

함수로 정리하기

여기서는 앞의 예제를 함수로 정리해 봅니다. 함수로 정리하면 소스에 대한 가독성이 높아지며, 재사용이 가능해집니다. 가독성이 높아진다는 건 소스에서 어떤 일을 하는지 좀 더 알아보기 쉽다는 뜻입니다.

01 다음과 같이 예제를 수정합니다.

```
335_3.ino
01 int led[6] = { 3, 5, 6, 9, 10, 11 };
02 int analogPin = A0;
03
04 void init_digital_led_bar() {
05     for(int x=0;x<6;x++) {
06         pinMode(led[x], OUTPUT);
07     }
08 }
09
10 void display_digital_led_bar(int sensorInput) {
11     for(int n=0;n<6;n++) {
12
13         if(sensorInput > 1024/7*(1+n))
14             digitalWrite(led[n], HIGH);
15         else digitalWrite(led[n], LOW);
16
17     }
18 }
19 void setup() {
20     init_digital_led_bar();
21 }
22
23 void loop() {
24     int sensorInput = analogRead(analogPin);
25
26     display_digital_led_bar(sensorInput);
27 }
```

02 컴파일과 업로드를 수행합니다.

03 결과를 확인합니다. 이전과 결과는 같습니다.

함수에 배열 넘기기

여기서는 함수에 인자로 배열을 넘겨봅니다.

01 다음과 같이 예제를 수정합니다.

335_4.ino
```
01 int led[6] = { 3, 5, 6, 9, 10, 11 };
02 int analogPin = A0;
03
04 void init_digital_led_bar(int led[], int led_cnt) {
05     for(int x=0;x<led_cnt;x++) {
06         pinMode(led[x], OUTPUT);
07     }
08 }
09
10 void display_digital_led_bar(int sensorInput,int led[], int led_cnt) {
11     for(int n=0;n<led_cnt;n++) {
12
13         if(sensorInput > 1024/7*(1+n))
14             digitalWrite(led[n], HIGH);
15         else digitalWrite(led[n], LOW);
16
17     }
18 }
19 void setup() {
20     init_digital_led_bar(led,6);
21 }
22
23 void loop() {
24     int sensorInput = analogRead(analogPin);
25
26     display_digital_led_bar(sensorInput,led,6);
27 }
```

02 컴파일과 업로드를 수행합니다.

03 결과를 확인합니다. 이전과 결과는 같습니다.

배열 매개변수 포인터로 변경하기

여기서는 함수의 배열을 받은 매개변수를 포인터로 변경해 봅니다.

01 다음과 같이 예제를 수정합니다.

335_5.ino

```
01 int led[6] = { 3, 5, 6, 9, 10, 11 };
02 int led_cnt=sizeof(led)/sizeof(led[0]);
03 int analogPin = A0;
04
05 void init_digital_led_bar(int * ledp, int led_cnt) {
06     for(int x=0;x<led_cnt;x++) {
07             pinMode(ledp[x], OUTPUT);
08     }
09 }
10
11 void display_digital_led_bar(int sensorInput,int * ledp, int led_cnt) {
12     for(int n=0;n<led_cnt;n++) {
13
14             if(sensorInput > 1024/7*(1+n))
15                     digitalWrite(ledp[n], HIGH);
16             else digitalWrite(ledp[n], LOW);
17
18     }
19 }
20 void setup() {
21     init_digital_led_bar(led,led_cnt);
22 }
23
24 void loop() {
25     int sensorInput = analogRead(analogPin);
26
27     display_digital_led_bar(sensorInput,led,led_cnt);
28 }
```

02 컴파일과 업로드를 수행합니다.

03 결과를 확인합니다. 이전과 결과는 같습니다.

cpp, h 파일 만들어보기

여기서는 앞에서 정의한 함수를 재사용하기 위한 환경을 만들어봅니다.

다음과 같은 순서로 진행합니다.

01 빈 스케치를 하나 생성합니다.

02 아두이노 소프트웨어 우측에 있는 [...]을 마우스 클릭한 후, [New Tab] 메뉴를 선택합니다.

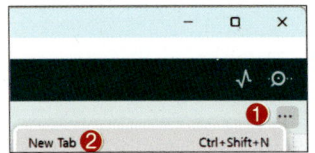

03 그러면 다음과 같은 창이 뜹니다. [my_digital_led_bar.h]라고 입력한 후, [OK] 버튼을 눌러줍니다.

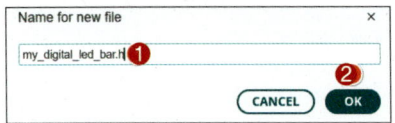

04 다음과 같이 my_digital_led_bar.h 파일이 추가된 것을 확인합니다.

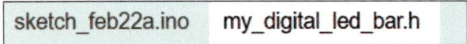

05 이번엔 cpp 파일을 추가해 봅니다. 2번과 같이 아두이노 소프트웨어 우측에 있는 [...]을 마우스 클릭한 후, [New Tab] 메뉴를 선택합니다.

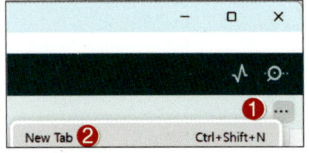

06 다음 창에서 [my_digital_led_bar.cpp]라고 입력한 후, [OK] 버튼을 눌러줍니다.

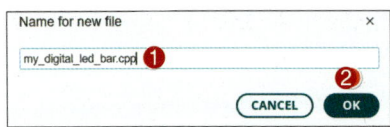

07 다음과 같이 my_digital_led_bar.cpp 파일이 추가된 것을 확인합니다.

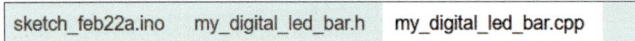

08 다음과 같이 leds.h 파일을 작성합니다.

my_digital_led_bar.h

```
01 #ifndef __MY_DIGITAL_LED_BAR_H__
02 #define __MY_DIGITAL_LED_BAR_H__
03
04 void init_digital_led_bar(int * ledp, int led_cnt);
05 void display_digital_led_bar(int sensorInput,int * ledp, int led_cnt);
06
07 #endif//__MY_DIGITAL_LED_BAR_H__
```

09 다음과 같이 leds.cpp 파일을 작성합니다.

my_digital_led_bar.cpp

```
01 #include "Arduino.h"
02
03 void init_digital_led_bar(int * ledp, int led_cnt) {
04     for(int x=0;x<led_cnt;x++) {
05         pinMode(ledp[x], OUTPUT);
06     }
07 }
08
09 void display_digital_led_bar(int sensorInput,int * ledp, int led_cnt) {
10     for(int n=0;n<led_cnt;n++) {
11
12         if(sensorInput > 1024/7*(1+n))
13             digitalWrite(ledp[n], HIGH);
14         else digitalWrite(ledp[n], LOW);
15
16     }
17 }
```

10 다음과 같이 아두이노 스케치를 작성합니다.

335_6.ino

```
01 #include "my_digital_led_bar.h"
02
03 int led[6] = { 3, 5, 6, 9, 10, 11 };
04 int led_cnt=sizeof(led)/sizeof(led[0]);
05 int analogPin = A0;
06
07 void setup() {
08     init_digital_led_bar(led,led_cnt);
09 }
10
11 void loop() {
12     int sensorInput = analogRead(analogPin);
13
14     display_digital_led_bar(sensorInput,led,led_cnt);
15 }
```

11 컴파일과 업로드를 수행한 후, 결과를 확인합니다. 이전과 결과는 같습니다.

mydigitalledbar 라이브러리 만들기

이제 다른 스케치에서도 사용할 수 있도록 앞에서 작성한 my_digital_led_bar.h, my_digital_led_bar.cpp 파일을 라이브러리화 합니다. 아두이노에서 라이브러리를 만드는 것은 쉽습니다. 다음과 같은 순서로 진행합니다.

01 다음 디렉터리로 이동합니다.

02 다음과 같이 myleds 디렉터리를 만듭니다.

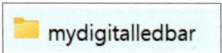

03 앞에서 작성했던 leds.cpp, leds.h 파일을 myleds 디렉터리로 복사해 줍니다.

- my_digital_led_bar.h
- my_digital_led_bar.cpp

04 아두이노 소프트웨어를 종료한 후, 다시 시작합니다.

05 새로운 스케치를 생성한 후, 다음과 같이 앞에서 작성한 예제를 복사합니다.

335_7.ino

```
01  #include "my_digital_led_bar.h"
02
03  int led[6] = { 3, 5, 6, 9, 10, 11 };
04  int led_cnt=sizeof(led)/sizeof(led[0]);
05  int analogPin = A0;
06
07  void setup() {
08          init_digital_led_bar(led,led_cnt);
09  }
10
11  void loop() {
12          int sensorInput = analogRead(analogPin);
13
14          display_digital_led_bar(sensorInput,led,led_cnt);
15  }
```

06 컴파일과 업로드를 수행한 후, 결과를 확인합니다. 이전과 결과는 같습니다.

이상에서 my_digital_led_bar 라이브러리를 추가해봤습니다. 이제 my_digital_led_bar 라이브러리는 다른 스케치에서도 사용할 수 있습니다.

03_6 아날로그 LED 막대 측정기

여기서는 6 개의 LED를 일렬로 구성한 후, 가변 저항을 회전한 만큼 LED가 차례대로 밝아지도록 합니다. 가변 저항의 입력 값은 0~1023 사이의 값인데 이 구간을 6으로 나눕니다(이전 예제에서는 7로 나누었지만 여기서는 6으로 나눕니다). 그러면 171, 342, 513, 684, 855와 같이 5개의 경계점이 생깁니다. 다음과 같이 가변 저항의 입력 값이 0부터 시작해 각 경계점을 지날 때마다 LED가 하나씩 밝아지도록 합니다.

01 다음과 같이 회로를 구성합니다.

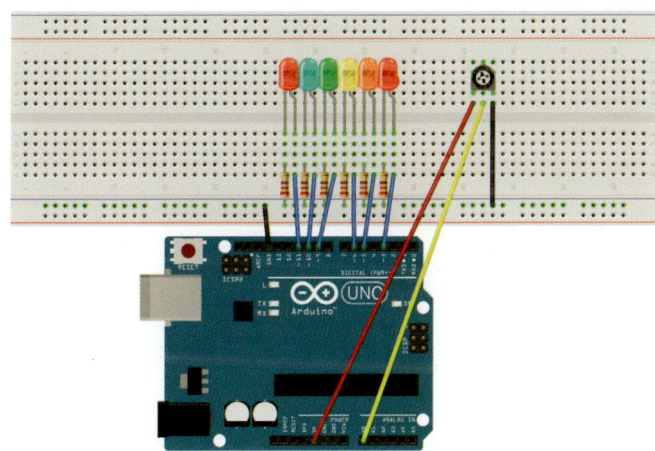
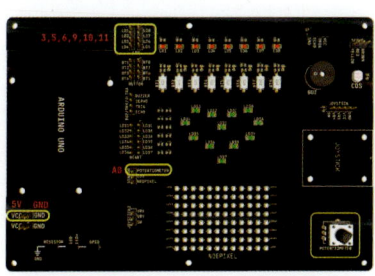

6 개의 LED를 그림과 같이 배치합니다. 각각의 LED의 음극은 저항을 통해 GND로 연결합니다. 6 개의 LED의 양극을 왼쪽부터 차례대로 아두이노 우노 보드의 3, 5, 6, 9, 10, 11 번 핀에 그림과 같이 전선으로 연결합니다. 가변 저항의 양쪽 끝 핀을 각각 5V, GND에 연결합니다. 가변 저항의 중앙

핀을 아두이노 우노 보드의 A0번 핀에 연결합니다. [통합 보드]의 경우 아두이노의 3, 5, 6, 9, 10, 11 번 핀을 LD1~LD6으로 연결합니다.

02 다음과 같이 예제를 작성합니다.

336_1.ino
```
1    int led[6] = { 3, 5, 6, 9, 10, 11 };
2    int analogPin = A0;
3
4    void setup() {
5
6    }
7
8    void loop() {
9     int sensorInput = analogRead(analogPin);
10
11    if(sensorInput/171>=1+0) // 171*1 이상이면
12         analogWrite(led[0], 255);
13    else if(sensorInput/171>=0+0) // 171*0 이상이면
14         analogWrite(led[0], int(sensorInput%171/171.0*255));
15
16    if(sensorInput/171>=1+1) // 171*2 이상이면
17         analogWrite(led[1], 255);
18    else if(sensorInput/171>=0+1) // 171*1 이상이면
19         analogWrite(led[1], int(sensorInput%171/171.0*255));
20
21    if(sensorInput/171>=1+2) // 171*3 이상이면
22         analogWrite(led[2], 255);
23    else if(sensorInput/171>=0+2) // 171*2 이상이면
24         analogWrite(led[2], int(sensorInput%171/171.0*255));
25
26    if(sensorInput/171>=1+3) // 171*4 이상이면
27         analogWrite(led[3], 255);
28    else if(sensorInput/171>=0+3) // 171*3 이상이면
29         analogWrite(led[3], int(sensorInput%171/171.0*255));
30
31    if(sensorInput/171>=1+4) // 171*5 이상이면
32         analogWrite(led[4], 255);
33    else if(sensorInput/171>=0+4) // 171*4 이상이면
34         analogWrite(led[4], int(sensorInput%171/171.0*255));
35
36    if(sensorInput/171>=1+5) // 171*6 이상이면
37         analogWrite(led[5], 255);
38    else if(sensorInput/171>=0+5) // 171*5 이상이면
39         analogWrite(led[5], int(sensorInput%171/171.0*255));
40    }
```

01 : 정수 배열 led를 선언한 후, 3, 5, 6, 9, 10, 11 번 핀을 할당합니다.
02 : analogPin 변수를 선언한 후, A0 번 핀을 할당합니다.
09 : analogRead 함수를 호출하여 analogPin 값을 sensorInput 변수로 읽습니다.
11 : sensorInput 값을 171로 나눈 값이 1 이상이면, 즉 sensorInput 값이 171 이상이면
12 : analogWrite 함수를 호출하여 led[0] 핀에 255 값을 주어 첫 번째 LED가 최대 밝기가 되도록 합니다.
13 : 그렇지 않고 sensorInput 값을 171로 나눈 값이 0 이상이면, 즉, sensorInput 값이 0보다 크고 171 이하이면
14 : analogWrite 함수를 호출하여 led[0] 핀에 sensorInput 값을 171로 나눈 나머지 값(0~170이하 값)을 171.0으로 나누어 0.0~1.0미만 값으로 만든 후, 255를 곱해 0.0~255.0미만의 실수 값으로 변경한 후, int 키워드를 이용해 0~255미만의 정수 값으로 만든 값을 씁니다.
16~39 : 나머지 LED에 대해서도 같은 방식으로 밝기를 조절합니다.

각 LED의 밝기를 조절하는 경계 값에 대해서는 다음 그림을 참조합니다.

03 컴파일과 업로드를 수행합니다.

04 결과를 확인합니다. 가변 저항을 돌려 6 개의 LED가 차례대로 밝아지는지 확인합니다.

for 문으로 일반화하기

앞의 예제는 여섯 개의 if~else if 문이 반복됩니다. 반복된 동작의 경우는 for 문을 이용하여 간단하게 표현할 수 있습니다. 여기서는 앞의 예제를 for 문을 이용하여 일반화해 봅니다.

01 다음과 같이 예제를 작성합니다.

336_2.ino
```
01      int led[6] = { 3, 5, 6, 9, 10, 11 };
02      int analogPin = A0;
03
04      void setup() {
05
06      }
07
08      void loop() {
09       int sensorInput = analogRead(analogPin);
10
11       for(int n=0;n<6;n++) {
12
```

```
13              if(sensorInput/171)>=1+n) // 171*(1+n) 이상이면
14                  analogWrite(led[n], 255);
15              else if(sensorInput/171)>=0+n) // 171*(0+n) 이상이면
16                  analogWrite(led[n], int(sensorInput%171/171.0*255));
17
18          }
19      }
```

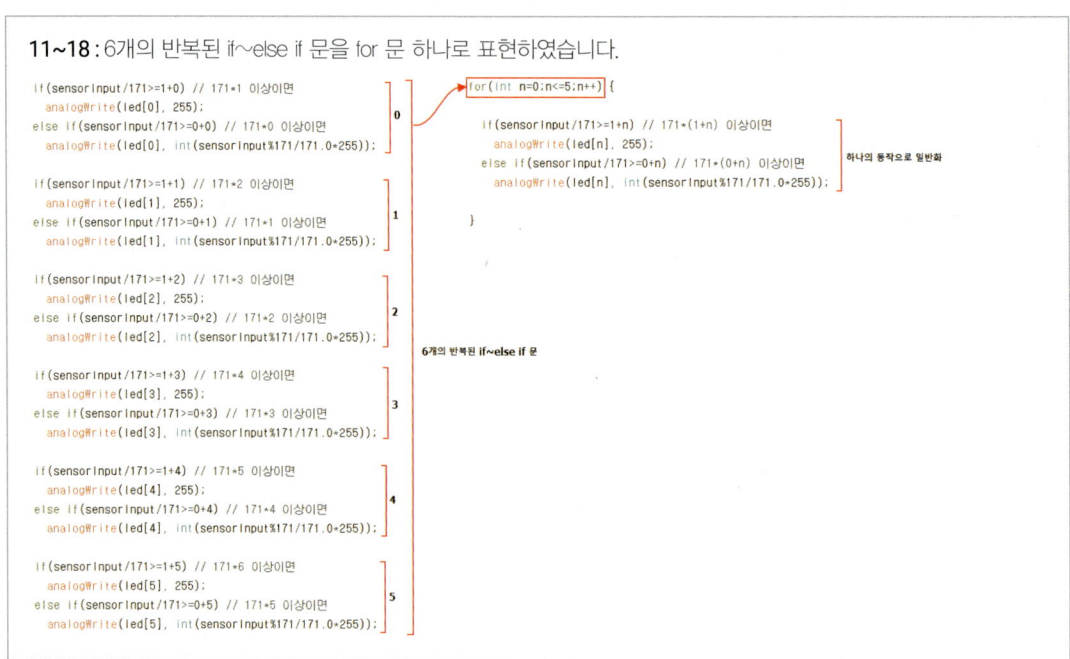

02 컴파일과 업로드를 수행합니다.

03 결과를 확인합니다.

이전 예제와 같이 테스트합니다. 가변 저항을 돌려 6 개의 LED가 차례대로 밝아지는지 확인합니다.

함수로 정리하기

여기서는 앞의 예제를 함수로 정리해 봅니다. 함수로 정리하면 소스에 대한 가독성이 높아지며, 재사용이 가능해집니다. 가독성이 높아진다는 건 소스에서 어떤 일을 하는지 좀 더 알아보기 쉽다는 뜻입니다.

01 다음과 같이 예제를 수정합니다.

336_3.ino
```
01 int led[6] = { 3, 5, 6, 9, 10, 11 };
02 int analogPin = A0;
03
04 void display_analog_led_bar(int sensorInput) {
05
06      for(int n=0;n<6;n++) {
07
08              if(sensorInput/171>=1+n) // 171*(1+n) 이상이면
09                      analogWrite(led[n], 255);
10              else if(sensorInput/171>=0+n) // 171*(0+n) 이상이면
11                      analogWrite(led[n], int(sensorInput%171/171.0*255));
12
13      }
14
15 }
16
17 void setup() {
18
19 }
20
21 void loop() {
22      int sensorInput = analogRead(analogPin);
23
24      display_analog_led_bar(sensorInput);
25 }
```

02 컴파일과 업로드를 수행합니다.

03 결과를 확인합니다. 이전과 결과는 같습니다.

함수에 배열 넘기기

여기서는 함수에 인자로 배열을 넘겨봅니다.

01 다음과 같이 예제를 수정합니다.

336_4.ino
```
01 int led[6] = { 3, 5, 6, 9, 10, 11 };
02 int analogPin = A0;
03
04 void display_analog_led_bar(int sensorInput, int ledp[], int led_cnt) {
```

```
05
06
07         for(int n=0;n<led_cnt;n++) {
08
09                 if(sensorInput/171>=1+n) // 171*(1+n) 이상이면
10                         analogWrite(ledp[n], 255);
11                 else if(sensorInput/171>=0+n) // 171*(0+n) 이상이면
12                         analogWrite(ledp[n], int(sensorInput%171/171.0*255));
13
14         }
15
16 }
17
18 void setup() {
19
20 }
21
22 void loop() {
23         int sensorInput = analogRead(analogPin);
24
25         display_analog_led_bar(sensorInput,led,6);
26 }
```

02 컴파일과 업로드를 수행합니다.

03 결과를 확인합니다. 이전과 결과는 같습니다.

배열 매개변수 포인터로 변경하기

여기서는 함수의 배열을 받은 매개변수를 포인터로 변경해 봅니다.

01 다음과 같이 예제를 수정합니다.

336_5.ino

```
01 int led[6] = { 3, 5, 6, 9, 10, 11 };
02 int led_cnt=sizeof(led)/sizeof(led[0]);
03 int analogPin = A0;
04
05 void display_analog_led_bar(int sensorInput, int * ledp, int led_cnt) {
```

```
06
07
08          for(int n=0;n<led_cnt;n++) {
09
10                  if(sensorInput/171>=1+n) // 171*(1+n) 이상이면
11                          analogWrite(ledp[n], 255);
12                  else if(sensorInput/171>=0+n) // 171*(0+n) 이상이면
13                          analogWrite(ledp[n], int(sensorInput%171/171.0*255));
14
15          }
16
17 }
18
19 void setup() {
20
21 }
22
23 void loop() {
24          int sensorInput = analogRead(analogPin);
25
26          display_analog_led_bar(sensorInput,led,led_cnt);
27 }
```

02 컴파일과 업로드를 수행합니다.

03 결과를 확인합니다. 이전과 결과는 같습니다.

cpp, h 파일 만들어보기

여기서는 앞에서 정의한 함수를 재사용하기 위한 환경을 만들어봅니다.

다음과 같은 순서로 진행합니다.

01 빈 스케치를 하나 생성합니다.

02 아두이노 소프트웨어 우측에 있는 [...]을 마우스 클릭한 후, [New Tab] 메뉴를 선택합니다.

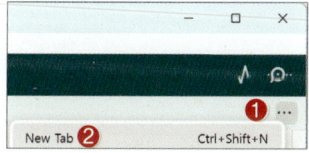

03 그러면 다음과 같은 창이 뜹니다. [my_analog_led_bar.h]라고 입력한 후, [OK] 버튼을 눌러줍니다.

04 다음과 같이 my_analog_led_bar.h 파일이 추가된 것을 확인합니다.

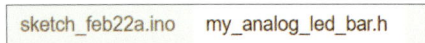

05 이번엔 cpp 파일을 추가해 봅니다. 2번과 같이 아두이노 소프트웨어 우측에 있는 [...]을 마우스 클릭한 후, [New Tab] 메뉴를 선택합니다.

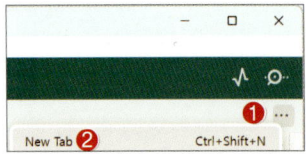

06 다음 창에서 [my_analog_led_bar.cpp]라고 입력한 후, [OK] 버튼을 눌러줍니다.

07 다음과 같이 my_analog_led_bar.cpp 파일이 추가된 것을 확인합니다.

sketch_feb22a.ino my_analog_led_bar.h my_analog_led_bar.cpp

08 다음과 같이 my_analog_led_bar.h 파일을 작성합니다.

```
my_analog_led_bar.h

01 #ifndef __MY_ANALOG_LED_BAR_H__
02 #define __MY_ANALOG_LED_BAR_H__
03
04 void display_analog_led_bar(int sensorInput, int * ledp, int led_cnt);
05
06 #endif//__MY_ANALOG_LED_BAR_H__
```

09 다음과 같이 my_analog_led_bar.cpp 파일을 작성합니다.

my_analog_led_bar.cpp
```cpp
01 #include "Arduino.h"
02
03 void display_analog_led_bar(int sensorInput, int * ledp, int led_cnt) {
04
05     for(int n=0;n<led_cnt;n++) {
06
07         if(sensorInput/171>=1+n) // 171*(1+n) 이상이면
08             analogWrite(ledp[n], 255);
09         else if(sensorInput/171>=0+n) // 171*(0+n) 이상이면
10             analogWrite(ledp[n], int(sensorInput%171/171.0*255));
11
12     }
13
14 }
```

10 다음과 같이 아두이노 스케치를 작성합니다.

336_6.ino
```cpp
01 #include "my_analog_led_bar.h"
02
03 int led[6] = { 3, 5, 6, 9, 10, 11 };
04 int led_cnt=sizeof(led)/sizeof(led[0]);
05 int analogPin = A0;
06
07 void setup() {
08
09 }
10
11 void loop() {
12     int sensorInput = analogRead(analogPin);
13
14     display_analog_led_bar(sensorInput,led,led_cnt);
15 }
```

11 컴파일과 업로드를 수행합니다.

12 결과를 확인합니다. 이전과 결과는 같습니다.

myanalogledbar 라이브러리 만들기

이제 다른 스케치에서도 사용할 수 있도록 앞에서 작성한 my_analog_led_bar.h, my_analog_led_bar.cpp 파일을 라이브러리화 합니다. 아두이노에서 라이브러리를 만드는 것은 쉽습니다. 다음과 같은 순서로 진행합니다.

01 다음 디렉터리로 이동합니다.

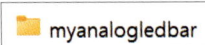

02 다음과 같이 myanalogledbar 디렉터리를 만듭니다.

📁 myanalogledbar

03 앞에서 작성했던 my_analog_led_bar.cpp, my_analog_led_bar.h 파일을 myanalogledbar 디렉터리로 복사해 줍니다.

📄 my_analog_led_bar.cpp
📄 my_analog_led_bar.h

04 아두이노 소프트웨어를 종료한 후, 다시 시작합니다.

05 새로운 스케치를 생성한 후, 다음과 같이 앞에서 작성한 예제를 복사합니다.

```
336_7.ino
01 #include "my_analog_led_bar.h"
02
03 int led[6] = { 3, 5, 6, 9, 10, 11 };
04 int led_cnt=sizeof(led)/sizeof(led[0]);
05 int analogPin = A0;
06
07 void setup() {
08
09 }
10
11 void loop() {
12     int sensorInput = analogRead(analogPin);
13
14     display_analog_led_bar(sensorInput,led,led_cnt);
15 }
```

06 컴파일과 업로드를 수행합니다.

07 결과를 확인합니다. 이전과 결과는 같습니다.

이상에서 myanalogledbar 라이브러리를 추가해봤습니다. 이제 myanalogledbar 라이브러리는 다른 스케치에서도 사용할 수 있습니다.

03_7 빛 센서 살펴보기

빛 센서의 모양은 다음과 같습니다.

빛 센서는 두 개의 핀을 갖고, 극성은 없습니다.

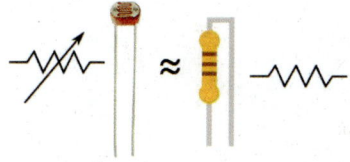

빛 센서는 빛의 양에 따라 값이 변하는 가변저항과 같습니다.
빛 센서의 회로는 일반적으로 다음과 같이 구성합니다.

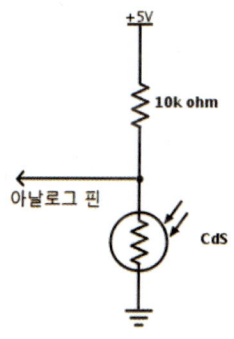

10KΩ 저항과 직렬로 연결합니다. 빛 센서로 입력되는 빛의 양에 따라 저항 값이 달라집니다. 빛의 양이 적을수록, 즉 어두울수록 저항 값은 높아지고, 빛의 양이 많을수록 저항 값은 낮아집니다.

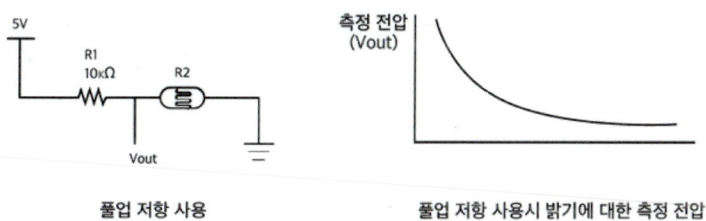

풀업 저항 사용   풀업 저항 사용시 밝기에 대한 측정 전압

03_8 빛 센서 회로 구성하기

다음과 같이 회로를 구성합니다.

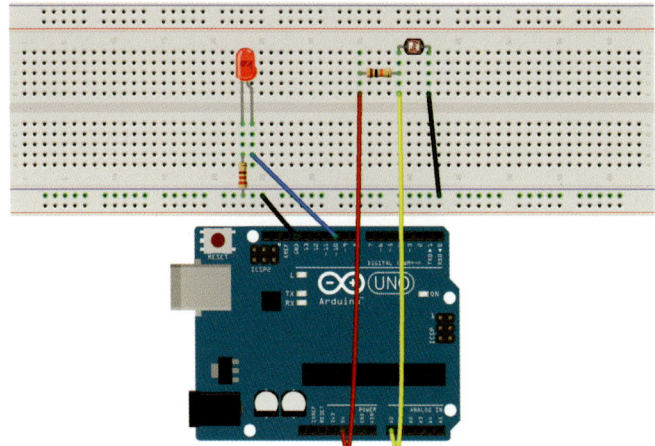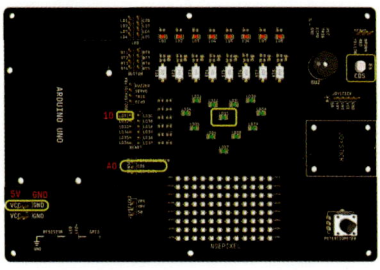

빛 센서의 한쪽 끝을 10K Ohm 저항과 연결합니다. 빛 센서의 다른 쪽 끝은 GND에 연결합니다. 저항의 다른 쪽 끝은 5V에 연결합니다. 빛 센서와 가변 저항이 만나는 부분을 아두이노의 A0 핀에 연결합니다. [통합 보드]의 경우 A0 핀을 CDS 핀에 연결합니다. 아두이노의 10번 핀은 LD31 번 핀에 연결합니다.

03_9 빛 센서 값 읽어보기

여기서는 빛 센서를 빛에 노출시키거나 가려가면서 빛 센서의 값을 읽어보도록 합니다.

01 이전에 작성한 다음 예제를 이용하여 테스트를 수행합니다.

```
339.ino
01 int analogPin = A0;
02
03 void setup() {
04     Serial.begin(115200);
05 }
06
07 void loop() {
08     int analogValue = analogRead(analogPin);
09     Serial.println(analogValue);
10     delay(100);
11 }
```

02 컴파일과 업로드를 수행한 후 [시리얼 모니터] 버튼을 눌러줍니다. 시리얼 모니터 창이 뜨면, 우측 하단에서 통신 속도를 115200으로 맞춰줍니다.

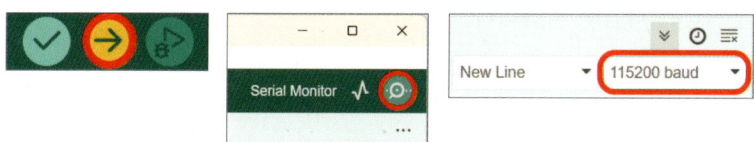

03 결과를 확인합니다. 빛 센서를 빛에 노출시키거나 빛으로부터 가려가면서 값이 변하는 것을 확인합니다. 밝아질수록 값이 적게 나오는 것을 확인합니다.

```
140
138
137
136
137
138
```

03_10 빛 센서 값에 따라 LED 밝기 조절하기

여기서는 빛 센서 값에 따라 LED의 밝기를 조절하는 예제를 수행해 보도록 합니다.

01 이전에 작성한 다음 예제를 이용하여 테스트를 수행합니다.

```
3310.ino
1    int ledPin = 10;
2    int analogPin = A0;
3
4    void setup() {
5
6    }
7
8    void loop() {
9     int sensorInput = analogRead(analogPin);
10     analogWrite(ledPin, sensorInput/4);
11    }
```

02 컴파일과 업로드를 수행합니다.

03 결과를 확인합니다. 빛 센서를 빛에 노출시키거나 빛으로부터 가려가면서 값이 변하는 것을 확인합니다.

03_11 조이스틱 살펴보기

이 책에서 사용하는 조이스틱의 모양은 다음과 같습니다.

조이스틱은 손잡이를 이용하여 전후좌우, 대각선 방향을 포함한 모든 방향의 움직임을 감지할 수 있는 기구입니다. 조이 스틱은 2 개의 가변 저항과 1 개의 푸시 버튼으로 구성됩니다. 2 개의 가변 저항은 어떤 방향으로 가변 저항이 눌렸는지를 나타냅니다. 스위치는 조이스틱 손잡이가 눌렸을 때 LOW 값을 보냅니다.

조이스틱 핀 살펴보기

조이스틱은 아두이노와 5개의 핀으로 연결됩니다. 3 핀은 아두이노로의 입력 핀이며, 나머지 2 핀은 VCC와 GND로 연결됩니다.

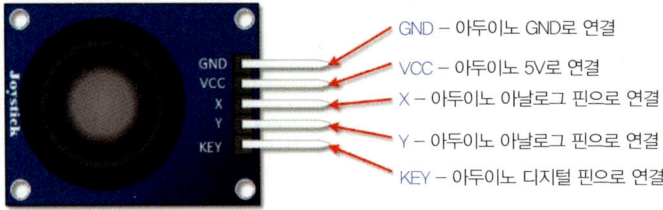

조이스틱의 구조

조이스틱의 구조는 아래 그림과 같습니다. 조이스틱을 양 방향으로 끝까지 움직이면 가변저항은 VCC 또는 GND에 해당하는 출력 전압을 제공합니다.

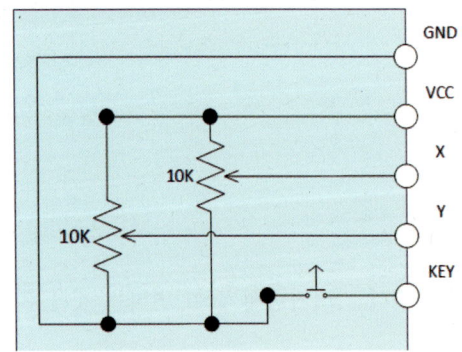

조이스틱 출력 방향

조이스틱의 손잡이로 제어하기 위해 여러분은 어떤 방향이 X이고 어떤 방향이 Y인지를 이해해야합니다. 그리고 여러분은 조이스틱 손잡이가 X 방향으로 움직이는지 Y 방향으로 움직이는지를 알고 있어야 합니다. 여기서 우리는 아날로그 입력을 사용하여 조이스틱 손잡이의 위치를 측정합니다. 아날로그 입력은 0~1023 사이의 범위 값을 제공합니다. 아래 그림은 X, Y 방향을 보여줍니다. 그리고 조이스틱의 손잡이가 여러 방향으로 움직일 때 어떤 출력 값들이 나올지 보여줍니다.

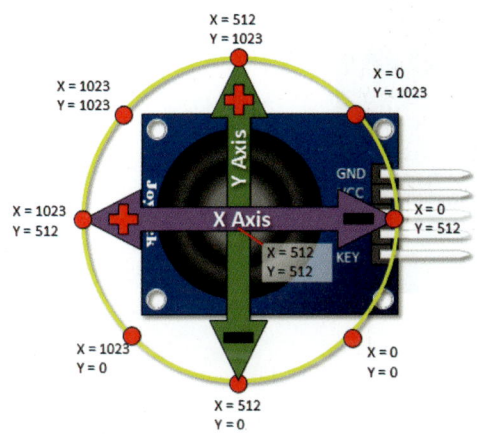

통합 보드 연결하기

통합 보드의 경우 조이스틱을 다음과 같이 연결합니다.

아두이노와의 연결

다음은 조이스틱을 아두이노와 연결한 그림입니다. 푸시 버튼과 디지털 입력 사이에 풀업 저항을 꼭 연결하도록 합니다.

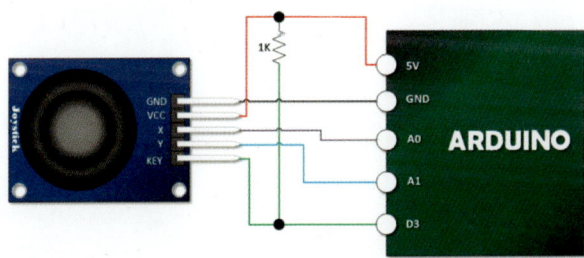

통합 보드의 경우 다음과 같이 연결합니다.

아두이노의 A0, A1, 3번 핀을 각각 VRX, VRY, SW 핀에 연결합니다.

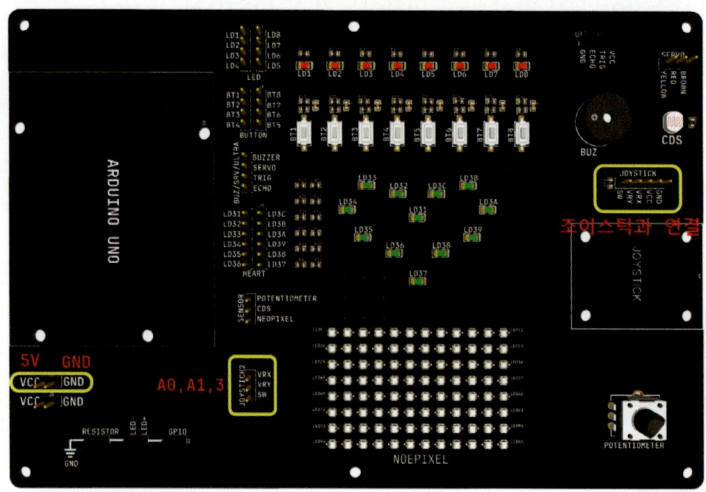

03_12 조이스틱 입력 받아보기

이제 조이스틱 입력을 받아봅니다.

01 다음과 같이 예제를 작성합니다.

```
3312.ino
01 int Xin= A0; // 조이스틱 X 좌표 입력 핀
02 int Yin = A1; // 조이스틱 Y 좌표 입력 핀
03 int KEYin = 3; // 조이스틱 푸시버튼 입력 핀
04
05 void setup () {
06      Serial.begin (115200);
07      pinMode (KEYin, INPUT);
08 }
09
10 void loop () {
11      int xVal = analogRead (Xin);
12      int yVal = analogRead (Yin);
13      int buttonVal = digitalRead (KEYin);
14
15      Serial.print(" X = ");
16      Serial.println (xVal, DEC);
17
18      Serial.print (" Y = ");
```

```
19        Serial.println (yVal, DEC);
20
21        Serial.print(" Button is ");
22              if (buttonVal == HIGH) {
23        Serial.println (" not pressed ");
24        } else {
25              Serial.println (" PRESSED ");
26        }
27 }
```

01	: Xin 정수 변수를 선언한 후, A0 핀을 할당합니다. 조이스틱의 X 좌표를 입력받습니다.
02	: Yin 정수 변수를 선언한 후, A1 핀을 할당합니다. 조이스틱의 Y 좌표를 입력받습니다.
03	: KEYin 정수 변수를 선언한 후, 3 핀을 할당합니다. 조이스틱의 버튼을 입력받습니다.
06	: pinMode 함수를 호출해 KEYin 핀을 입력으로 설정합니다.
07	: Serial.begin 함수를 호출하여 시리얼 통신 속도를 115200으로 설정합니다.
11	: analogRead 함수를 호출하여 Xin 핀 값을 읽어 xVal 정수 변수에 할당합니다. analogRead 함수를 통해 읽는 값은 0~1023 사이의 값입니다.
12	: analogRead 함수를 호출하여 Yin 핀 값을 읽어 yVal 정수 변수에 할당합니다.
13	: digitalRead 함수를 호출하여 KEYin 핀 값을 읽어 buttonVal 정수 변수에 할당합니다.
16	: Serial.println 함수를 호출하여 xVal의 값을 10진수로 출력합니다.
19	: Serial.println 함수를 호출하여 yVal의 값을 10진수로 출력합니다.
21~26	: 버튼이 눌렸는지 여부를 출력합니다.

02 컴파일과 업로드를 수행한 후 [시리얼 모니터] 버튼을 눌러줍니다. 시리얼 모니터 창이 뜨면, 우측 하단에서 통신 속도를 115200으로 맞춰줍니다.

 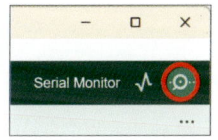 

03 결과를 확인합니다.

```
X = 504
Y = 505
Button is not pressed
X = 504
Y = 505
Button is not pressed
X = 504
Y = 505
Button is not pressed
```

조이스틱을 상하좌우로 움직이면서 X, Y 값이 변하는 것을 확인합니다. 조이스틱을 눌러 버튼이 눌리는 것을 확인합니다.

03_13 구조체로 관련된 변수 묶기

이전 예제에서 조이스틱을 제어하기 위해 Xin, Yin, KEYin 세 개의 변수를 이용하여 핀 값을 할당 하였습니다. 이처럼 조이스틱을 제어하기 위해 꼭 필요한 변수가 여러 개일 때, 이러한 변수들을 하 나로 묶어서 관리하면 편리합니다. C 언어에서는 이러한 변수들을 하나의 덩어리로 묶어 관리할 수 있도록 구조체를 제공합니다. 구조체를 이용해 하위 변수들을 묶어 만든 변수를 복합 변수, 상위 변 수, 또는 파생 변수라고 합니다. 여기서는 조이스틱을 제어하기 위해 필요한 변수들을 구조체로 묶 어 복합 변수를 만들어 활용해 봅니다.

01 다음과 같이 예제를 작성합니다.

3313.ino

```
01 typedef struct _MyJoystick {
02     int Xin;
03     int Yin;
04     int KEYin;
05 } MyJoystick;
06
07 MyJoystick myJoystick = {
08     .Xin=A0,
09     .Yin=A1,
10     .KEYin=3
11 };
12
13 void init(MyJoystick& rMyJoystick) {
14     pinMode(rMyJoystick.KEYin, INPUT);
15 }
16
17 void read(MyJoystick& rMyJoystick, int& rxVal, int& ryVal, int& rbVal) {
18     rxVal = analogRead (rMyJoystick.Xin);
19     ryVal = analogRead (rMyJoystick.Yin);
20     rbVal = digitalRead (rMyJoystick.KEYin);
21 }
22
23 void setup () {
24     Serial.begin (115200);
25     init(myJoystick);
26 }
27
28 void loop () {
29     int xVal, yVal, buttonVal;
30     read(myJoystick, xVal, yVal, buttonVal);
31
32     Serial.print(" X = ");
33     Serial.println (xVal, DEC);
34
35     Serial.print (" Y = ");
36     Serial.println (yVal, DEC);
```

```
37
38          Serial.print(" Button is ");
39               if (buttonVal == HIGH) {
40          Serial.println (" not pressed ");
41          } else {
42               Serial.println (" PRESSED ");
43          }
44     }
```

01~05 : _MyJoystick이라는 이름의 구조체 변수를 정의합니다. 구조체를 구성하는 변수는 Xin, Yin, KEYin 변수가 됩니다. 뒤에 오는 MyJoystick은 _MyJoystick 구조체 타입의 변수라는 의미이지만 typedef에 의해 변수가 아닌 사용자가 정의한 새로운 타입의 이름으로 사용됩니다. typedef는 사용자 정의 타입을 가능하게 해주는 C의 키워드입니다. int나 double처럼 MyJoystick도 타입이 됩니다.

07~11 : MyJoystick 타입의 변수 myJoystick을 선언한 후, myJoystick 구조체 변수 내에 있는 Xin, Yin, KEYin 값을 각각 아두이노의 A0, A1, 3 번 핀으로 초기화합니다.

13~15 : 조이스틱을 초기화하는 init 함수를 정의합니다.

13 : 매개변수 자리에 오는 rMyJoystick은 MyJoystick의 주소값을 받습니다. 25 번째 줄에서 init 함수를 호출하면서, myJoystick을 인자로 주는데, 이 과정에서 컴파일러는 다음과 같은 형태로 코드를 해석합니다.

> MyJoystick& rMyJoystick=myJoystick;

이 과정에서 rMyJoystick은 myJoystick의 주소값을 받게 됩니다. MyJoystick의 뒤에 오는 &는 C++에서 추가한 참조형으로 "하나짜리 주소 상수형"이라는 의미를 갖습니다. 그래서, MyJoystick& rMyJoystick에서 rMyJoystick은 MyJoystick 하나짜리 주소 상수가 됩니다. 상수는 값을 바꿀 수 없다는 뜻입니다. 참조형에서 참조는 주소 상수를 의미하며, 한 번 주소를 받게 되면 바꿀 수 없기 때문에, 원래 변수의 별명(alias) 상수라고도 합니다. 즉, 참조는 별명 상수입니다. 구조체는 25번 줄과 같이 인자로 주고, 13번 줄과 같이 받도록 합니다. 참고로 배열을 함수로 넘길 때는 포인터로 받고, 구조체 하나를 함수로 넘길 때는 참조자로 받으면 됩니다.

14 : rMyJoystick의 KEYin 핀에 대해 입력으로 설정합니다. 참조형의 멤버변수를 접근할 때는 점(.)을 이용하며 "~의"라는 의미를 갖습니다.

17~21 : 조이스틱 값을 읽는 read 함수를 정의합니다.

17 : 매개변수 자리에는 MyJoystick 주소 상수와 3개의 int 주소 상수가 옵니다. int&는 정수 변수형 참조형으로 정수변수의 주소 상수형이라는 의미입니다. 30 번째 줄에서 read 함수를 호출하면서, 두 번째 인자로 xVal을 주는데, 이 과정에서 컴파일러는 다음과 같은 형태로 코드를 해석합니다.

> int& rxVal = xVal;

이 과정에서 rxVal은 xVal의 주소값을 받게 됩니다. 그래서 rxVal은 xVal의 별명이 됩니다. int 하나짜리 주소를 넘길 때는 30번 줄과 같이 인자로 주고, 17번 줄과 같이 받도록 합니다. int 하나짜리 주소를 함수로 넘기는 경우는 매개변수 자리에 있는 참조자를 통해 원래 변수로 값을 읽어올 필요가 있을 때입니다.

18 : rxVal로 rMyJoystick.Xin 핀의 아날로그 값을 읽어옵니다. rxVal이 xVal의 별명일 경우엔 읽어온 값은 실제로 xVal에 저장됩니다.

02 컴파일과 업로드를 수행한 후 [시리얼 모니터] 버튼을 눌러줍니다. 시리얼 모니터 창이 뜨면, 우측 하단에서 통신 속도를 115200으로 맞춰줍니다.

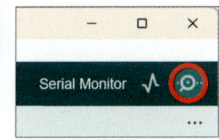
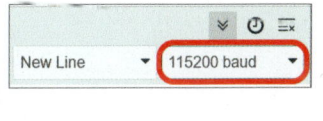

03 결과를 확인합니다. 이전과 결과는 같습니다.

Special Page

C/C++ 코너 : 구조체 살펴보기

앞에서 우리는 MyJoystick 구조체를 정의하고 사용해 보았습니다. C에서 구조체는 하위 변수를 묶어 상위 개념의 변수를 만드는 방법을 제공합니다. 여기서는 C의 구조체에 대해서 자세히 살펴봅니다.

❶ 구조체란 무엇인가?

구조체는 여러 데이터를 하나로 묶어주는 데이터 구조입니다. 예를 들어, 커피 주문을 받을 때 주문자의 이름, 주문한 음료, 가격 같은 정보를 하나로 묶는 역할을 합니다.

❷ 구조체 사용 예

아두이노에서 LED와 버튼을 사용할 때, 각각의 핀 번호, 상태를 저장하는 구조체를 만들어봅니다.

```
01 struct LED {
02     int pin; // LED 핀 번호
03     bool state; // LED의 현재 상태 (켜짐/꺼짐)
04 };
05
06 struct Button {
07     int pin; // 버튼 핀 번호
08     bool pressed; // 버튼 눌림 상태
09 };
```

각각 LED 구조체와 Button 구조체를 정의하고 있습니다. LED 구조체는 정수형 pin과 부울형 state 변수로 구성됩니다. Button 구조체는 정수형 pin과 부울형 pressed 변수로 구성됩니다. bool 형은 true, false 값을 갖는 자료형입니다.

❸ typedef로 구조체 간단히 사용하기

C에서는 구조체를 사용할 때 struct라는 키워드를 항상 써야 합니다. 하지만 typedef를 사용하면 더 간단히 이름을 줄여 쓸 수 있습니다. 다음은 typedef를 사용하여 LED 변수형과 Button 변수형을 정의하고 있습니다.

```
01 typedef struct {
02      int pin;
03      bool state;
04 } LED;
05
06 typedef struct {
07      int pin;
08      bool pressed;
09 } Button;
```

이렇게 하면, 이후에 구조체를 선언할 때 struct를 생략하고 LED나 Button으로 바로 사용할 수 있습니다. typedef가 없을 경우 LED와 Button은 구조체 변수가 됩니다. typedef를 사용하게 되면 LED와 Button은 사용자 정의 타입이 됩니다. 예를 들어, int 형과 같은 타입명으로 사용할 수 있습니다.

❹ 아두이노에서의 실제 사용

다음은 구조체와 typedef를 실제 코드로 활용하는 예제입니다.

```
01 typedef struct {
02      int pin;
03      bool state;
04 } LED;
05
06 typedef struct {
07      int pin;
08      bool pressed;
09 } Button;
10
11 // 구조체 변수 선언
12 LED led1 = {13, false};
13 Button button1 = {7, false};
14
15 void setup() {
16      pinMode(led1.pin, OUTPUT); // LED 핀 설정
17      pinMode(button1.pin, INPUT); // 버튼 핀 설정
18 }
19 void loop() {
20      // 버튼 상태 읽기
21      button1.pressed = digitalRead(button1.pin);
22
23      // 버튼이 눌리면 LED 켜기
24      if (button1.pressed) {
25              led1.state = true;
26              digitalWrite(led1.pin, HIGH);
27      } else {
28              led1.state = false;
29              digitalWrite(led1.pin, LOW);
30      }
31 }
```

Special Page

C/C++ 코너 : 포인터와 참조자 살펴보기

앞에서 우리는 구조체와 int를 참조자(&)를 통해 함수로 넘기는 예제를 수행해 보았습니다. 일반적으로 배열을 함수로 넘길 때는 포인터를 사용합니다. 포인터는 주소 변수로 배열을 함수로 넘길 때 함수의 매개변수 자리에서 배열의 시작 주소를 받는 역할을 합니다. 구조체의 경우도 포인터를 통해 함수로 넘길 수는 있지만 포인터는 배열을 전제하기 때문에 구조체 배열이 아닌 단독 구조체를 함수로 넘길 경우엔 포인터보다는 참조자를 통해 넘기는 것이 적당합니다. 참조자는 클래스 객체 하나를 함수로 넘기기 위해 만들어졌으며, 구조체의 경우도 사용할 수 있습니다. 또, int, double과 같은 변수도 배열이 아닌 단독 변수 형태로 인자로 넘겨 함수 내부로부터 값을 받아오고자 할 경우엔 참조자를 사용할 수 있습니다. 여기서는 포인터와 참조자에 대해서 자세히 살펴봅니다.

❶ * (포인터와 접근 연산자)

*는 포인터를 선언하거나, 포인터가 가리키는 값에 접근(dereference)하는 데 사용됩니다. 먼저 포인터는 다른 변수의 주소를 저장하는 변수이며, 일반적으로 매개변수 자리나 함수의 반환자리에서 배열을 받습니다. 포인터는 *를 사용하여 선언합니다. 다음은 포인터를 선언하고 초기화하는 예입니다.

```
01 int x = 10;
02 int *ptr = &x;
```

> **02** : int *ptr에서 ptr은 int형 변수를 가리키는 포인터입니다. &x는 x의 주소값이 됩니다. *은 주소 변수라는 의미이고, &는 주소 값을 의미합니다

다음으로 *는 포인터가 가리키는 메모리 주소의 값을 읽거나 수정할 때도 사용합니다. 이를 역참조(dereference)라고 하며, 주소를 통해 그 값에 접근하는 것을 말합니다. 그래서 접근 연산자라고 합니다. 다음은 *를 접근 연산자로 사용하는 예입니다.

```
01 void setup() {
02     Serial.begin(115200);
03     while(!Serial) {}
04
05     int x=10;
06     int *ptr=&x;
07
08     Serial.println(*ptr);
09     *ptr=20;
```

```
10        Serial.println(x);
11    }
12
13 void loop() {
14
15 }
```

> **06** : *ptr: ptr이 가리키는 주소의 값을 의미합니다.
> **09** : *ptr = 20: ptr이 가리키는 메모리 주소에 20을 저장하여 x의 값을 변경합니다.

❷ & (주소 연산자와 참조자)

&는 주소 연산자 또는 참조자로 사용됩니다. 주소 연산자는 포인터에 대응되는 연산자로 변수의 메모리 주소를 얻는 데 사용합니다. 참조자(reference)는 C++에서 추가된 기능으로 단독 객체 주소 상수를 선언하는 데 사용합니다. 참조자는 일반적으로 매개변수 자리나 리턴 자리에서 객체의 주소 값을 받는데 사용합니다. 다음은 주소 연산자를 이용하여 변수의 메모리 주소를 포인터로 넘기는 예입니다.

```
01 void setup() {
02      Serial.begin(115200);
03      while(!Serial) {}
04
05      int x=10;
06      int *ptr=&x;
07
08      Serial.println((int)ptr); // ptr의 값 출력
09      Serial.println((int)&x); //x의 주소 출력
10 }
11
12 void loop() {
13
14 }
```

참조자는 다른 변수의 별칭(alias)으로 사용됩니다. 참조자는 초기화 시 반드시 다른 변수에 연결되어야 하며, 이후 변경할 수 없습니다. 좀 더 구체적으로 말하면, 참조자는 함수 호출시 인자로 넘어오는 객체나 변수의 주소값으로 초기화되며, 초기화된 후에는 변경할 수 없습니다. 다음은 참조차를 사용하는 예입니다.

```
01 void setup() {
02      Serial.begin(115200);
03      while(!Serial) {}
04
05      int x=10;
06      int &ref=x; // ref는 x의 별칭
07
08      ref=20; // x의 값을 20으로 변경
09
10      Serial.println(x); // 출력: 20
11 }
12
13 void loop() {
14
15 }
```

06 : ref는 x의 참조자가 됩니다. ref는 내부적으로 x의 주소값을 갖고 있습니다.
08 : ref는 x의 별명(다른 이름)이므로, 실제로 x의 값을 변경합니다.

포인터는 함수 호출 시 배열을 주고받기 위한 용도로 만들어졌으며, 참조자는 함수 호출 시 클래스 객체를 주고받기 위한 용도로 만들어졌습니다. 이상 포인터와 참조자에 대해서 살펴보았습니다.

03_14 클래스로 관련된 변수와 함수 묶기

이전 예제에서 상위 개념의 변수를 만들기 위해서 구조체를 사용해 보았습니다. 여기서, init과 read 함수는 첫 번째 매개변수로 MyJoystick의 주소값을 받는 참조자(단독 주소 상수)였습니다. 이 두 개의 함수는 MyJoystick 관련 처리를 하는 MyJoystick 전용 함수입니다. C++에서는 이렇게 전용 함수를 복합 변수와 같이 묶는 개념을 제공하는데 이를 클래스라고 합니다. 클래스는 변수 함수 묶음의 새로운 개념입니다. 클래스의 모양에 따라 메모리상에 생성되고 초기화된 영역은 변수라고 하지 않고 객체라고 합니다. 객체는 변수와 함수를 묶은 개념이기 때문에 변수와는 다른 개념입니다. 구조체 변수라고 하는 것처럼 클래스 객체라고 합니다. 여기서는 조이스틱을 제어하기 위해 필요한 변수와 함수들을 클래스로 묶어 활용해 봅니다.

01 다음과 같이 예제를 작성합니다.

```
3314.ino
01  class MyJoystick {
02      int Xin;
03      int Yin;
04      int KEYin;
05
06  public:
07      MyJoystick(int pXin,int pYin,int pKEYin) {
08          Xin=pXin;
09          Yin=pYin;
10          KEYin=pKEYin;
11      }
12
13      void init() {
14          pinMode(KEYin, INPUT);
15      }
16
17      void read(int& rxVal, int& ryVal, int& rbVal) {
18          rxVal = analogRead (Xin);
19          ryVal = analogRead (Yin);
20          rbVal = digitalRead (KEYin);
21      }
22  };
23
24  MyJoystick myJoystick(A0,A1,3);
25
26  void setup () {
27      Serial.begin (115200);
28      myJoystick.init();
```

```
29  }
30
31  void loop () {
32      int xVal, yVal, buttonVal;
33      myJoystick.read(xVal, yVal, buttonVal);
34
35      Serial.print(" X = ");
36      Serial.println (xVal, DEC);
37
38      Serial.print (" Y = ");
39      Serial.println (yVal, DEC);
40
41      Serial.print(" Button is ");
42              if (buttonVal == HIGH) {
43      Serial.println (" not pressed ");
44      } else {
45              Serial.println (" PRESSED ");
46      }
47  }
```

01~22 : MyJoystick 클래스를 정의합니다. MyJoystick 클래스는 관련된 변수와 함수로 구성되는데, 변수는 Xin, Yin, KEYin이고, 함수는 MyJoystick, init, read 함수입니다. 24 줄에서 class를 이용하여 myJoystick 객체를 생성하고 있습니다. class의 모양에 따라 메모리상에 생성하는 것은 변수가 아니고 객체라고 합니다.

02~04 : Xin, Yin, KEYin 변수는 조이스틱 제어에 필요한 변수입니다.

6 : public은 클래스를 정의할 때 사용하는 키워드 중 하나로, public 이하에서 정의된 Myjoystick, init, read 함수는 객체 외부에서 접근해서 사용할 수 있습니다. 객체 외부에서 접근해서 사용한다는 것은 28, 33줄과 같이 사용한다는 의미입니다. 구조체의 멤버 변수를 접근하는 방식과 같습니다.

07~11 : MyJoystick 생성자 함수를 정의합니다. 생성자 함수는 클래스의 이름과 같은 모양의 함수이며, 반환형이 없습니다. 일반적으로 생성자는 객체의 멤버 변수를 초기화하는 역할을 합니다. MyJoystick 생성자는 클래스 내에 2~4 줄에서 정의된 변수를 매개변수로 넘어온 값으로 초기화합니다. MyJoystick 생성자는 24 줄에서 객체를 생성하면서 동시에 호출됩니다.

생성자 함수는 MyJoystick 클래스 내에 있기 때문에 객체의 멤버 변수가 바로 보입니다.

13~15 : init 함수를 정의합니다. init 함수는 MyJoystick 클래스 내에 있기 때문의 객체의 멤버 변수가 바로 보입니다.

17~21 : read 함수를 정의합니다. read 함수는 MyJoystick 클래스 내에 있기 때문의 객체의 멤버 변수가 바로 보입니다.

22 : 클래스 정의 마지막에는 반점(;)을 꼭 넣어주어야 합니다.

24 : MyJoystick 클래스 객체인 myJoystick을 생성합니다. 객체를 생성하면서, 7~11줄에 있는 생성자 함수를 호출해 myJoystick 객체의 멤버 변수를 초기화합니다.

28 : myJoystick 객체의 init 함수를 호출합니다. 이렇게 하면 13~15 줄에 정의된 init 함수에서 myJoystick 객체의 KEYin 변수를 접근할 수 있습니다.

33 : myJoystick 객체의 read 함수를 호출합니다. 이렇게 하면 17~21 줄에 정의된 read 함수에서 myJoystick 객체의 Xin, Yin, KEYin 변수를 접근할 수 있습니다.

02 컴파일과 업로드를 수행한 후 [시리얼 모니터] 버튼을 눌러줍니다. 시리얼 모니터 창이 뜨면, 우측 하단에서 통신 속도를 115200으로 맞춰줍니다.

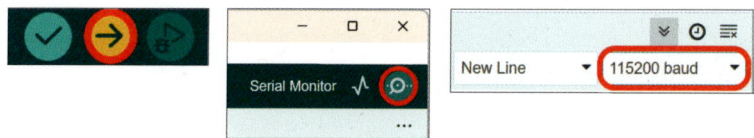

03 결과를 확인합니다. 이전과 결과는 같습니다.

03_15 생성자에서 하드웨어 초기화하기

class 생성자에서는 속성에 대한 초기화화 함께 관련된 하드웨어 초기화의 수행도 가능합니다. 다음 예제에서는 생성자에서 하드웨어를 초기화해 봅니다.

01 다음과 같이 예제를 작성합니다.

```
3315.ino
01 class MyJoystick {
02         int Xin;
03         int Yin;
04         int KEYin;
05
06 public:
07         MyJoystick(int pXin,int pYin,int pKEYin) {
08                 Xin=pXin;
09                 Yin=pYin;
10                 KEYin=pKEYin;
11
12                 pinMode(KEYin, INPUT);
13         }
14
15         void read(int& rxVal, int& ryVal, int& rbVal) {
16                 rxVal = analogRead (Xin);
17                 ryVal = analogRead (Yin);
18                 rbVal = digitalRead (KEYin);
19         }
20 };
21
22 MyJoystick myJoystick(A0,A1,3);
23
24 void setup () {
25         Serial.begin (115200);
```

```
26   }
27
28   void loop () {
29        int xVal, yVal, buttonVal;
30        myJoystick.read(xVal, yVal, buttonVal);
31
32        Serial.print(" X = ");
33        Serial.println (xVal, DEC);
34
35        Serial.print (" Y = ");
36        Serial.println (yVal, DEC);
37
38        Serial.print(" Button is ");
39             if (buttonVal == HIGH) {
40        Serial.println ("not pressed");
41        } else {
42             Serial.println (" PRESSED ");
43        }
44   }
```

12: pinMode 함수를 호출하여 KEYin 핀에 대해 입력으로 설정합니다. 이렇게 하면 init 함수를 정의하지 않아도 됩니다. 22줄에서 myJoystick 객체를 생성하면서 동시에 하드웨어 초기화를 수행할 수 있습니다.

02 컴파일과 업로드를 수행한 후 [시리얼 모니터] 버튼을 눌러줍니다. 시리얼 모니터 창이 뜨면, 우측 하단에서 통신 속도를 115200으로 맞춰줍니다.

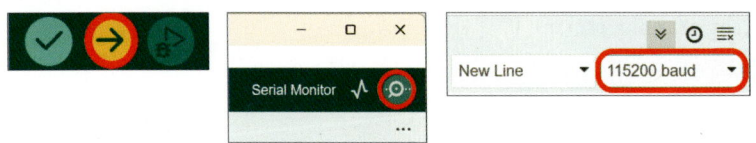

03 결과를 확인합니다. 이전과 결과는 같습니다.

03_16 MyJoystick 클래스 파일 생성하기

여기서는 앞에서 정의한 MyJoystick 클래스를 재사용하기 위한 환경을 만들어봅니다. 앞에서 정의한 MyJoystick 클래스를 재사용하기 위해서는 따로 파일을 만들어 MyJoystick 클래스 정의 부분을 옮겨 주어야 합니다. 일반적으로 C/C++ 파일은 두 개의 파일로 구성됩니다. 하나는 클래스 타입(모양)을 작성하는 h(헤더) 파일입니다. 클래스의 타입은 멤버 변수, 멤버 함수의 원형으로 구성됩니다. 또 다른 파일은 클래스의 멤버 함수가 정의되는 cpp 파일입니다. h 파일은 다른 파일에서 해당 클래스를 사용해야 할 때 #include로 포함시킬 때 사용합니다.

다음과 같은 순서로 진행합니다.

01 빈 스케치를 하나 생성합니다.

02 아두이노 소프트웨어 우측에 있는 […]을 마우스 클릭한 후, [New Tab] 메뉴를 선택합니다.

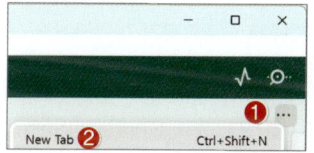

03 그러면 다음과 같은 창이 뜹니다. [myjoystick.h]라고 입력한 후, [OK] 버튼을 눌러줍니다.

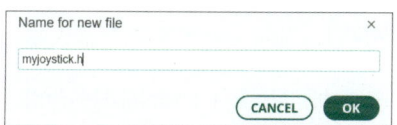

04 다음과 같이 leds.h 파일이 추가된 것을 확인합니다.

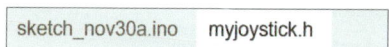

05 이번엔 cpp 파일을 추가해 봅니다. 2번과 같이 아두이노 소프트웨어 우측에 있는 […]을 마우스 클릭한 후, [New Tab] 메뉴를 선택합니다.

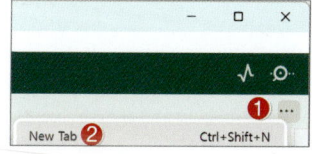

06 다음 창에서 [myjoystick.cpp]라고 입력한 후, [OK] 버튼을 눌러줍니다.

07 다음과 같이 myjoystick.cpp 파일이 추가된 것을 확인합니다.

sketch_nov30a.ino myjoystick.h myjoystick.cpp

08 다음과 같이 myjoystick.h 파일을 작성합니다.

myjoystick.h

```
01 #ifndef __MYJOYSTICK_H__
02 #define __MYJOYSTICK_H__
03
04 class MyJoystick {
05         int Xin;
06         int Yin;
07         int KEYin;
08 public:
09         MyJoystick(int pXin,int pYin,int pKEYin);
10         void read(int& rxVal, int& ryVal, int& rbVal);
11 };
12
13 #endif//__MYJOYSTICK_H__
```

01, 02, 13 : 헤더 파일의 중복 포함을 막는데 사용하는 전처리기입니다. __MYJOYSTICK_H__ 매크로가 정의되어 있지 않으면(1번째 줄), __MYJOYSTICK_H__ 매크로를 정의합니다(2번째 줄). 13번째 줄은 1번째 줄의 조건이 끝나는 부분을 나타냅니다. 이렇게 하면 myjoystick.h 파일을 #include를 이용하여 중복 포함 하더라도 한 번만 포함되게 됩니다. 예를 들어, A.h라는 파일에서 myjoystick.h를 포함하고, B.h라는 파일에서도 myjoystick.h를 포함한 상태에서 C.h나 C.cpp 파일에서 A.h와 B.h를 포함할 경우 A.h에서 포함한 myjoystick.h와 B.h에서 포함한 myjoystick.h는 C.h나 C.cpp 파일에서 2번 포함되게 됩니다. 똑같은 파일의 내용이 중복되어서 포함되면 컴파일러는 오류를 발생시킵니다. 이를 방지하기 위한 방법입니다. 일반적으로 파일의 이름을 대문자로 변환한 후, 점(.)은 밑줄(_)로 변환하고, 파일의 앞과 뒤에 각각 2개의 밑줄(__)을 붙여서 추가해줍니다.

09 : MyJoystick 생성자 함수 원형(함수의 이름, 매개변수로 구성된 표현식)을 작성합니다. 생성자 함수의 경우는 반환형이 없습니다.

10 : read 함수 원형(함수의 이름, 매개변수, 반환형으로 구성된 표현식)을 작성합니다. 함수 원형은 컴파일러에게 함수의 구조를 알려주는 역할을 합니다.

09 다음과 같이 myjoystick.cpp 파일을 작성합니다.

myjoystick.cpp

```
01 #include "Arduino.h"
02 #include "myjoystick.h"
03
04 MyJoystick::MyJoystick(int pXin,int pYin,int pKEYin) {
05         Xin=pXin;
06         Yin=pYin;
07         KEYin=pKEYin;
08
09         pinMode(KEYin, INPUT);
10 }
11
12 void MyJoystick::read(int& rxVal, int& ryVal, int& rbVal) {
13         rxVal = analogRead (Xin);
14         ryVal = analogRead (Yin);
15         rbVal = digitalRead (KEYin);
16 }
```

01 : Arduino.h 파일을 포함합니다. Arduino.h 파일에는 9, 13~15 줄에서 사용하는 pinMode, analogRead, digitalRead 함수에 대한 함수 원형이 있습니다. 또, INPUT에 대한 매크로 정의가 있습니다.
04 : MyJoystick 클래스의 MyJoystick 생성자 함수를 정의합니다. ::은 범위 연산자라고 하며 클래스 함수를 정의할 때 함수가 포함된 클래스 영역을 표시할 때 사용합니다.
12 : MyJoystick 클래스의 read 함수를 정의합니다.

10 다음과 같이 아두이노 스케치를 작성합니다.

3316.ino
```
01 #include "myjoystick.h"
02
03 MyJoystick myJoystick(A0,A1,3);
04
05 void setup () {
06     Serial.begin (115200);
07 }
08
09 void loop () {
10     int xVal, yVal, buttonVal;
11     myJoystick.read(xVal, yVal, buttonVal);
12
13     Serial.print("X = ");
14     Serial.println (xVal, DEC);
15
16     Serial.print ("Y = ");
17     Serial.println (yVal, DEC);
18
19     Serial.print("Button is ");
20         if (buttonVal == HIGH) {
21     Serial.println ("not pressed");
22     } else {
23         Serial.println ("PRESSED");
24     }
25 }
```

01   : myjoystick.h 파일을 포함합니다.
03~25 : 앞에서 작성했던 파일의 내용을 그대로 가져옵니다.

11 컴파일과 업로드를 수행합니다.

12 결과를 확인합니다. 이전과 결과는 같습니다.

03_17 myjoystick 라이브러리 만들기

이제 다른 스케치에서도 사용할 수 있도록 앞에서 작성한 myjoystick.h, myjoystick.cpp 파일을 라이브러리화 합니다. 아두이노에서 라이브러리를 만드는 것은 쉽습니다. 다음과 같은 순서로 진행합니다.

01 다음 디렉터리로 이동합니다.

문서 > Arduino > libraries >

02 다음과 같이 myleds 디렉터리를 만듭니다.

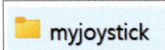

03 앞에서 작성했던 myjoystick.cpp, myjoystick.h 파일을 myjoystick 디렉터리로 복사해 줍니다.

myjoystick.cpp
myjoystick.h

04 아두이노 소프트웨어를 종료한 후, 다시 시작합니다.

×

05 새로운 스케치를 생성한 후, 다음과 같이 앞에서 작성한 예제를 복사합니다.

```
3317.ino
01  #include "myjoystick.h"
02
03  MyJoystick myJoystick(A0,A1,3);
04
05  void setup () {
06      Serial.begin (115200);
07  }
08
09  void loop () {
10  int xVal, yVal, buttonVal;
11  myJoystick.read(xVal, yVal, buttonVal);
12
13      Serial.print(" X = ");
14      Serial.println (xVal, DEC);
15
16      Serial.print (" Y = ");
17      Serial.println (yVal, DEC);
```

```
18
19      Serial.print("Button is ");
20          if (buttonVal == HIGH) {
21      Serial.println ("not pressed");
22      } else {
23          Serial.println ("PRESSED");
24      }
25 }
```

06 컴파일과 업로드를 수행합니다.

07 결과를 확인합니다. 이전과 결과는 같습니다.

이상에서 myjoystick 라이브러리를 추가해봤습니다. 이제 myjoystick 라이브러리는 다른 스케치에서도 사용할 수 있습니다.

Special Page

C/C++ 코너 : 클래스 살펴보기

앞에서 우리는 class를 이용하여 Joystick과 관련된 변수와 함수를 하나로 묶어 정의해 보았습니다. 클래스는 데이터를 정리하고 관련된 동작을 묶어주는 설계도구입니다. 여기서는 클래스에 대해서 좀 더 살펴보겠습니다.

❶ 클래스란 무엇인가?

클래스는 데이터를 담고 있는 변수(속성)와, 그 데이터를 처리하는 함수(메서드)를 하나로 묶는 설계도입니다. 클래스를 이용하면 복잡한 기능을 정리하여 재사용 가능하게 만들 수 있습니다. 예를 들어, LED를 켜고 끄는 기능이 있다고 하면, 변수는 LED의 핀 번호, 현재 상태(켜짐/꺼짐)가 될 수 있으며, 함수는 LED를 초기화하는 동작, 켜는 동작, 끄는 동작이 될 수 있습니다.

❷ 클래스의 기본 구조

클래스는 다음과 같은 형태로 구성됩니다.

```
01 class ClassName { // 1. 클래스 이름
02 private:
03       // 2. 속성 (변수)
04       int pin;
05 public:
06       // 3. 생성자 (초기 설정)
07       ClassName(int pinNumber) {
08             pin = pinNumber;
09             pinMode(pin, OUTPUT);
10       }
11       // 4. 메서드 (함수)
12       void turnOn() {
13             digitalWrite(pin, HIGH);
14       }
15       void turnOff() {
16             digitalWrite(pin, LOW);
17       }
18 };
```

> **02**   : 일반적으로 변수는 private 속성을 주어 외부에서 직접 접근을 제한합니다.
> **05**   : 일반적으로 생성자를 포함해 함수는 public 속성을 주어 외부에서 직접 접근할 수 있습니다.
> **07~10** : 생성자는 클래스의 이름과 같으며 멤버 변수 초기화에 사용하며, 따라서 반환형이 없습니다.

❸ 클래스를 사용하는 예제

다음은 LED 제어를 클래스로 관리하는 간단한 예제입니다.

```cpp
01 class LED {
02 private:
03     int pin; // LED 핀 번호
04 public:
05     // 생성자
06     LED(int pinNumber) {
07         pin = pinNumber;
08         pinMode(pin, OUTPUT); // 핀을 출력 모드로 설정
09     }
10     // LED 켜기
11     void turnOn() {
12         digitalWrite(pin, HIGH);
13     }
14     // LED 끄기
15     void turnOff() {
16         digitalWrite(pin, LOW);
17     }
18 };
19 // LED 객체 생성
20 LED led1(13); // 13번 핀에 연결된 LED
21 LED led2(12); // 12번 핀에 연결된 LED
22
23 void setup() {
24
25 }
26 void loop() {
27     led1.turnOn(); // 13번 핀의 LED 켜기
28     delay(500); // 500ms 대기
29     led1.turnOff(); // 13번 핀의 LED 끄기
30     delay(500); // 500ms 대기
31     led2.turnOn(); // 12번 핀의 LED 켜기
32     delay(500); // 500ms 대기
33     led2.turnOff(); // 12번 핀의 LED 끄기
34     delay(500); // 500ms 대기
35 }
```

LED라는 클래스를 만들었고, 이 클래스는 LED의 핀 번호와 동작을 관리합니다. 클래스는 LED를 켜고 끄는 두 가지 동작을 메서드로 제공합니다. led1과 led2 객체를 만들어 핀 번호에 따라 각각 다른 LED를 제어합니다.

이상 클래스에 대해서 살펴보았습니다.

04

아두이노의 노래 : tone

여러분 크리스마스에는 카드를 주고받지요? 크리스마스 카드에서 멜로디가 흘러나오면 더 멋진 느낌이 듭니다. 아두이노를 이용하면 여러분도 이러한 카드를 만들 수 있습니다.

아두이노에서 멜로디의 주인공은 바로 tone 함수입니다.

다음 핀들은 tone 함수를 통해 음을 내보낼 수 있는 핀들입니다.

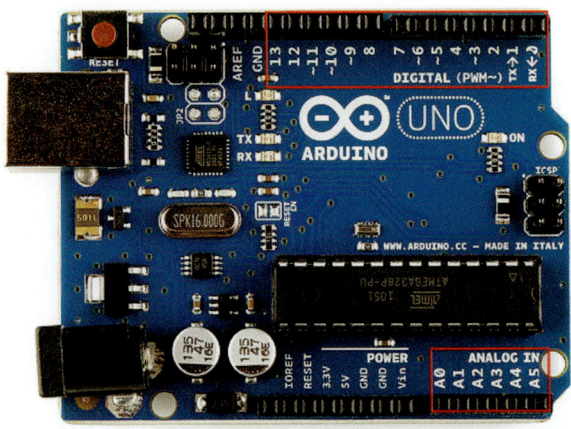

핀은 피에조 부저나 다른 스피커와 연결할 수 있습니다.

여러분은 아두이노 스케치를 통해 음을 만들어낼 때 다음 두 함수를 사용하게 됩니다.

```
tone(pin, frequency)
noTone(pin)
```

tone

tone란 정해진 핀을 통해 특정한 주파수(50%의 듀티 사이클)의 사각 파형을 생성합니다.

```
tone(pin, frequency);
      ❶    ❷
```
❶ 음을 생성하고자 하는 핀 번호
❷ 생성하고자 하는 음의 주파수

noTone

noTone이란 tone 함수로 생성된 사각 파형의 생성을 멈춥니다.

```
noTone(pin);
        ❶
```
❶ 음 생성을 멈추고자 하는 핀

여기서는 tone, noTone 함수들을 이용하여 피에조 부저의 멜로디를 생성해 봅니다.

04_01 부저 살펴보기

다음은 수동 부저입니다.

수동 부저는 미리 설계된 회로가 없어서 주파수를 입력해야 소리가 납니다. 수동 부저는 여러 음을 발생시킬 수 있기 때문에 음악 악기 등 멜로디를 내는 제품 등에 사용됩니다.

수동 부저는 피에조 결정체를 이용하여 소리를 냅니다. 전형적인 피에조 부저는 철판 위에 놓인 세라믹 웨이퍼로 구성됩니다. 세라믹 웨이퍼는 피에조 결정체를 담고 있습니다. 피에조 결정체에 전기적 신호를 주면 결정체는 늘었다 줄었다 하고 그 결과 나타난 진동은 음파를 생성해 냅니다. 피에조 결정체를 포함한 세라믹 웨이퍼에 판을 붙이면 소리가 나게 됩니다.

다음은 전기적 신호에 의해 늘었다 줄었다 하는 피에조 부저의 동작을 나타냅니다.

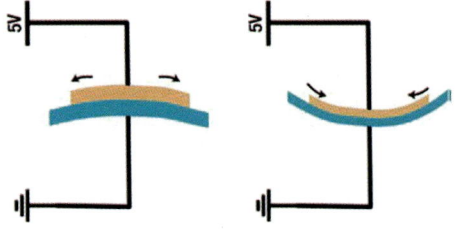

04_02 소리와 주파수 이해하기

다음은 소리에 따른 주파수 표를 나타냅니다. 예를 들어 4 옥타브에서 도 음에 대한 주파수는 262 Hz가 됩니다. 즉, 1초에 262 개의 사각 파형을 만들어 내면 도 음이 나게 됩니다. 레는 294 Hz, 미는 330 Hz, 파는 349 Hz, 솔은 392 Hz, 라는 440 Hz, 시는 494 Hz, 5 옥타브의 도는 523 Hz가 됩니다.

Octave → Note ↓	0	1	2	3	4	5	6	7	8	9	10
C	16.352 (−48)	32.703 (−36)	65.406 (−24)	130.81 (−12)	261.63 (±0)	523.25 (+12)	1046.5 (+24)	2093.0 (+36)	4186.0 (+48)	8372.0 (+60)	16744.0 (+72)
C#/D♭	17.324 (−47)	34.648 (−35)	69.296 (−23)	138.59 (−11)	277.18 (+1)	554.37 (+13)	1108.7 (+25)	2217.5 (+37)	4434.9 (+49)	8869.8 (+61)	17739.7 (+73)
D	18.354 (−46)	36.708 (−34)	73.416 (−22)	146.83 (−10)	293.66 (+2)	587.33 (+14)	1174.7 (+26)	2349.3 (+38)	4698.6 (+50)	9397.3 (+62)	18794.5 (+74)
E♭/D#	19.445 (−45)	38.891 (−33)	77.782 (−21)	155.56 (−9)	311.13 (+3)	622.25 (+15)	1244.5 (+27)	2489.0 (+39)	4978.0 (+51)	9956.1 (+63)	19912.1 (+75)
E	20.602 (−44)	41.203 (−32)	82.407 (−20)	164.81 (−8)	329.63 (+4)	659.26 (+16)	1318.5 (+28)	2637.0 (+40)	5274.0 (+52)	10548.1 (+64)	21096.2 (+76)
F	21.827 (−43)	43.654 (−31)	87.307 (−19)	174.61 (−7)	349.23 (+5)	698.46 (+17)	1396.9 (+29)	2793.8 (+41)	5587.7 (+53)	11175.3 (+65)	22350.6 (+77)
F#/G♭	23.125 (−42)	46.249 (−30)	92.499 (−18)	185.00 (−6)	369.99 (+6)	739.99 (+18)	1480.0 (+30)	2960.0 (+42)	5919.9 (+54)	11839.8 (+66)	23679.6 (+78)
G	24.500 (−41)	48.999 (−29)	97.999 (−17)	196.00 (−5)	392.00 (+7)	783.99 (+19)	1568.0 (+31)	3136.0 (+43)	6271.9 (+55)	12543.9 (+67)	25087.7 (+79)
A♭/G#	25.957 (−40)	51.913 (−28)	103.83 (−16)	207.65 (−4)	415.30 (+8)	830.61 (+20)	1661.2 (+32)	3322.4 (+44)	6644.9 (+56)	13289.8 (+68)	26579.5 (+80)
A	27.500 (−39)	55.000 (−27)	110.00 (−15)	220.00 (−3)	440.00 (+9)	880.00 (+21)	1760.0 (+33)	3520.0 (+45)	7040.0 (+57)	14080.0 (+69)	28160.0 (+81)
B♭/A#	29.135 (−38)	58.270 (−26)	116.54 (−14)	233.08 (−2)	466.16 (+10)	932.33 (+22)	1864.7 (+34)	3729.3 (+46)	7458.6 (+58)	14917.2 (+70)	29834.5 (+82)
B	30.868 (−37)	61.735 (−25)	123.47 (−13)	246.94 (−1)	493.88 (+11)	987.77 (+23)	1975.5 (+35)	3951.1 (+47)	7902.1 (+59)	15804.3 (+71)	31608.5 (+83)

04_03 수동 부저 회로 구성하기

수동 부저를 아두이노 우노 보드에 다음과 같이 연결합니다.

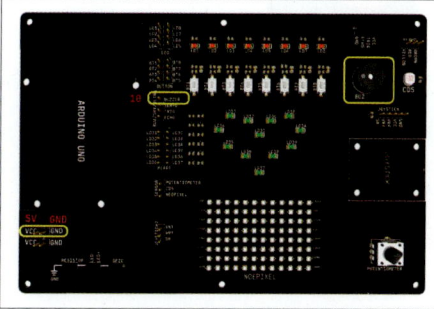

부저의 +핀을 아두이노 우노 보드의 10번 핀에 연결합니다. 부저의 다른 핀은 GND 핀에 연결합니다. [통합 보드]의 경우 10번 핀을 BUZ 핀에 연결합니다.

04_04 수동 부저 소리내보기

여기서는 부저를 이용하여 도음과 레음을 내보겠습니다.

01 다음과 같이 예제를 작성합니다.

344_1.ino
```
01  int BUZZER = 10;
02
03  void setup() {
04    tone(BUZZER, 262);
05
06    delay(3000);
07
08    noTone(BUZZER);
09  }
10
11  void loop() {
12
13  }
```

Chapter 03_아두이노 중수되기 247

01 : BUZZER 변수에 10 번 핀을 할당합니다.
04 : tone 함수를 이용하여 BUZZER 핀에 262 도 주파수 값을 설정합니다.
06 : 3 초간 기다립니다.
08 : noTone 함수를 이용하여 부저를 끕니다. 그렇지 않으면 계속 부저가 울립니다.

02 컴파일과 업로드를 수행합니다.

03 결과를 확인합니다. 부저에서 나는 도 음을 확인합니다.

04 다음과 같이 예제를 수정합니다.

```
344_2.ino
01      int BUZZER = 10;
02
03      void setup() {
04       for(int cnt=0;cnt<=2;cnt++) {
05              tone(BUZZER, 262);
06              delay(1000);
07              tone(BUZZER,294);
08              delay(1000);
09       }
10
11       noTone(BUZZER);
12      }
13
14      void loop() {
15
16      }
```

04   : cnt 변수을 0부터 2까지 1씩 증가시켜가면서 중괄호 안쪽(4~9줄)의 동작을 3회 반복합니다.
05, 06 : 도 음을 1초간 냅니다.
07, 08 : 레 음을 1초간 냅니다. 294는 4옥타브 레 음의 주파수입니다.

05 컴파일과 업로드를 수행합니다.

06 결과를 확인합니다.
도 음과 레 음이 2초 주기로 3회 반복되는 것을 확인합니다.

04_05 부저 멜로디 연주하기

여기서는 부저를 이용하여 멜로디를 생성해 보도록 하겠습니다.

01 이전 예제를 다음과 같이 수정합니다.

```
345.ino
1       int BUZZER = 10;
2
3       int melody[8] = {
4        262, 294, 330, 349, 393, 440, 494, 523,
5       };
6
7       void setup() {
8        for(int note=0;note<=7;note++) {
9               tone(BUZZER, melody[note]);
10              delay(500);
11       }
12
13       noTone(BUZZER);
14      }
15
16      void loop() {
17
18      }
```

- **03~05** : 4 옥타브의 도, 레, 미, 파, 솔, 라, 시와 5 옥타브의 도에 해당하는 주파수를 값으로 갖는 melody 배열 변수를 선언합니다.
- **08** : note 변수 값을 0부터 7까지 1씩 증가시켜가면서 중괄호 안쪽(8~11줄)을 수행합니다. note 변수는 음을 의미합니다.
- **09** : tone 함수를 이용하여 연주하고자 하는 핀에 주파수 값을 설정합니다.
- **10** : 0.5 초간 기다립니다.
- **13** : noTone 함수를 이용하여 부저를 끕니다.

02 컴파일과 업로드를 수행합니다.

03 결과를 확인합니다. BUZZER에서 나는 멜로디를 확인합니다.

04_06 학교종 멜로디 연주하기

여기서는 tone 함수를 이용하여 학교종 멜로디를 연주해 보도록 합니다. 다음은 학교종 악보입니다. 이 악보를 이용하여 학교종 멜로디 스케치를 작성해 봅니다.

악보는 오선지 상에 음표를 통해 음과 박자를 나타냅니다. 박자는 해당 음의 지속시간입니다. 다음은 G 음자리표와 F 음자리표를 나타냅니다.

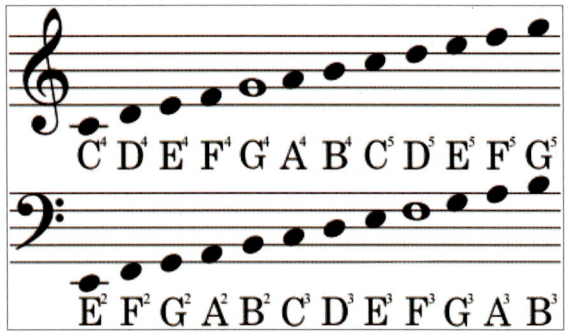

각 음의 주파수는 다음 표를 참조합니다.

Octave → Note ↓	0	1	2	3	4	5	6	7	8	9	10
C	16.352 (−48)	32.703 (−36)	65.406 (−24)	130.81 (−12)	261.63 (±0)	523.25 (+12)	1046.5 (+24)	2093.0 (+36)	4186.0 (+48)	8372.0 (+60)	16744.0 (+72)
C#/Db	17.324 (−47)	34.648 (−35)	69.296 (−23)	138.59 (−11)	277.18 (+1)	554.37 (+13)	1108.7 (+25)	2217.5 (+37)	4434.9 (+49)	8869.8 (+61)	17739.7 (+73)
D	18.354 (−46)	36.708 (−34)	73.416 (−22)	146.83 (−10)	293.66 (+2)	587.33 (+14)	1174.7 (+26)	2349.3 (+38)	4698.6 (+50)	9397.3 (+62)	18794.5 (+74)
Eb/D#	19.445 (−45)	38.891 (−33)	77.782 (−21)	155.56 (−9)	311.13 (+3)	622.25 (+15)	1244.5 (+27)	2489.0 (+39)	4978.0 (+51)	9956.1 (+63)	19912.1 (+75)
E	20.602 (−44)	41.203 (−32)	82.407 (−20)	164.81 (−8)	329.63 (+4)	659.26 (+16)	1318.5 (+28)	2637.0 (+40)	5274.0 (+52)	10548.1 (+64)	21096.2 (+76)
F	21.827 (−43)	43.654 (−31)	87.307 (−19)	174.61 (−7)	349.23 (+5)	698.46 (+17)	1396.9 (+29)	2793.8 (+41)	5587.7 (+53)	11175.3 (+65)	22350.6 (+77)
F#/Gb	23.125 (−42)	46.249 (−30)	92.499 (−18)	185.00 (−6)	369.99 (+6)	739.99 (+18)	1480.0 (+30)	2960.0 (+42)	5919.9 (+54)	11839.8 (+66)	23679.6 (+78)
G	24.500 (−41)	48.999 (−29)	97.999 (−17)	196.00 (−5)	392.00 (+7)	783.99 (+19)	1568.0 (+31)	3136.0 (+43)	6271.9 (+55)	12543.9 (+67)	25087.7 (+79)
Ab/G#	25.957 (−40)	51.913 (−28)	103.83 (−16)	207.65 (−4)	415.30 (+8)	830.61 (+20)	1661.2 (+32)	3322.4 (+44)	6644.9 (+56)	13289.8 (+68)	26579.5 (+80)
A	27.500 (−39)	55.000 (−27)	110.00 (−15)	220.00 (−3)	440.00 (+9)	880.00 (+21)	1760.0 (+33)	3520.0 (+45)	7040.0 (+57)	14080.0 (+69)	28160.0 (+81)
Bb/A#	29.135 (−38)	58.270 (−26)	116.54 (−14)	233.08 (−2)	466.16 (+10)	932.33 (+22)	1864.7 (+34)	3729.3 (+46)	7458.6 (+58)	14917.2 (+70)	29834.5 (+82)
B	30.868 (−37)	61.735 (−25)	123.47 (−13)	246.94 (−1)	493.88 (+11)	987.77 (+23)	1975.5 (+35)	3951.1 (+47)	7902.1 (+59)	15804.3 (+71)	31608.5 (+83)

각 음표의 지속 시간은 다음 표와 같습니다.

음표	쉼표	음표 이름	배열 값
o	▬	온음표	1
♩	▬	2분음표	2
♩	♪ or ♪	4분음표	4
♪	♪	8분음표	8
♬	♪	16분음표	16

01 다음과 같이 예제를 작성합니다.

346.ino

```
01  int BUZZER = 10;
02
03  char note[] = " ggaaggeggeed ggaaggegedec ";
04  char beat[] = " 1111112111122111111211122 ";
05  int note_length = sizeof(note)/sizeof(note[0])-1;
06
07  int tempo = 300;
08
09  int freq(char note) {
10      char note_name[] = { 'c', 'd', 'e', 'f', 'g', 'a', 'b', 'C',};
11      int note_freq[] = { 262, 294, 330, 349, 393, 440, 494, 523};
12
13      for (int i = 0; i < sizeof(note_name)/sizeof(note_name[0]); i++) {
14          if (note_name[i] == note) {
15              return note_freq[i];
16          }
17      }
18  }
19
20  int duration(char beat) {
21      return beat - '0';
22  }
23
24  void setup() {
25      for(int i=0;i<note_length;i++) {
26          if(note[i] != ' ') {
27              tone(BUZZER, freq(note[i]));
28          }
```

```
29            delay(tempo*duration(beat[i]));
30
31            noTone(BUZZER);
32            delay(100);
33       }
34    }
35
36    void loop() {
37
38    }
```

03	: note 배열은 학교종의 음 배열입니다. 공백은 무음을 나타냅니다. 배열의 크기를 정해주지 않으면 컴파일러가 배열 항목의 개수를 세서 채워줍니다.
04	: beat 배열은 학교종의 박자입니다. 문자 1은 4분 음표를 나타내며 문자 2는 2분 음표를 나타냅니다. 배열의 크기를 정해주지 않으면 컴파일러가 배열 항목의 개수를 세서 채워줍니다.
05	: note_length는 note 배열의 항목 개수를 나타냅니다. sizeof는 C/C++ 언어의 키워드로 변수의 크기를 알려줍니다. sizeof(note)의 경우 note 배열 전체의 크기를 바이트 단위로 알려줍니다. sizeof(note[0])의 경우 note[0] 항목의 크기를 바이트 단위로 알려줍니다. 일반적으로 배열 항목의 개수를 알고자 할 때 이와 같은 형태로 표현합니다. 이중 인용 부호 ""를 통한 문자열은 문자열의 끝을 나타내기 위해 마지막에 보이지 않게 '₩0' 문자를 넣게 되는데 이 부분을 빼기 위해 -1을 해 주었습니다.
07	: tempo 변수는 곡의 빠르기를 나타냅니다.
09~18	: freq 함수를 정의합니다. freq 함수는 note 배열의 각 항목에 대한 주파수를 돌려주는 함수입니다.
10	: 음의 이름을 나타냅니다. 배열의 크기를 정해주지 않으면 컴파일러가 배열 항목의 개수를 세서 채워줍니다.
11	: 음의 주파수를 나타냅니다. 배열의 크기를 정해주지 않으면 컴파일러가 배열 항목의 개수를 세서 채워줍니다.
13~17	: note_name 배열의 각 항목에 대해 인자로 넘어온 note 값과 같으면 해당되는 주파수 값을 가진 note_freq 배열의 항목을 돌려줍니다.
20~22	: 박자에 대한 지속 시간을 숫자로 변경하여 돌려줍니다.
25	: note 배열의 각 항목에 대해
26	: note 배열의 항목이 공백이 아니면
27	: tone 함수를 호출해 BUZZER 핀으로 해당 주파수를 내보냅니다.
29	: beat 배열의 해당 항목의 지속 시간에 tempo 값을 곱한 시간만큼 기다립니다.
31	: noTone 함수를 호출해 BUZZER로 나가는 소리를 끕니다.
32	: 0.1 초간 기다립니다.

02 컴파일과 업로드를 수행합니다.

03 결과를 확인합니다. BUZZER에서 나는 학교종 멜로디를 확인합니다.

04_07 키보드 피아노 만들기

여기서는 수동 부저와 시리얼을 이용하여 피아노를 만들어봅니다.

01 다음과 같이 예제를 작성합니다.

347.ino
```
01   int BUZZER = 10;
02
03   int note[9] = {
04    -1, 262, 294, 330, 349, 393, 440, 494, 523,
05   };
06
07   void setup() {
08    Serial.begin(115200);
09   }
10
11   void loop() {
12    if(Serial.available()) {
13         char userInput = Serial.read();
14         if('1' <= userInput && userInput <= '8') {
15          int num = userInput - '0';
16
17          tone(BUZZER, note[num]);
18          delay(500);
19         }
20    }
21
22    noTone(BUZZER);
23   }
```

03~05 : 정수 배열인 note를 선언하고 초기화합니다. 첫 번째 값으로 -1을 넣은 이유는 note[0]을 사용하지 않고 note[1]부터 사용하겠다는 의미입니다. 키보드의 1~8 값을 배열의 인덱스에 대응시키기 위해 이렇게 처리하였습니다.

08 : Serial.begin 함수를 호출하여 통신 속도를 115200 bps로 설정합니다.

14 : 사용자 입력 값이 '1' ~ '8' 문자이면

15 : 사용자 입력 값에서 '0'을 빼서 숫자로 만듭니다.

17 : tone 함수를 호출해 BUZZER 핀에 입력 받은 숫자에 해당하는 음을 출력합니다.

18 : 0.5 초간 기다립니다.

21 : noTone 함수를 호출하여 부저를 끕니다.

02 컴파일과 업로드를 수행한 후 [시리얼 모니터] 버튼을 눌러줍니다. 시리얼 모니터 창이 뜨면, 우측 하단에서 통신 속도를 115200으로 맞춰줍니다.

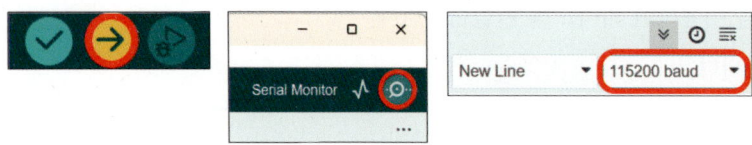

03 결과를 확인합니다. 시리얼 모니터 창의 입력 창에 1~8를 입력해 봅니다. 4옥타브 도~5옥타브 도까지 소리를 확인합니다.

04_08 버튼 피아노 만들기

여기서는 수동 부저와 푸시 버튼을 이용하여 피아노를 만들어봅니다.

수동 부저 회로 구성하기

01 수동 부저와 푸시 버튼을 아두이노 우노 보드에 다음과 같이 연결합니다.

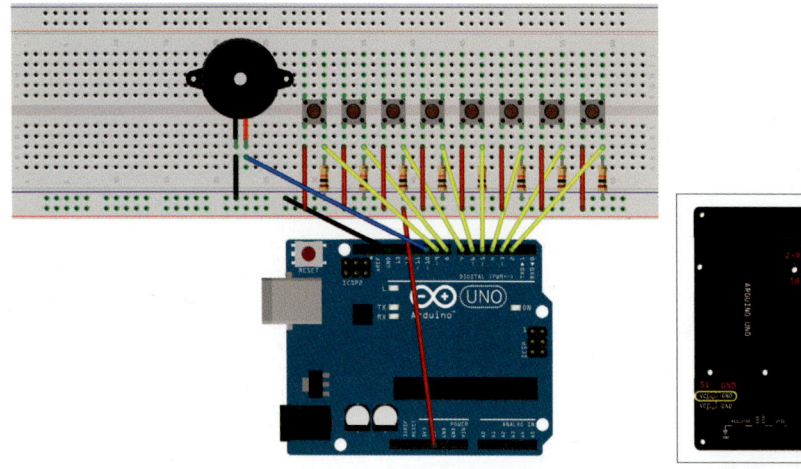
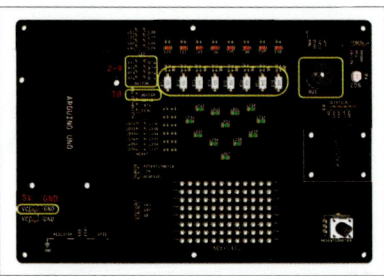

부저의 +핀을 아두이노 우노 보드의 10번 핀에 연결합니다. 부저의 다른 핀은 GND 핀에 연결합니다. 버튼 8개를 그림과 같은 형태로 배치하고 각 버튼의 한 쪽 핀을 5V로 연결합니다. 그림에서는 빨간색 전선 부분입니다. 각 버튼의 다른 쪽 핀을 10K Ohm 저항을 통해 GND로 연결해 줍니다. 그림에서는 검은색 전선 부분입니다. 각 저항의 다른 쪽 핀을 아두이노의 2~9 번 핀에 차례대로 연결합니다. 저항의 다리가 서로 닿지 않도록 주의합니다. [통합 보드]의경우 9~2 번 핀을 차례대로 BT1~BT8번 핀에 연결합니다. 부저는 10번 핀에 연결합니다.

02 다음과 같이 예제를 작성합니다.

348.ino
```
01    int BUZZER = 10;
02    int button[8] = { 9, 8, 7, 6, 5, 4, 3, 2 };
03
04    int note[8] = {
05     262, 294, 330, 349, 393, 440, 494, 523,
06    };
07
08    void setup() {
09     for(int n=0;n<=7;n++) {
10            pinMode(button[n], INPUT);
11     }
12    }
13
14    void loop() {
15     if(digitalRead(button[0]) == HIGH) {
16            tone(BUZZER, note[0]);
17     } else if(digitalRead(button[1]) == HIGH) {
18            tone(BUZZER, note[1]);
19     } else if(digitalRead(button[2]) == HIGH) {
20            tone(BUZZER, note[2]);
21     } else if(digitalRead(button[3]) == HIGH) {
22            tone(BUZZER, note[3]);
23     } else if(digitalRead(button[4]) == HIGH) {
24            tone(BUZZER, note[4]);
25     } else if(digitalRead(button[5]) == HIGH) {
26            tone(BUZZER, note[5]);
27     } else if(digitalRead(button[6]) == HIGH) {
28            tone(BUZZER, note[6]);
29     } else if(digitalRead(button[7]) == HIGH) {
30            tone(BUZZER, note[7]);
31     } else {
32            noTone(BUZZER);
33     }
34    }
```

01	: BUZZER 변수를 선언한 후, 10 번 핀으로 초기화합니다.
02	: button 변수 배열을 선언한 후, 9~2 번 핀으로 초기화합니다.
04~06	: 정수 배열인 note를 선언하고 각 음에 맞는 주파수로 초기화합니다.
09~11	: pinMode 함수를 호출하여 button[0]~button[7] 번 핀을 입력으로 설정합니다.
15	: digitalRead 함수를 호출하여 button[0] 핀의 값이 HIGH이면
16	: tone 함수를 호출해 BUZZER 핀에 note[0]에 해당하는 음을 출력합니다.
17~31	: botton[1]~button[7]에 대해서도 같은 방식으로 처리합니다.
31	: 어떤 버튼도 눌리지 않으면
32	: noTone 함수를 호출하여 부저를 멈춥니다.

03 컴파일과 업로드를 수행합니다.

04 결과를 확인합니다. 버튼을 차례대로 눌러 봅니다. 4옥타브 도~5옥타브 도까지 소리를 확인합니다.

05

아두이노의 손발 : Servo

여러분은 다음과 같은 로봇 팔을 본 적이 있나요? 로봇 팔의 각 관절에는 크고 작은 서보 모터가 들어갑니다. 즉, 서보 모터는 관절 역할을 하는 거지요.

다음은 RC카입니다. RC카의 앞바퀴의 방향을 조정하는 부분에도 서보 모터가 들어갑니다.

이와 같이 서보 모터는 움직임을 만들어 내는데 아주 중요한 부품입니다. 이러한 서보는 Servo 라이브러리를 이용하여 제어합니다.

> **TIP** 라이브러리란 사용하기 편하게 누군가 미리 작성한 스케치입니다. 라이브러리를 이용하면 우리는 간편하게 라이브러리가 제공하는 기능을 사용할 수 있습니다. Servo 라이브러리를 이용하면 서보 모터를 쉽게 제어할 수 있습니다.

다음 핀들은 Servo 라이브러리를 통해 서보 모터를 제어할 수 있는 핀들입니다.

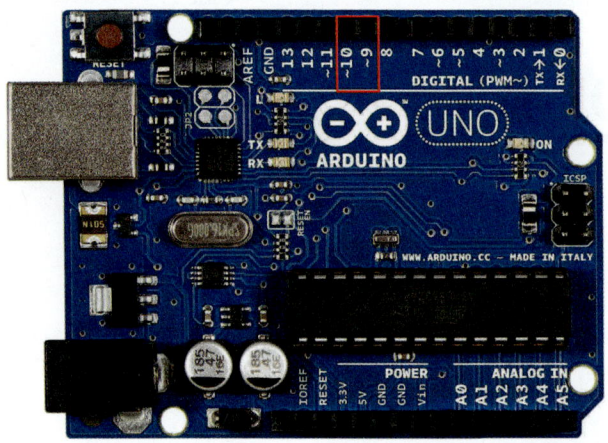

여러분은 아두이노 스케치에서 Servo 라이브러리를 이용해 서보 모터를 제어할 때 다음 두 함수를 주로 사용합니다.

```
Servo.attach(pin)
Servo.write(pin)
```

Servo.attach

Servo.attach란 핀을 Servo 변수에 붙이는 함수입니다.

```
Servo.attach(pin);
              ❶
```

❶ 서보 모터가 붙은 핀 번호. 9, 10번 핀 중 하나

Servo.write

```
Servo.write(angle);
             ❶
```

❶ 서보 모터에 쓸 각도 값. 0~180도

여기서는 Servo.attach, Servo.write 함수들을 이용하여 서보모터의 각도를 제어해 봅니다.

05_01 서보모터 살펴보기

본 책에서 사용할 서보 모터는 다음과 같습니다.

일반적으로 서보 모터는 0~180도 범위에서 움직입니다.

다음은 서보 모터를 분해한 모습입니다.

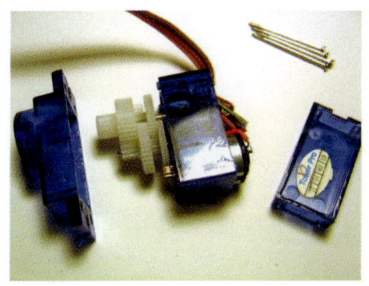

서보모터는 크게 DC 모터, 기어 시스템, 가변 저항, 제어 기판으로 구성됩니다.

다음은 아래쪽에서 살펴본 부분입니다.

제어기판, DC 모터, 가변 저항을 볼 수 있습니다.

05_02 서보모터 파형 이해하기

서보 모터 파형의 주기는 일반적으로 20 ms이며, 주파수는 50Hz입니다. 입력 파형의 HIGH 값은 1~2ms 사이의 값을 갖습니다.

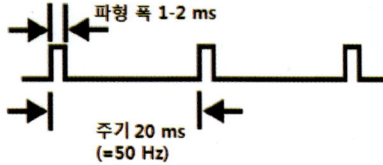

서보 모터는 입력 파형의 HIGH 값에 따라 움직이는 각도가 달라집니다.

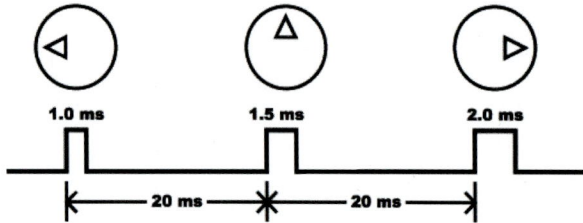

입력 파형의 HIGH 값이 1.0 밀리초일 경우엔 0 도, 2.0 밀리초일 경우엔 180 도가 되며, 나머지 각도는 1.0 밀리초와 2.0 밀리초 사이에서 비례적으로 결정됩니다.

TIP 이 책에서 사용하는 SG90 서보모터의 경우 0.6 밀리 초와 2.5 밀리 초의 HIGH 값을 주어야 0도에서 180도 범위를 움직입니다.

05_03 서보모터 회로 구성하기

서보모터를 아두이노 우노 보드에 다음과 같이 연결합니다.

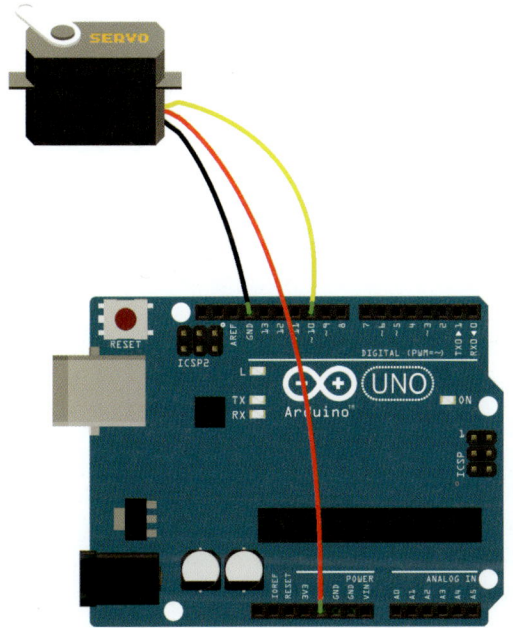
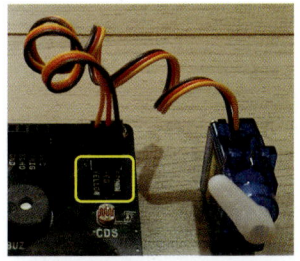
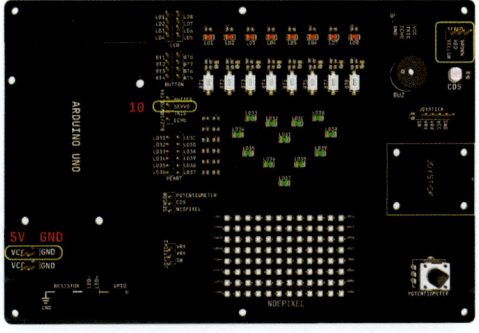

서보 모터의 노란색 전선을 아두이노 우노 보드의 10번 핀에 연결합니다. 서보 모터의 검은색 또는 갈색 전선을 아두이노 우노 보드의 GND 핀에 연결합니다. 서보 모터의 빨간색 전선을 아두이노 우노 보드의 5V 핀에 연결합니다. 3.3V에 연결할 경우 서보 모터의 동력원이 약하며, 모터 회전 시 아두이노 우노 보드가 리셋 되어 재부팅될 수도 있습니다. 실제로 서보 모터는 모터 드라이버를 통해 연결해야 합니다.

05_04 서보모터 각도 조절해보기

여기서는 서보모터의 각도를 0도, 180도로 조절해봅니다.

01 다음과 같이 예제를 수정합니다.

354.ino
```
01    #include <Servo.h>
02
03    int SERVO = 10;
04    Servo servo;
05
06    void setup() {
07     servo.attach(SERVO);
```

```
08       servo.write(0);
09
10       delay(1000);
11
12       for(int cnt=0;cnt<=2;cnt++) {
13               servo.write(0);
14               delay(1000);
15               servo.write(180);
16               delay(1000);
17       }
18
19       servo.detach();
20   }
21
22   void loop() {
23
24   }
```

01 : Servo 관련 함수를 사용하기 위해 Servo.h 헤더 파일을 포함시켜 줍니다.
03 : SERVO 변수에 10 번 핀을 할당합니다.
04 : 서보 제어를 위해 Servo 클래스인 servo 객체를 생성합니다. 클래스는 변수와 함수의 집합 형을 의미합니다. 객체는 변수와 함수의 집합입니다.
07 : servo 객체에 attach 함수를 호출하여 SERVO 핀을 연결합니다. 이렇게 하면 servo 객체를 이용하여 SERVO 핀을 제어할 수 있습니다.
08 : servo 객체에 write 함수를 호출하여 서보 모터를 0도로 회전시킵니다.
10 : 서보가 회전하는 데 시간이 필요하기 때문에 1초간 기다립니다.
12 : cnt 변수 값을 0부터 2까지 1씩 증가시켜가면서 중괄호 안쪽(12~17줄)의 동작을 수행합니다.
13 : servo 객체에 write 함수를 호출하여 서보 모터의 각도를 0도로 설정합니다.
14 : 1 초 동안 기다립니다. 서보모터가 회전하는데 시간이 필요합니다.
15 : servo 객체에 write 함수를 호출하여 서보 모터의 각도를 180도로 설정합니다.
16 : 1 초 동안 기다립니다. 서보모터가 회전하는데 시간이 필요합니다.
19 : servo 객체에 detach 함수를 호출하여 SERVO 핀의 연결을 해제합니다. 이렇게 하면 서보 모터의 동작이 멈추게 됩니다.

02 컴파일과 업로드를 수행합니다.

03 결과를 확인합니다.

서보가 0도과 180도를 2초 주기로 3회 회전하는 것을 확인합니다.

05_05 서보모터 0~180도 조절해보기

여기서는 0도에서 180도까지 조절해 보도록 합니다.

01 이전 예제를 다음과 같이 수정합니다.

355.ino
```
01    #include <Servo.h>
02
03    int SERVO = 10;
04    Servo servo;
05
06    void setup() {
07     servo.attach(SERVO);
08     servo.write(0);
09
10     delay(1000);
11
12     for(int angle=0;angle<=180;angle++) {
13            servo.write(angle);
14            delay(30);
15     }
16
17     servo.detach();
18    }
19
20    void loop() {
21
22    }
```

12 : angle 변수 값을 0부터 180까지 1씩 증가시켜가면서 중괄호 안쪽(13~15줄)의 동작을 수행합니다.
13 : servo 객체에 write 함수를 호출하여 서보 모터의 각도를 angle 값으로 설정합니다.
14 : 30 밀리 초 동안 기다립니다. 서보모터가 회전하는데 시간이 필요합니다.
17 : servo 객체에 detach 함수를 호출하여 SERVO 핀의 연결을 해제합니다. 이렇게 하면 서보 모터의 동작이 멈추게 됩니다.

02 컴파일과 업로드를 수행합니다.

03 결과를 확인합니다.

서보모터가 약 3.2초 동안 0도에서 180도까지 회전한 후, 0도로 다시 돌아오는 것을 확인합니다.

05_06 시리얼로 서보 제어하기

여기서는 사용자 입력에 따라 모터의 각도를 30도, 90도, 150도로 제어해 보는 스케치를 작성해 봅니다. 사용자가 키보드의 1을 입력하면 30도, 2를 입력하면 90도, 3을 입력하면 150도 회전하도록 합니다.

01 다음과 같이 예제를 작성합니다.

356.ino
```cpp
#include <Servo.h>

int SERVO = 10;
Servo servo;

void setup() {
  Serial.begin(115200);
  servo.attach(SERVO);
  servo.write(0);
  delay(1000);
}

void loop() {
  if(Serial.available()) {
      char userInput = Serial.read();

      switch(userInput) {
       case '1':
            servo.write(30);
            delay(1000);
            break;
       case '2':
            servo.write(90);
            delay(1000);
            break;
       case '3':
            servo.write(150);
            delay(1000);
            break;
       default:
            break;
      }
  }
}
```

17~32	: switch 문을 이용하여 사용자 입력을 처리합니다.
18	: 사용자 입력 값이 '1' 문자이면
19	: servo 객체에 write 함수를 호출하여 서보 모터의 각도를 30도 값으로 설정합니다.
20	: 1 초 동안 기다립니다. 서보모터가 회전하는데 시간이 필요합니다.
21	: switch 문을 빠져 나옵니다.
22	: 사용자 입력 값이 '2' 문자이면
23	: servo 객체에 write 함수를 호출하여 서보 모터의 각도를 90도 값으로 설정합니다.
24	: 1 초 동안 기다립니다. 서보모터가 회전하는데 시간이 필요합니다.
25	: switch 문을 빠져 나옵니다.
26	: 사용자 입력 값이 '3' 문자이면
27	: servo 객체에 write 함수를 호출하여 서보 모터의 각도를 150도 값으로 설정합니다.
28	: 1 초 동안 기다립니다. 서보모터가 회전하는데 시간이 필요합니다.
29	: switch 문을 빠져 나옵니다.
30	: 그 이외의 문자의 경우
31	: 그냥 빠져 나옵니다.

02 컴파일과 업로드를 수행한 후 [시리얼 모니터] 버튼을 눌러줍니다. 시리얼 모니터 창이 뜨면, 우측 하단에서 통신 속도를 115200으로 맞춰줍니다.

 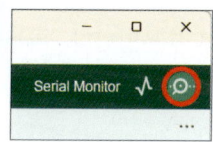 

03 결과를 확인합니다.

시리얼 모니터 창의 입력 창에 1, 2, 3을 입력해 봅니다. 차례대로 30도, 90도, 150도로 회전하는 것을 확인합니다.

05_07 버튼 값에 따라 서보 회전하기

여기서는 버튼을 누르면 서보가 150도 위치로 회전하고 버튼을 떼면 서보가 30도 위치로 회전하도록 프로그램을 작성해 보도록 합니다.

01 다음과 같이 회로를 구성합니다.

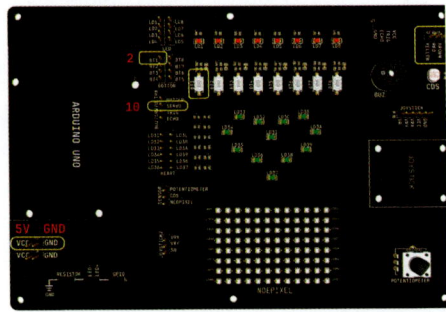

버튼의 한 쪽 핀을 5V로 연결합니다. 그림에서는 빨간색 전선 부분입니다. 버튼의 다른 쪽 핀을 1K Ohm 저항을 통해 GND로 연결해 줍니다. 그림에서는 검은색 전선 부분입니다. 저항의 다른 쪽 핀을 2 번 핀에 연결합니다. 서보 모터의 노란색 전선을 아두이노 우노 보드의 10번 핀에 연결합니다. 서보 모터의 검은색 또는 갈색 전선을 아두이노 우노 보드의 GND 핀에 연결합니다. 서보 모터의 빨간색 전선을 아두이노 우노 보드의 5V 핀에 연결합니다. 3.3V에 연결할 경우 서보 모터의 동력원이 약하며, 모터 회전 시 아두이노 우노 보드가 리셋 되어 재부팅될 수도 있습니다. 실제로 서보 모터는 모터 드라이버를 통해 연결해야 합니다.

02 다음과 같이 예제를 작성합니다.

```
357.ino
01    #include <Servo.h>
02
03    int SERVO = 10;
04    Servo servo;
05    int buttonPin = 2;
06
07    void setup() {
08      pinMode(buttonPin, INPUT);
09      servo.attach(SERVO);
10      servo.write(0);
11      delay(1000);
```

```
12      }
13
14    void loop() {
15     int buttonInput = digitalRead(buttonPin);
16
17     if(buttonInput==1) servo.write(150);
18     else servo.write(30);
19    }
```

15 : digitalRead 함수를 호출하여 buttonPin 값을 buttonInput 변수로 읽습니다.
17 : buttonInput 값이 1(HIGH)이면 servo 객체에 write 함수를 호출하여 서보 모터의 각도를 150도 위치로 설정합니다.
18 : 그렇지 않으면 servo 객체에 write 함수를 호출하여 서보 모터의 각도를 30도 위치로 설정합니다.

03 컴파일과 업로드를 수행합니다.

04 결과를 확인합니다.

버튼을 누르면 서보 모터의 위치가 150도 위치로 회전하고 버튼을 떼면 서보 모터의 위치가 30도 위치로 회전하는 것을 확인합니다.

여러분은 다음과 같은 로봇을 본 적이 있나요? 로봇의 눈 부분이 보이시죠? 이 부분은 초음파 센서로 구성됩니다. 초음파 센서는 소리를 이용해 거리를 측정하는 역할을 합니다.

06
아두이노의 눈 : pulseIn

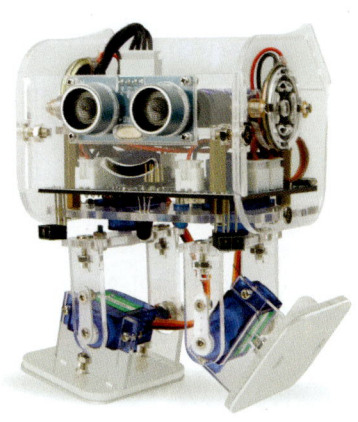

초음파 센서를 읽을 수 있는 주인공은 바로 pulseIn 함수입니다.

다음 핀들은 pulseIn 함수를 통해 초음파 센서 값을 읽을 수 있는 핀들입니다.

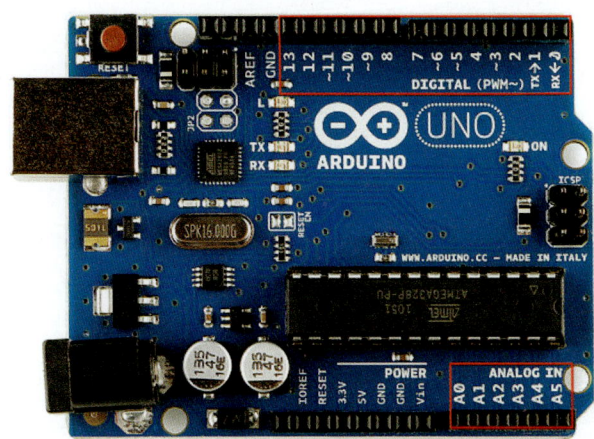

pulseIn

pulseIn이란 특정 핀에서 하나의 사각 파형(HIGH 또는 LOW)을 읽는 명령어입니다.

> pulseIn(pin, value);
>   ❶   ❷
>
> ❶ 사각 파형을 읽고자 하는 핀 번호
> ❷ 읽고자 하는 사각 파형, 지속되는 HIGH 구간의 사각 파형 또는 LOW 구간의 사각 파형

pulseIn 함수는 특정 핀 상의 사각 파형을 읽습니다. 예를 들어, value 값이 HIGH이면, pulseIn 함수는 핀이 LOW에서 HIGH로 될 때까지 기다립니다. 그리고 다시 핀이 LOW가 될 때까지 기다립니다. 그리고 HIGH 구간의 길이를 마이크로 초 단위로 돌려줍니다. 또는 에러시에는 0을 돌려줍니다.

06_01 초음파 센서 살펴보기

다음은 본 책에서 사용하는 초음파 센서입니다.

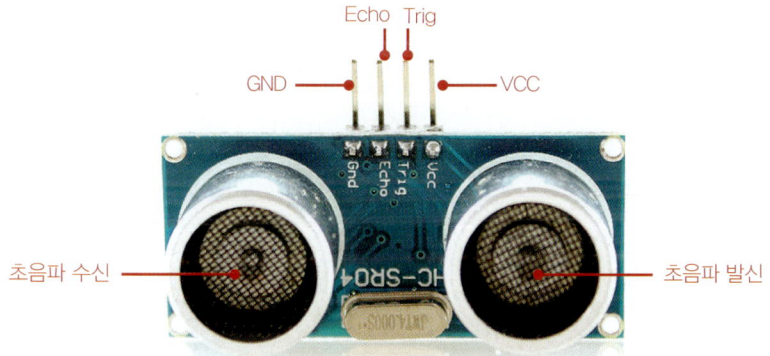

모델명은 HC-SR04로 측정 가능 거리는 2 ~ 400cm 사이가 됩니다.

초음파 거리 센서는 다음과 같은 방법으로 거리를 측정합니다.

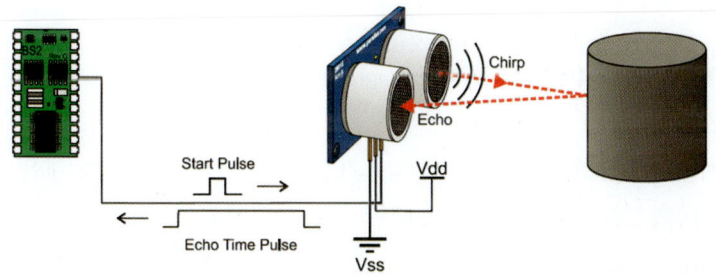

한쪽에 있는 초음파 출력기에서 출발한 초음파가 물체에 닿아 반사되어 다른 한쪽에 있는 초음파 입력기에 닿게 되는데, 이 때, 물체의 거리에 따라 초음파가 도달하는 시간이 달라지게 됩니다. 초음파에 대한 출력은 초음파 센서에 부착된 제어기에서 거리 감지 시작을 알리는 시작 파형을 내보내면서 시작됩니다. 물체와의 거리는 거리에 따라 달라지는 반향 시간 파형으로 확인할 수 있습니다.
다음은 초음파 센서가 거리를 측정하기 위해 필요한 파형입니다.

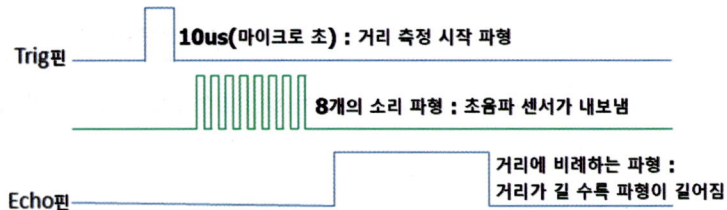

Trig 파형은 거리 감지를 시작하기 위해 아두이노에서 초음파 센서로 내보내는 신호로 10 마이크로 초 동안 HIGH 신호를 줍니다. 그러면 초음파 센서는 8개의 초음파를 40kHz의 속도로 외부로 내보내게 됩니다. 초음파 센서는 곧이어 Echo 핀을 HIGH 신호로 올려 거리 측정이 시작되었다는 것을 아두이노로 알립니다. 내보낸 초음파 신호가 반향되어 센서에 도달하여 거리 측정이 완료되면 초음파 센서는 Echo 핀을 LOW 신호로 내려 거리 측정이 완료되었다는 것을 아두이노로 알립니다.
다음은 Echo 핀의 최소, 최대 파형 길이와 파형 길이에 따라 측정된 거리를 계산하는 그림입니다.

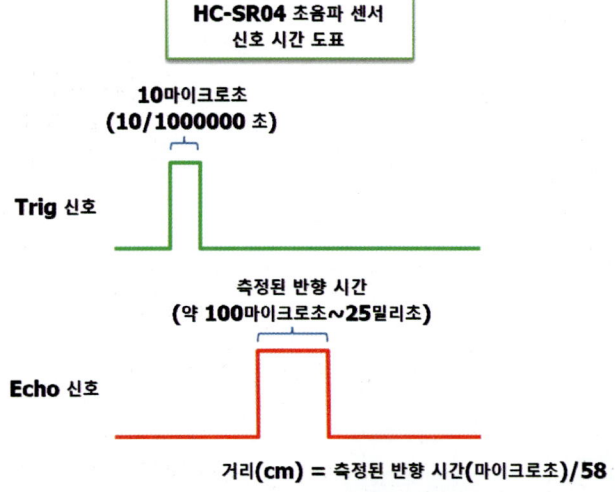

Echo 파형의 길이는 최소 100 마이크로 초에서 최대 25 밀리 초가 될 수 있습니다. 거리에 대한 계산은 cm 기준으로 마이크로 초 단위로 측정된 시간을 58로 나누면 됩니다. 예를 들어, Echo 파형의 길이가 100 마이크로 초일 경우 100/58 = 1.72 cm가 됩니다. Echo 파형의 길이가 25 밀리 초일 경우 25*1000/58 = 431.03 cm가 됩니다.

06_02 초음파 센서 회로 구성하기

다음과 같이 초음파 센서 회로를 구성합니다.

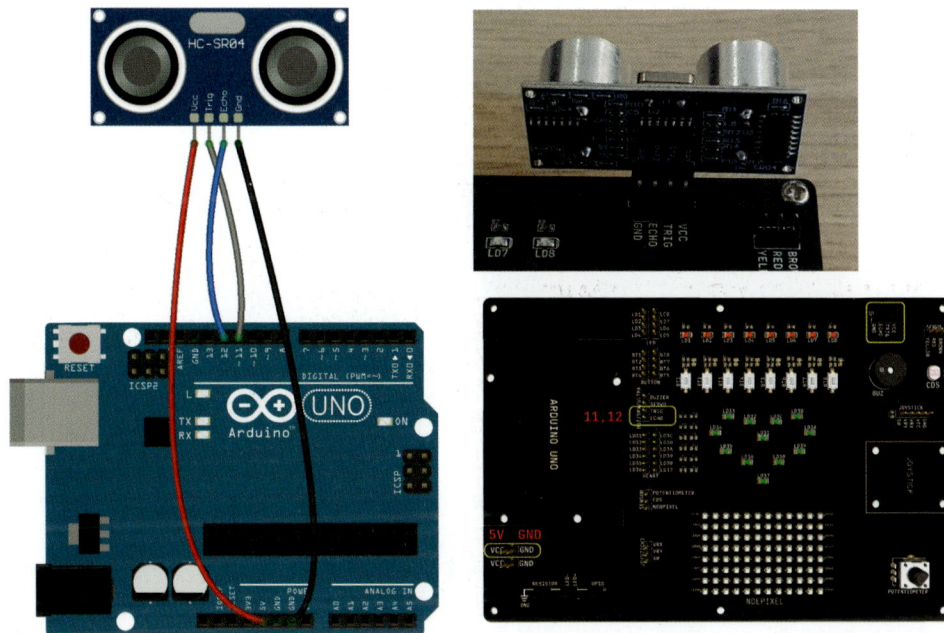

초음파 센서의 Vcc 핀은 아두이노의 VCC 핀에 연결합니다. 초음파 센서의 Gnd 핀은 아두이노의 GND 핀에 연결합니다. 초음파 센서의 Trig 핀은 아두이노의 11번 핀에 연결합니다. 초음파 센서의 Echo 핀은 아두이노의 12번 핀에 연결해 줍니다.

06_03 초음파 센서로 거리 측정해보기

여기서는 초음파 센서를 읽기 위한 테스트 루틴을 작성해 보도록 합니다.

01 다음과 같이 예제를 작성합니다.

```
363.ino
01    int trig_pin = 11;
02    int echo_pin = 12;
03
04    void setup() {
05      pinMode(trig_pin, OUTPUT);
06      pinMode(echo_pin, INPUT);
07
08      Serial.begin(115200);
```

```
09      }
10
11      void loop() {
12        digitalWrite(trig_pin, LOW);
13        delayMicroseconds(2);
14        digitalWrite(trig_pin, HIGH);
15        delayMicroseconds(10);
16        digitalWrite(trig_pin, LOW);
17
18        long duration = pulseIn(echo_pin, HIGH);
19        long distance = (duration/2) / 29.1;
20
21        Serial.print(distance);
22        Serial.println(" cm ");
23
24      }
```

01 : trig_pin 변수에 11번 핀을 할당합니다. trig_pin은 초음파 센서를 이용하여 물체와의 거리를 측정할 때 초음파 센서가 아두이노로부터 시작 신호를 받기 위한 핀입니다.

02 : echo_pin 변수에 12번 핀을 할당합니다. echo_pin은 초음파 센서를 이용하여 물체와의 거리를 측정할 때 측정된 거리 계산을 위한 핀입니다. 초음파 센서는 측정된 거리에 따라 echo_pin을 통해 사각파형의 길이를 아두이노로 전달합니다. 아두이노는 사각파형의 길이에 따라 거리를 계산할 수 있습니다.

04~09 : setup 함수를 정의합니다.

05 : trig_pin을 출력으로 설정합니다.

06 : echo_pin을 입력으로 설정합니다.

08 : 시리얼 통신속도를 115200 bps로 설정합니다.

11~29 : loop 함수를 정의합니다.

12~16 : 거리 감지를 위한 시작 신호를 초음파 센서로 전달합니다.

12 : trig_pin을 LOW로 설정합니다.

13 : delayMicroseconds 함수를 호출하여 2마이크로초간 지연을 줍니다.

14 : trig_pin을 HIGH로 설정합니다.

15 : delayMicroseconds 함수를 호출하여 10마이크로초간 지연을 줍니다.

16 : trig_pin을 LOW로 설정합니다.

18 : pulseIn 함수를 호출하여 echo_pin의 HIGH 구간을 측정한 후, duration 변수에 저장합니다.

19 : duration값을 2로 나눈 후, 다시 29.1로 나누어 distance 변수에 저장합니다.

21 : Serial.print 함수를 호출하여 distance 값을 출력하고

22 : Serial.println 함수를 호출하여 " cm" 문자열을 출력합니다.

02 [툴] 메뉴를 이용하여 보드, 프로세서, 포트를 다음과 같이 선택합니다.

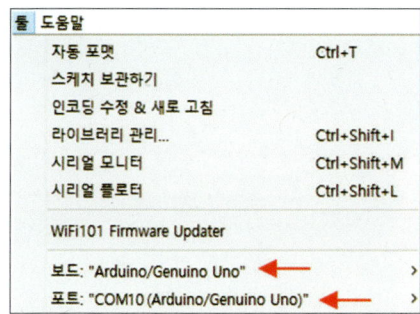

03 컴파일과 업로드를 수행한 후 [시리얼 모니터] 버튼을 눌러줍니다. 시리얼 모니터 창이 뜨면, 우측 하단에서 통신 속도를 115200으로 맞춰줍니다.

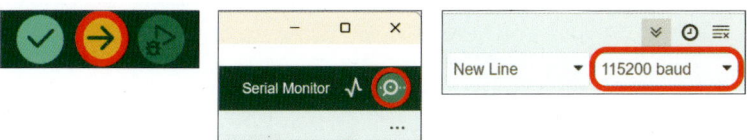

04 결과를 확인합니다.

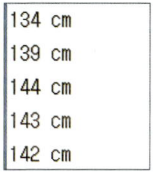

어느 정도 오차가 있습니다.

CHAPTER 04

아두이노 고수되기

ARDUINO

이번 장에서는 아두이노의 Timer1 라이브러리를 이용하여 사각 파형의 원리를 알아보고, 외부 인터럽트를 이용해 버튼이 눌리는 시점을 알고 활용할 수 있도록 합니다. 또 핀 신호 변화 인터럽트에 대해서 살펴보고 초음파 센서에 적용해 봅니다. 이 과정에서 라이브러리를 설치해 보며 아두이노 고수가 되어 봅니다.

01

PWM의 주인공 : Timer1

우리는 앞에서 analogWrite 함수를 이용하여 10번 핀에 대한 상하 비를 조절하여 LED의 밝기를 조절해 보았습니다. 주파수의 경우 10번 핀에 대해 490Hz로 고정되어 있다고 했습니다. 그러면 10번 핀에 대한 주파수를 조절할 수는 없을까요?

아두이노 칩 내부에 있는 Timer1 모듈을 직접 제어하면 사각 파형에 대한 주파수와 상하비를 모두 조절할 수 있습니다. 여기서는 아두이노 칩 내부에 있는 Timer1 모듈을 이용하여 주파수와 상하비를 모두 조절해 보도록 합니다.

아두이노 우노 보드에서는 Timer1을 통해 사각 파형을 내 보낼 수 있는 핀이 9, 10 번 핀입니다.

여러분은 아두이노 스케치에서 Timer1 라이브러리를 이용해 사각 파형을 생성할 때 다음 네 함수를 주로 사용합니다.

```
Timer1.initialize()
Timer1.pwm(pin, duty)
Timer1.setPeriod(period)
Timer1.setPwmDuty(pin, duty)
```

Timer1.initialize

Timer1.initialize란 Timer1을 초기화하는 함수입니다.

```
Timer1.initialize();
```
Timer1을 사용하기 위해 처음에 호출하는 함수입니다.

Timer1.pwm

Timer1.pwm란 특정한 핀에 사각 파형을 생성하도록 합니다.

```
Timer1.pwm(pin, duty);
             ❶     ❷
```
❶ 사각 파형을 내 보낼 핀 번호. 9, 10번 핀 중 하나
❷ 사각 파형의 HIGH 구간의 개수. 0~1023 사이 값

Timer1.setPeriod

Timer1.setPeriod란 마이크로초 단위로 주기를 설정합니다.

```
Timer1.setPeriod(period);
                    ❶
```
❶ 마이크로 초 단위 주기. 1~8388480 사이 값. 주파수로는 0.12~1MHz

Timer1.setPwmDuty

Timer1.setPwmDuty란 주어진 핀에 사각파형의 duty를 설정하는 함수입니다.

```
Timer1.setPwmDuty(pin, duty);
                   ❶     ❷
```
❶ 사각 파형의 HIGH 구간 값을 변경할 핀
❷ 변경할 사각 파형의 HIGH 구간 값. 1~1023 사이 값

여기서는 위 함수들을 이용하여 LED, 부저, 서보 모터 등을 제어해 보면서 사각 파형의 원리를 살펴 봅니다.

01_1 Timer1 라이브러리 설치하기

Timer1 모듈로 주파수와 상하 비를 조절하기 위해서는 Timer1 라이브러리를 사용해야 합니다. 다음과 같이 Timer1 라이브러리를 설치하도록 합니다.

01 다음과 같이 TimerOne 라이브러리를 설치합니다.

02 설치가 끝나면 [라이브러리 아이콘]을 눌러 창을 닫습니다.

01_2 LED 제어해 보기

여기서는 Timer1 라이브러리를 이용해 LED를 정밀하게 제어해 봅니다.

회로 구성하기

다음과 같이 회로를 구성합니다.

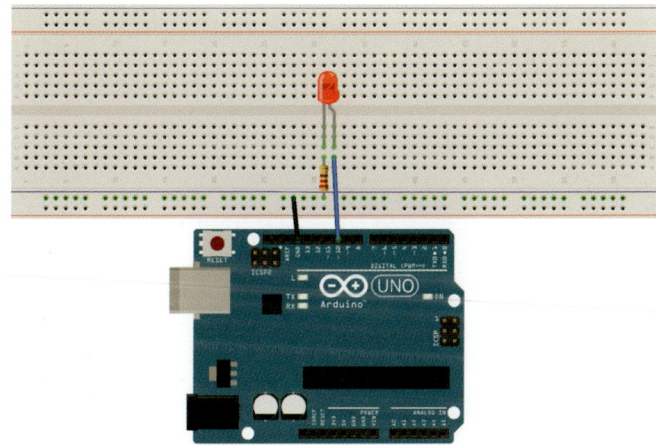

LED의 긴 핀(+)을 아두이노 우노 보드의 10번 핀에 연결합니다. LED의 짧은 핀(-)은 220 또는 330 Ohm 저항을 통해 GND 핀에 연결합니다. 10번 핀은 analogWrite를 통해 제어할 수 있는 PWM 핀입니다.

LED 켜고 끄기 반복하기

먼저 Timer1 함수를 이용하여 LED 켜고 끄기를 반복해 봅니다.

01 다음과 같이 예제를 작성합니다.

```
412_1.ino
01    #include <TimerOne.h>
02
03    int LED = 10;
04
05    void setup() {
06      Timer1.initialize();
07      Timer1.pwm(LED, 0);
08
09      Timer1.setPeriod(1000000); //1Hz
10      Timer1.setPwmDuty(LED, 511); //0~1023
11    }
12
13    void loop() {
14
15    }
```

01 : Timer1 관련 함수를 사용하기 위해 TimerOne.h 헤더 파일을 포함시켜 줍니다.
03 : LED 변수에 10 번 핀을 할당합니다.
06 : Timer1.initialize 함수를 호출하여 아두이노 칩 내부에 있는 Timer1 모듈을 초기화합니다.
07 : Timer1.pwm 함수를 호출하여 LED로 사각 파형을 내보내도록 설정합니다. 0은 HIGH의 개수를 나타내며 1023까지 쓸 수 있습니다.
09 : Timer1.setPeriod 함수를 호출하여 주기를 1000000 us(마이크로 초)로 맞추어 주고 있습니다. Timer1.setPeriod 함수의 인자는 us(마이크로 초) 단위의 시간이며, 하나의 사각 파형의 주기가 됩니다. 1000000 us는 1초입니다. 아래 그림은 주기가 1초인 파형을 나타냅니다.

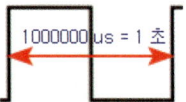

10 : Timer1.setPwmDuty 함수를 호출하여 LED에 대한 상하비를 511:512로 맞추어 줍니다. Timer1.setPwmDuty 함수의 두 번째 인자는 상하비를 나타내며 0, 1, 2, … 1023의 HIGH 값을 줄 수 있습니다.

02 컴파일과 업로드를 수행합니다.

03 결과를 확인합니다.

1초 주기로 LED가 점멸 하는 것을 확인합니다. 즉, 1Hz의 주파수로 LED의 점멸을 확인합니다.

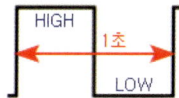

LED 켜고 끄기 간격 줄여보기

이제 LED의 점멸 간격을 줄여보도록 합니다. 그러면 여러분은 좀 더 조밀하게 LED가 점멸하는 것을 느낄 것입니다.

01 이전 예제를 다음과 같이 수정합니다.

```
412_2.ino
01    #include <TimerOne.h>
02
03    int LED = 10;
04
05    void setup() {
06     Timer1.initialize();
07     Timer1.pwm(LED, 0);
08
09     Timer1.setPeriod(1000000/10); //10Hz
10     Timer1.setPwmDuty(LED, 511); //0~1023
11    }
12
13    void loop() {
14
15    }
```

09 : 1000000을 10으로 나누어 100000 us로 변경합니다. 이 경우 주파수는 10Hz가 됩니다.

02 컴파일과 업로드를 수행합니다.

03 결과를 확인합니다. 이 예제의 경우 LED는 초당 10번 점멸 하게 됩니다. 즉, 10Hz의 주파수로 점멸하게 됩니다.

LED 켜고 끄기를 밝기로 느껴보기

LED의 점멸 간격을 더 줄여보도록 합니다. 여기서 여러분은 LED의 점멸을 느끼지 못하게 될 것입니다. 오히려 LED가 일정하게 켜져 있다고 느낄 것입니다.

01 이전 예제를 다음과 같이 수정합니다.

```
412_3.ino
01    #include <TimerOne.h>
02
03    int LED = 10;
04
05    void setup() {
06      Timer1.initialize();
07      Timer1.pwm(LED, 0);
08
09      Timer1.setPeriod(1000000/100); //100Hz
10      Timer1.setPwmDuty(LED, 511); //0~1023
11    }
12
13    void loop() {
14
15    }
```

09 : 1000000을 100으로 나누어 10000 us로 변경합니다. 이 경우 주파수는 100Hz가 됩니다.

02 컴파일과 업로드를 수행합니다.

03 결과를 확인합니다.

이 예제의 경우 LED는 초당 100번 점멸하게 됩니다. 즉, 100Hz의 주파수로 점멸하게 됩니다.

그림과 같은 파형이 초당 100개가 생성됩니다. 이제 여러분은 LED가 점멸하는 것을 느끼지 못할 것입니다. 오히려 LED가 일정한 밝기로 켜져 있다고 느낄 것입니다.

주파수 늘리기

주파수를 늘리면 LED의 점멸이 더 부드러워집니다. 여기서는 주파수를 늘여 LED 점멸을 좀 더 부드럽게 만들어 봅니다.

01 이전 예제를 다음과 같이 수정합니다.

412_4.ino
```
01    #include <TimerOne.h>
02
3     int LED = 10;
04
05    void setup() {
06     Timer1.initialize();
07     Timer1.pwm(LED, 0);
08
09     Timer1.setPeriod(1000000/1000); //1000Hz
10     Timer1.setPwmDuty(LED, 511); //0~1023
11    }
12
13    void loop() {
14
15    }
```

09 : 1000000을 1000으로 나누어 1000 us로 변경합니다. 이 경우 주파수는 1000Hz가 됩니다.

02 컴파일과 업로드를 수행합니다.

03 결과를 확인합니다.

이 예제의 경우 LED는 초당 1000번 점멸하게 됩니다. 즉, 1000Hz의 주파수로 점멸하게 됩니다. LED의 점멸이 훨씬 부드러운 것을 느낄 수 있습니다.

LED 어둡게 하기

이제 Timer1.setPwmDuty 함수를 이용하여 LED의 밝기를 어둡게 해 봅니다.

01. 다음과 같이 예제를 수정합니다.

412_5.ino
```
01  #include <TimerOne.h>
02
03  int LED = 10;
04
05  void setup() {
06    Timer1.initialize();
07    Timer1.pwm(LED, 0);
08
09    Timer1.setPeriod(1000000/1000); //1000Hz
10    Timer1.setPwmDuty(LED, 100); //0~1023
11  }
12
13  void loop() {
14
15  }
```

10 : Timer1.setPwmDuty 함수를 이용해 LED 핀에 1024중 100만큼 HIGH 값이 나가도록 합니다.

02 컴파일과 업로드를 수행합니다.

03 결과를 확인합니다.

이 예제의 경우 100(약 10%) 만큼 점등 상태로, (1024-100)(약 90%) 만큼 소등 상태로 있게 됩니다. 그래서 LED가 어둡다고 느낄 수 있습니다.

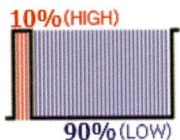

LED 밝게 하기

이제 반대로 LED의 밝기를 밝게 해 봅니다.

01 다음과 같이 예제를 수정합니다.

412_6.ino

```
01    #include <TimerOne.h>
02
03    int LED = 10;
04
05    void setup() {
06     Timer1.initialize();
07     Timer1.pwm(LED, 0);
08
09     Timer1.setPeriod(1000000/1000); //1000Hz
10     Timer1.setPwmDuty(LED, 900); //0~1023
11    }
12
13    void loop() {
14
15    }
```

10 : Timer1.setPwmDuty 함수를 이용해 LED 핀에 1024중 900만큼 HIGH 값이 나가도록 합니다

02 컴파일과 업로드를 수행합니다.

03 결과를 확인합니다.

이 예제의 경우 900(약 90%) 만큼 점등 상태로, (1024-900)(약 10%) 만큼 소등 상태로 있게 됩니다. 그래서 우리는 LED가 이전 예제에 비해 아주 밝다고 느끼게 됩니다.

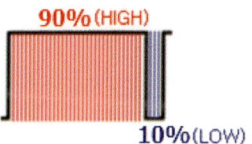

LED 밝기 1024 단계 조절해 보기

여기서는 Timer1 함수를 이용하여 1024단계로 LED 밝기를 변경해 봅니다. 다음의 상하비로 LED의 밝기를 조절해 보도록 합니다.

> 0:1023, 1:1022, 2:1021, 3:1020 ... 1023:0

즉, HIGH의 개수는 0부터 1023까지 차례로 늘어나며, 반대로 LOW의 개수는 1023부터 0까지 차례로 줄게 됩니다.

❶ LED 밝기 11 단계 조절해 보기

먼저 0.01초 간격으로 LED의 밝기를 11단계로 조절해 봅니다.

04 이전 예제를 다음과 같이 수정합니다.

412_7.ino
```
01    #include <TimerOne.h>
02
03    int LED = 10;
04
05    void setup() {
06     Timer1.initialize();
07     Timer1.pwm(LED, 0);
08
09     Timer1.setPeriod(1000); //1000Hz
10    }
11
12    void loop() {
13     for(int t_high=0;t_high<=10;t_high++) {
14            Timer1.setPwmDuty(LED, t_high*100);
15            delay(100);
16     }
17    }
```

09 : Timer1.setPeriod 함수를 호출하여 주기를 1000 us(마이크로 초)로 맞추어 주고 있습니다.
13 : for 문을 사용하여 t_high 변수 값을 0부터 10까지 주기적으로 변경하고 있습니다.
14 : Timer1.setPwmDuty 함수를 호출하여 LED에 0, 100, 200, ... 1000의 HIGH 값을 주고 있습니다.

05 컴파일과 업로드를 수행합니다.

06 결과를 확인합니다.

1.1 초 주기로 LED의 밝기가 변하는 것을 느낄 수 있습니다.

❷ LED 밝기 1024 단계 조절해 보기

이제 0.001초 간격으로 1024 단계로 LED 밝기를 변경해 봅니다.

01 다음과 같이 예제를 수정합니다.

```
412_8.ino
01      #include <TimerOne.h>
02
03      int LED = 10;
04
05      void setup() {
06       Timer1.initialize();
07       Timer1.pwm(LED, 0);
08
09       Timer1.setPeriod(1000); //1000Hz
10      }
11
12      void loop() {
13       for(int t_high=0;t_high<=1023;t_high++) {
14              Timer1.setPwmDuty(LED, t_high);
15              delay(1);
16       }
17      }
```

13 : for 문을 사용하여 t_high 변수 값을 0부터 1023까지 1 밀리 초 간격으로 변경하고 있습니다.
14 : Timer1.setPwmDuty 함수를 호출하여 LED에 0, 1, 2, ... 1023의 HIGH 값을 주고 있습니다.

02 컴파일과 업로드를 수행합니다.

03 결과를 확인합니다.

약 10초간 0~1023 단계로 LED의 밝기가 증가하는 것을 볼 수 있습니다.

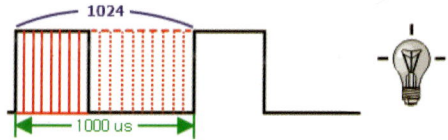

이 예제에서는 1000us 마다 하나의 사각 파형을 생성해 냅니다. 즉, 1초에 생성되는 사각 파형의 개수는 1000 개가 됩니다. 따라시 이 예제에서는 1 kHz의 PWM 신호를 생성해 냅니다. Timer1.setPwmDuty 함수는 사각 파형의 상하비를 조절하는 역할을 합니다. 상하비에 대한 조절은 10비트 크기의 1024 단계로 조절할 수 있습니다.

01_3 피에조 부저 제어해 보기

Timer1 클래스 함수인 setPeriod, setPwmDuty를 이용하면 주파수와 상하 비를 정밀하게 조절할 수 있습니다. 여기서는 이 함수들을 이용하여 피에조 부저를 제어해 봅니다.

수동 부저 회로 구성하기

수동 부저를 아두이노 우노 보드에 다음과 같이 연결합니다.

 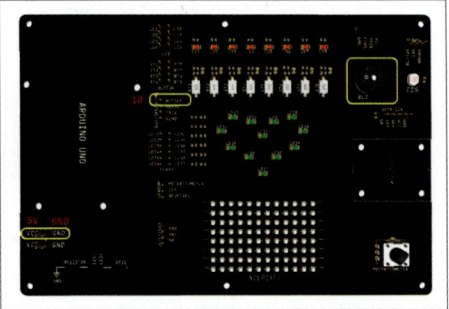

부저의 +핀을 아두이노 우노 보드의 10번 핀에 연결합니다. 부저의 다른 핀은 GND 핀에 연결합니다.

수동 부저 소리내보기

여기서는 부저를 이용하여 도음과 레음을 내보겠습니다.

01 다음과 같이 예제를 작성합니다.

413_1.ino

```
01  #include <TimerOne.h>
02
03  int BUZZER = 10;
04
05  void setup() {
06    Timer1.initialize();
07    Timer1.pwm(BUZZER, 0);
```

```
08
09        Timer1.setPwmDuty(BUZZER, 512);
10
11        Timer1.setPeriod(1000000/262);
12
13        delay(3000);
14
15        Timer1.setPwmDuty(BUZZER, 0);
16    }
17
18    void loop() {
19
20    }
```

01 : Timer1 관련 함수를 사용하기 위해 TimerOne.h 헤더 파일을 포함시켜 줍니다.
03 : BUZZER 변수에 10 번 핀을 할당합니다.
06 : Timer1.initialize 함수를 호출하여 아두이노 칩 내부에 있는 Timer1 모듈을 초기화합니다.
07 : Timer1.pwm 함수를 호출하여 BUZZER 핀으로 사각 파형을 내보내도록 설정합니다. 0은 HIGH의 개수를 나타내며 1023까지 쓸 수 있습니다.
09 : Timer1.setPwmDuty 함수를 호출하여 BUZZER에 대한 상하비를 512:512로 맞추어 줍니다. Timer1.setPwmDuty 함수의 두 번째 인자는 상하비를 나타내며 0, 1, 2, … 1023의 HIGH 값을 줄 수 있습니다.
11 : Timer1.setPeriod 함수를 호출하여 주파수에 따른 주기를 설정하고 있습니다. 262는 4옥타브 도 음의 주파수입니다.
13 : 3초간 기다립니다.
15 : Timer1.setPwmDuty 함수를 호출하여 BUZZER로 나가는 PWM의 HIGH 구간을 0us로 설정합니다. 이렇게 하면 소리가 꺼지게 됩니다.

02 컴파일과 업로드를 수행합니다.

03 결과를 확인합니다.

부저에서 나는 도 음을 확인합니다.

04 다음과 같이 예제를 수정합니다.

413_2.ino

```
01    #include <TimerOne.h>
02
03    int BUZZER = 10;
04
05    void setup() {
06        Timer1.initialize();
07        Timer1.pwm(BUZZER, 0);
```

```
08
09          Timer1.setPwmDuty(BUZZER, 100);
10
11          for(int cnt=0;cnt<=2;cnt++) {
12                  Timer1.setPeriod(1000000/262);
13                  delay(1000);
14                  Timer1.setPeriod(1000000/294);
15                  delay(1000);
16          }
17
18          Timer1.setPwmDuty(BUZZER, 0);
19      }
20
21      void loop() {
21
22      }
```

- **11** : cnt 변수을 0부터 2까지 1씩 증가시켜가면서 중괄호 안쪽(11~16줄)의 동작을 3회 반복합니다.
- **12, 13** : 도 음을 1초간 냅니다.
- **14, 15** : 레 음을 1초간 냅니다. 294는 4옥타브 레 음의 주파수입니다.

06 컴파일과 업로드를 수행합니다.

06 결과를 확인합니다.

도 음과 레 음이 2초 주기로 3회 반복되는 것을 확인합니다.

부저 멜로디 연주하기

여기서는 부저를 이용하여 멜로디를 생성해 보도록 하겠습니다.

01 다음과 같이 예제를 작성합니다.

413_3.ino

```
01      #include <TimerOne.h>
02
03      int BUZZER = 10;
04
05      int melody[] = {
06        262, 294, 330, 349, 393, 440, 494, 523,
07      };
```

```
08
09    void setup() {
10      Timer1.initialize();
11      Timer1.pwm(BUZZER, 0);
12
13      Timer1.setPwmDuty(BUZZER, 100);
14
15      for(int note=0;note<8;note++) {
16              Timer1.setPeriod(1000000/melody[note]);
17              delay(500);
18      }
19
20      Timer1.setPwmDuty(BUZZER, 0);
21    }
22
23    void loop() {
24
25    }
```

05~07 : 4 옥타브의 도, 레, 미, 파, 솔, 라, 시와 5 옥타브의 도에 해당하는 주파수를 값으로 갖는 melody 배열 변수를 선언합니다.

15 : note 변수 값을 0부터 7까지 1씩 증가시켜가면서 중괄호 안쪽(15~18줄)을 수행합니다. note 변수는 음을 의미합니다.

16 : Timer1.setPeriod 함수를 호출하여 주파수에 따른 주기를 설정하고 있습니다. 1000000 마이크로초를 melody 배열변수가 가진 주파수 값으로 나누면 마이크로초 단위의 주기 값이 나옵니다.

17 : 0.5 초간 기다립니다.

02 컴파일과 업로드를 수행합니다.

03 결과를 확인합니다.

BUZZER에서 나는 멜로디를 확인합니다.

01_4 서보모터 각도 조절해 보기

Timer1 클래스 함수인 setPeriod, setPwmDuty를 이용하여 서보모터의 각도를 제어해 봅니다.

서보모터 회로 구성하기

서보모터를 아두이노 우노 보드에 다음과 같이 연결합니다.

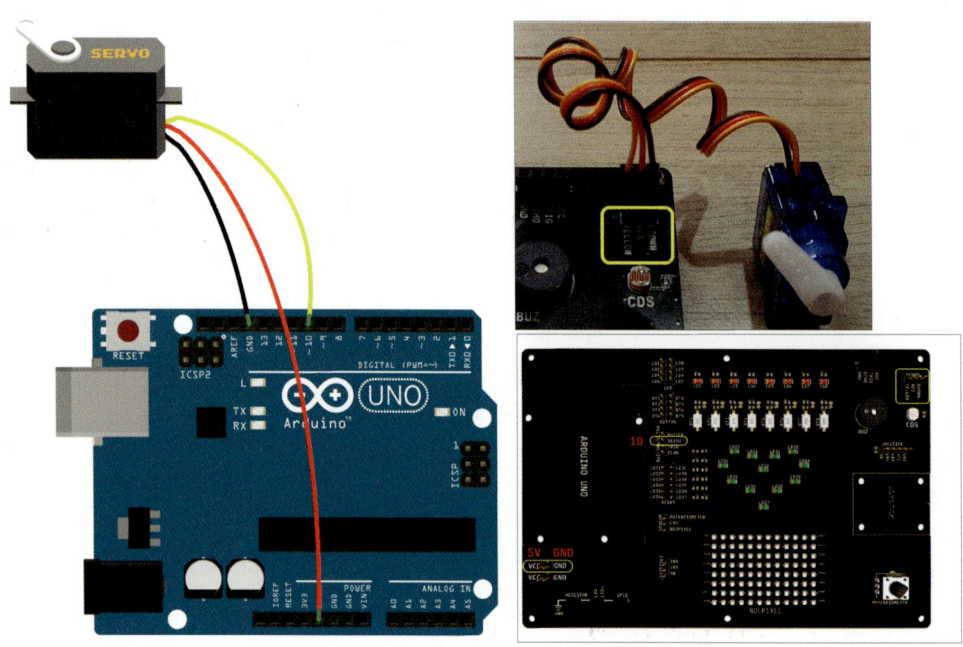

서보 모터의 노란색 전선을 아두이노 우노 보드의 10번 핀에 연결합니다. 서보 모터의 검은색 또는 갈색 전선을 아두이노 우노 보드의 GND 핀에 연결합니다. 서보 모터의 빨간색 전선을 아두이노 우노 보드의 5V 핀에 연결합니다. 3.3V에 연결할 경우 서보 모터의 동력원이 약하며, 모터 회전 시 아두이노 우노 보드가 리셋 되어 재부팅될 수도 있습니다. 실제로 서보 모터는 모터 드라이버를 통해 연결해야 합니다.

서보모터 각도 조절해보기

여기서는 서보모터의 각도를 0도, 180도로 조절해봅니다.

01 다음과 같이 예제를 수정합니다.

414_1.ino

```
01    #include <TimerOne.h>
02
03    int SERVO = 10;
04
05    int SERVO_PERIOD = 20000; //us
06    int SERVO_MINDUTY = (1024/20)*0.7;//=35
07    int SERVO_MAXDUTY = (1024/20)*2.3;//=117
08
09    void setup() {
10     Timer1.initialize();
11     Timer1.pwm(SERVO, 0);
12
13     Timer1.setPeriod(SERVO_PERIOD);
14     Timer1.setPwmDuty(SERVO, SERVO_MINDUTY);
15
16     delay(1000);
17
18     for(int cnt=0;cnt<=2;cnt++) {
19            Timer1.setPwmDuty(SERVO, SERVO_MINDUTY);
20            delay(1000);
21            Timer1.setPwmDuty(SERVO, SERVO_MAXDUTY);
22            delay(1000);
23     }
24
25     Timer1.disablePwm(SERVO);
26    }
27
28    void loop() {
29
30    }
```

01	: Timer1 관련 함수를 사용하기 위해 TimerOne.h 헤더 파일을 포함시켜 줍니다.
03	: SERVO 변수에 10 번 핀을 할당합니다.
10	: Timer1.initialize 함수를 호출하여 아두이노 칩 내부에 있는 Timer1 모듈을 초기화합니다.
11	: Timer1.pwm 함수를 호출하여 SERVO 핀으로 사각 파형을 내보내도록 설정합니다. 0은 HIGH의 개수를 나타내며 1023까지 쓸 수 있습니다.
05, 13	: Timer1.setPeriod 함수를 호출하여 사각 파형의 주기를 20000 us로 설정합니다. 이렇게 하면 50Hz의 주파수가 생성됩니다.

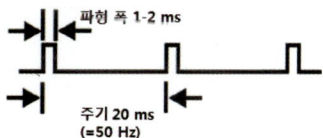

06, 14 : Timer1.setPwmDuty 함수를 호출하여 SERVO로 나가는 사각 파형의 HIGH 구간을 700 us(=0.7 ms)로 설정합니다. 이렇게 하면 SERVO로 700 마이크로초 동안 HIGH 값이 나가며, 서보 모터는 0도로 회전합니다.

TIP 이 책에서 사용하는 SG90 서보의 경우는 실험적으로 700 us의 HIGH 값이 나갈 때, 0도로 회전합니다.

16 : 1초 동안 기다립니다. 서보 모터가 0도로 돌아갈 수 있도록 시간을 줍니다.
18 : cnt 변수 값을 0부터 2까지 1씩 증가시켜가면서 중괄호 안쪽(18~23줄)의 동작을 3회 반복합니다.
19, 20 : 0도로 이동합니다. 서보가 회전하기 위해서는 일정한 시간이 필요하며, 여기서는 1초간 이동할 시간을 줍니다.
21, 22 : 180도로 이동합니다.

TIP 이 책에서 사용하는 SG90 서보의 경우는 실험적으로 2300 us의 HIGH 값이 나갈 때, 180도로 회전합니다.

25 : Timer1.disablePwm 함수를 호출하여 SERVO 핀으로 나가는 사각 파형 설정을 해제합니다. 이렇게 하면 서보 모터의 동작이 멈추게 됩니다.

02 컴파일과 업로드를 수행합니다.

03 결과를 확인합니다.

서보가 0도과 180도를 2초 주기로 3회 회전하는 것을 확인합니다.

서보모터 0~180도 조절해보기

여기서는 0도에서 180도까지 조절해 보도록 합니다.

01 다음과 같이 예제를 작성합니다.

414_2.ino
```
01      #include <TimerOne.h>
02
03      int SERVO = 10;
04
05      int SERVO_PERIOD = 20000; //us
06      int SERVO_MINDUTY = (1024/20)*0.7;//=35
07      int SERVO_MAXDUTY = (1024/20)*2.3;//=117
08
09      void setup() {
10        Timer1.initialize();
11        Timer1.pwm(SERVO, 0);
12
13        Timer1.setPeriod(SERVO_PERIOD);
14        Timer1.setPwmDuty(SERVO, SERVO_MINDUTY);
15
16        delay(1000);
17
```

```
18      for(int angle=SERVO_MINDUTY;angle<=SERVO_MAXDUTY;angle++) {
19              Timer1.setPwmDuty(SERVO, angle);
20              delay(30);
21      }
22
23      Timer1.disablePwm(SERVO);
24  }
25
26  void loop() {
27
28  }
```

- **18** : angle 변수 값을 SERVO_MINDUTY부터 SERVO_MAXDUTY까지 1씩 증가시켜가면서 중괄호 안쪽(18~21줄)의 동작을 수행합니다.
- **19** : Timer1.setPwmDuty 함수를 호출하여 SERVO로 나가는 사각 파형의 HIGH 구간을 angle 값으로 설정합니다.
- **20** : 30 밀리 초 동안 기다립니다.
- **23** : Timer1.disablePwm 함수를 호출하여 SERVO 핀으로 나가는 사각 파형 설정을 해제합니다. 이렇게 하면 서보 모터의 동작이 멈추게 됩니다.

02 컴파일과 업로드를 수행합니다.

03 결과를 확인합니다.

서보모터가 약 3.2초 동안 0도에서 180도까지 회전한 후, 0도로 다시 돌아오는 것을 확인합니다.

02

찰나의 순간 : attachInterrupt

앞에서 우리는 digitalRead 함수를 이용해 버튼을 누르면 LED가 켜지고 버튼을 떼면 LED가 꺼지는 예제를 수행해 보았습니다. 그러나 이 경우엔 버튼을 누르고 있어야만 LED가 켜졌습니다. 버튼을 떼게 되면 LED가 꺼지게 되어 불편합니다. 마찬가지로 부저나 서모 모터의 경우도 버튼을 누르고 있어야만 소리가 나거나 회전하게 됩니다. 버튼이 눌리는 순간 LED를 켜고, 다시 눌리는 순간 LED를 끄려고 한다면 외부 인터럽트 기능을 사용해야 합니다. attachInterrupt 함수를 이용하면 버튼을 누르는 순간 또는 떼는 순간을 감지할 수 있습니다. attachInterrupt 함수는 할당된 핀이 0에서 1로 또는 1에서 0으로 바뀌는 순간을 감지하고 원하는 동작을 수행하고자 할 때 사용합니다. 다음 핀들은 attachInterrupt 함수를 통해 외부 인터럽트를 받을 수 있는 핀들입니다.

attachInterrupt 함수는 2, 3 번 핀에 대해서만 적용할 수 있는 함수입니다.

attachInterrupt

attachInterrupt란 특정한 핀에 특정한 조건에 맞는 외부 인터럽트가 발생할 경우 수행할 함수를 등록하는 함수입니다.

> attachInterrupt(digitalPinToInterrupt(pin), ISR, mode);
>   ❶   ❷   ❸
>
> ❶ 핀 번호. 아두이노 우노의 경우 2, 3.
> ❷ 인터럽트가 발생하면 하드웨어적으로 호출되는 인터럽트 처리 함수
> ❸ 인터럽트 발생 조건. LOW, CHANGE, RISING, FALLING 중 하나

첫 번째 매개 변수에서 digitalPinToInterrupt는 핀 번호에 따른 외부 인터럽트 번호를 돌려줍니다. 세 번째 매개 변수 mode는 RISING, FALLING, CHANGE, LOW의 4 가지 값을 가질 수 있습니다. RISING은 LOW에서 HIGH로 신호가 변하는 순간에 인터럽트가 발생하게 하며, FALLING은 HIGH에서 LOW로 신호가 변하는 순간에 인터럽트가 발생하게 합니다. CHANGE는 RISING과 FALLING 두 조건 모두에 대해 인터럽트가 발생하게 하며, LOW는 인터럽트 핀이 LOW에 연결되어 있는 동안에 계속해서 발생하게 합니다. 일반적으로 RISING을 많이 사용합니다.

02_01 인터럽트 처리하기

외부 인터럽트는 아두이노 우노 칩 내부에 있는 GPIO 모듈에 의해 발생할 수 있습니다. 아두이노 보드에서 외부 인터럽트 핀은 2, 3번 핀이며, 각각 외부 인터럽트 0, 1을 발생시킬 수 있습니다.

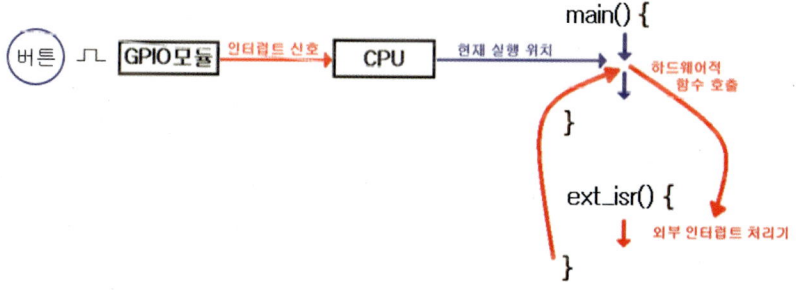

예를 들어, 디지털 핀 2 번 또는 3 번 핀을 통해 0에서 1로 또는 1에서 0으로 신호가 바뀌면 GPIO 모듈을 통해서 아두이노 칩 내부에 있는 CPU로 인터럽트 신호를 보낼 수 있습니다. CPU는 인터럽트 신호를 받으면, 하드웨어적으로 함수를 호출하게 되는데, 이 때 수행되는 함수가 외부 인터럽트 처리 함수가 됩니다. CPU는 인터럽트 처리 함수를 수행하고 나서는 원래 수행되던 위치로 돌아갑니다.

02_02 버튼 인터럽트로 LED 켜기

여기서는 외부 인터럽트를 이용하여 LED를 켜고 끄도록 해봅니다. 버튼을 한 번 누르면 LED가 켜지고 한 번 더 누르면 LED가 꺼지도록 합니다.

01 다음과 같이 회로를 구성합니다.

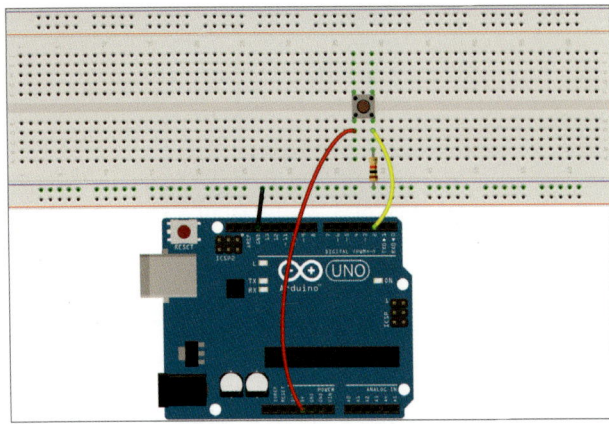 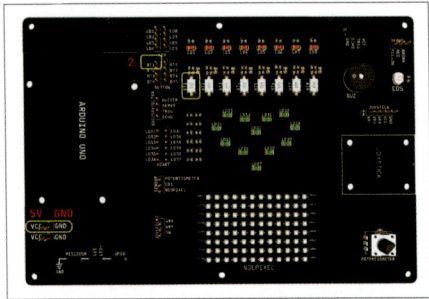

버튼의 한 쪽 핀을 5V로 연결합니다. 그림에서는 빨간색 전선 부분입니다. 버튼의 다른 쪽 핀을 1K Ohm 저항을 통해 GND로 연결해 줍니다. 그림에서는 검은색 전선 부분입니다. 저항의 다른 쪽 핀을 2 번 핀에 연결합니다. LED의 긴 핀(+)을 220 Ohm 저항을 통해 아두이노 우노 보드의 2번 핀에 연결합니다. LED의 짧은 핀(-)은 GND 핀에 연결합니다.

02 다음과 같이 예제를 작성합니다.

```
422.ino
01    int ledPin = 13;
02    int buttonPin = 2;
03
04    int led_state = LOW;
05    bool led_state_changed = false;
06
07    void buttonPressed() {
08      led_state = (led_state == LOW)?HIGH:LOW;
09      led_state_changed = true;
10    }
11
12    void setup() {
13      pinMode(ledPin, OUTPUT);
14      pinMode(buttonPin, INPUT);
15      attachInterrupt(digitalPinToInterrupt(buttonPin), buttonPressed, RISING);
```

```
16        }
17
18      void loop() {
19       if(led_state_changed) {
20              led_state_changed = false;
21              digitalWrite(ledPin, led_state);
22        }
23      }
```

01 : ledPin 변수를 선언하고 13 번 핀으로 할당합니다.
02 : buttonPin 변수를 선언하고 2번 핀으로 할당합니다.
04 : led_state 변수를 선언하여 LED의 상태 값을 저장합니다.
05 : led_state_changed 변수를 선언하여 LED의 상태가 바뀌어야 한다는 것을 알게 합니다. true이면 LED의 상태가 바뀌어야 한다는 의미이고 false이면 그렇지 않다는 의미입니다.
07~10 : buttonPressed 함수를 정의합니다. 이 함수는 버튼이 눌리는 순간 수행할 함수입니다.
08 : led_state 값이 LOW이면 HIGH 값을 그렇지 않으면 LOW 값을 led_state에 할당합니다.
09 : led_state_changed 변수 값을 true로 설정해 LED의 상태가 바뀌어야 한다는 것을 표시합니다.
13 : pinMode 함수를 호출해 ledPin을 출력으로 설정합니다.
14 : pinMode 함수를 호출해 buttonPin을 입력으로 설정합니다.
15 : attachInterrupt 함수를 호출해 buttonPin의 신호가 0에서 1로 올라가면 buttonPressed가 자동으로 호출되도록 buttonPressed 함수를 등록합니다. digitalPinToInterrupt 함수는 해당 핀 번호에 대한 외부 인터럽트 번호를 돌려주는 함수입니다. 핀 번호가 2 번이면 0을 3이면 1을 돌려주는 함수입니다.
19 : led_state_changed 변수 값이 true이면
20 : led_state_changed 변수 값을 false로 돌려놓고
21 : digitalWrite 함수를 호출하여 ledPin에 led_state 값을 씁니다. led_state 값에 따라 LED가 켜지거나 꺼지게 됩니다.

03 컴파일과 업로드를 수행합니다.

04 결과를 확인합니다. 버튼을 누르면 LED가 켜지고, 다시 버튼을 누르면 LED가 꺼지는 것을 확인합니다.

TIP 버튼을 누르면 LED가 깜빡이며 이전상태를 유지하는 경우도 있습니다. 이런 현상을 채터링이라고 하며, 문제를 해결하기 위해서는 회로 상에는 축전지를 장착하고, 소프트웨어적으로는 일정 시간동안 버튼의 상태가 유지되는 것을 확인하는 루틴을 추가해주어야 합니다.

02_03 버튼 인터럽트로 서보 회전하기

여기서는 외부 인터럽트를 이용하여 버튼을 한 번 누르면 서보가 150도 위치로 회전하고 한 번 더 누르면 30도로 회전하게 합니다.

01 다음과 같이 회로를 구성합니다.

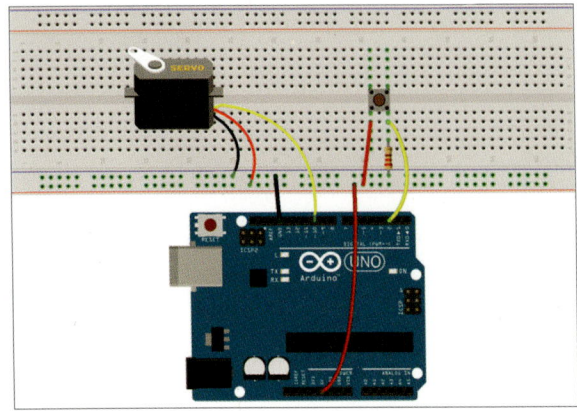 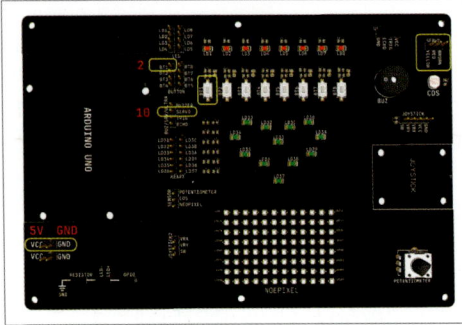

버튼의 한 쪽 핀을 5V로 연결합니다. 그림에서는 빨간색 전선 부분입니다. 버튼의 다른 쪽 핀을 1K Ohm 저항을 통해 GND로 연결해 줍니다. 그림에서는 검은색 전선 부분입니다. 저항의 다른 쪽 핀을 2 번 핀에 연결합니다. 서보 모터의 노란색 전선을 아두이노 우노 보드의 10번 핀에 연결합니다. 서보 모터의 검은색 또는 갈색 전선을 아두이노 우노 보드의 GND 핀에 연결합니다. 서보 모터의 빨간색 전선을 아두이노 우노 보드의 5V 핀에 연결합니다. 3.3V에 연결할 경우 서보 모터의 동력원이 약하며, 모터 회전 시 아두이노 우노 보드가 리셋 되어 재부팅될 수도 있습니다. 실제로 서보 모터는 모터 드라이버를 통해 연결해야 합니다.

02 다음과 같이 예제를 작성합니다.

```
423.ino
1     #include <Servo.h>
2
3     int SERVO = 10;
4     Servo servo;
5     int buttonPin = 2;
6
7     int servo_state = 30;
8     bool servo_state_changed = false;
9
10    void buttonPressed() {
11      servo_state = (servo_state == 30)?150:30;
12      servo_state_changed = true;
13    }
```

```
14
15      void setup() {
16       pinMode(buttonPin, INPUT);
17       attachInterrupt(digitalPinToInterrupt(buttonPin), buttonPressed, RISING);
18       servo.attach(SERVO);
19       servo.write(0);
20       delay(1000);
21      }
22
23      void loop() {
24       if(servo_state_changed) {
25              servo_state_changed = false;
26              servo.write(servo_state);
27       }
28      }
```

01	: Servo 관련 함수를 사용하기 위해 Servo.h 헤더 파일을 포함시켜 줍니다.
03	: SERVO 변수에 10 번 핀을 할당합니다.
04	: 서보 제어를 위해 Servo 클래스인 servo 객체를 생성합니다.
05	: buttonPin 변수를 선언하고 2번 핀으로 할당합니다.
07	: servo_state 변수를 선언하여 서보의 상태 값을 저장합니다.
08	: servo_state_changed 변수를 선언하여 서보의 상태가 바뀌어야 한다는 것을 알게 합니다. true이면 서보의 상태가 바뀌어야 한다는 의미이고 false이면 그렇지 않다는 의미입니다.
10~13	: buttonPressed 함수를 정의합니다. 이 함수는 버튼이 눌리는 순간 수행할 함수입니다.
11	: servo_state 값이 30이면 150도 값을 그렇지 않으면 30도 값을 servo_state에 할당합니다.
12	: servo_state_changed 변수 값을 true로 설정해 서보의 상태가 바뀌어야 한다는 것을 표시합니다.
16	: pinMode 함수를 호출해 buttonPin을 입력으로 설정합니다.
17	: attachInterrupt 함수를 호출해 buttonPin의 신호가 0에서 1로 올라가면 buttonPressed가 자동으로 호출되도록 buttonPressed 함수를 등록합니다. digitalPinToInterrupt 함수는 해당 핀 번호에 대한 외부 인터럽트 번호를 돌려주는 함수입니다. 핀 번호가 2 번이면 0을 3이면 1을 돌려주는 함수입니다.
18	: servo 객체에 attach 함수를 호출하여 SERVO 핀을 연결합니다. 이렇게 하면 servo 객체를 이용하여 SERVO 핀을 제어할 수 있습니다.
19	: servo 객체에 write 함수를 호출하여 서보 모터를 0도로 회전시킵니다.
20	: 서보가 회전하는 데 시간이 필요하기 때문에 1초가 기다립니다.
24	: servo_state_changed 변수 값이 true이면
25	: servo_state_changed 변수 값을 false로 돌려놓고
26	: servo 객체에 write 함수를 호출하여 서보 모터의 각도를 servo_state 값의 각도 위치로 설정합니다.

03 컴파일과 업로드를 수행합니다.

04 결과를 확인합니다. 버튼을 한 번 누르면 서보기 150도 위치로 회전하고, 다시 버튼을 누르면 서보가 30도 위치로 회전하는 것을 확인합니다.

03

찰나의 순간 2 : attachPCINT

아두이노 우노의 2, 3번 핀은 attachInterrupt 함수를 통해 외부 인터럽트를 받을 수 있습니다. 2, 3 번 핀을 제외한 나머지 핀들의 경우엔 외부 인터럽트를 받을 수 없습니다. 나머지 핀들의 경우엔 핀 신호 변화 인터럽트(pin change interrupt)를 받을 수 있습니다. 외부 인터럽트의 경우엔 핀 신호가 LOW에서 HIGH로, HIGH에서 LOW로 변할 때도 인터럽트를 받을 수 있고 핀 신호가 LOW을 유지할 때도 인터럽트를 받을 수 있습니다. 그러나 핀 신호 변화 인터럽트는 핀 신호가 LOW에서 HIGH로, HIGH에서 LOW로 변할 때만 인터럽트를 받을 수 있습니다. 핀 신호가 LOW을 유지할 때는 인터럽트를 받을 수 없습니다. 그러나 인터럽트는 주로 신호가 변화할 때 받는 경우가 많으므로 외부 인터럽트 핀을 다 사용했다면 핀 신호 변화 인터럽트를 사용하도록 합니다.

attachPCINT

attachPCINT란 특정한 핀에 특정한 조건에 맞는 핀 신호 변화 인터럽트가 발생할 경우 수행할 함수를 등록하는 함수입니다.

> attachPCINT(digitalPinToPCINT(pin), ISR, mode);
>   ❶   ❷   ❸
> ❶ 핀 번호, 아두이노 우노의 경우 2, 3을 제외한 나머지 핀
> ❷ 인터럽트가 발생하면 하드웨어적으로 호출되는 인터럽트 처리 함수
> ❸ 인터럽트 발생 조건, CHANGE, RISING, FALLING 중 하나

첫 번째 매개 변수에서 digitalPinToPCINT는 핀 번호에 따른 핀 신호 변화 인터럽트 번호를 돌려줍니다.

세 번째 매개 변수 mode는 인터럽트 발생 조건을 나타냅니다. mode는 RISING, FALLING, CHANGE의 3 가지 값을 가질 수 있습니다. RISING은 LOW에서 HIGH로 신호가 변하는 순간에 인터럽트가 발생하게 하며, FALLING은 HIGH에서 LOW로 신호가 변하는 순간에 인터럽트가 발생하게 합니다. CHANGE는 RISING과 FALLING 두 조건 모두에 대해 인터럽트가 발생하게 합니다. 일반적으로 RISING을 많이 사용합니다.

03_01 핀 신호 변화 인터럽트 라이브러리 설치하기

외부 인터럽트의 경우에는 아두이노 소프트웨어에서 기본적으로 제공되나 핀 신호 변화 인터럽트는 그렇지 않습니다. 핀 신호 변화 인터럽트를 사용하기 위해서 먼저 PinChangeInterrupt 라이브러리를 설치합니다.

01 다음과 같이 PinChangeInterrupt 라이브러리를 설치합니다.

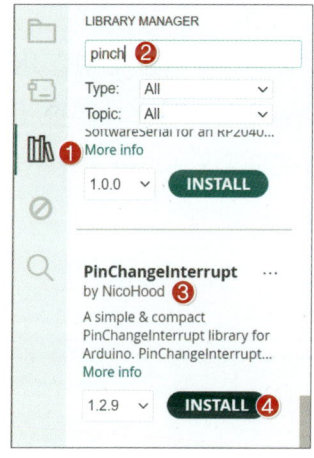

02 설치가 끝나면 [라이브러리 아이콘]을 눌러 창을 닫습니다.

03_02 버튼 인터럽트로 LED 켜기

여기서는 핀 신호 변화 인터럽트를 이용하여 LED를 켜고 끄도록 해봅니다. 버튼을 한 번 누르면 LED가 켜지고 한 번 더 누르면 LED가 꺼지도록 합니다.

01 다음과 같이 회로를 구성합니다.

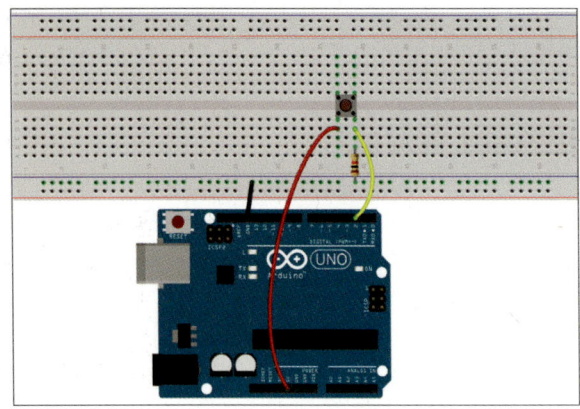
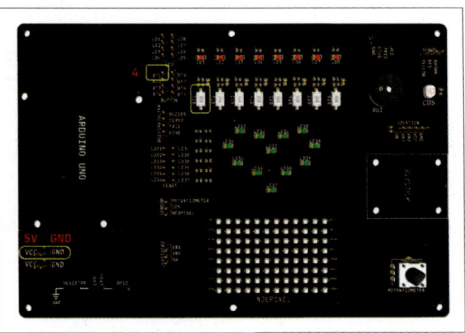

버튼의 한 쪽 핀을 5V로 연결합니다. 그림에서는 빨간색 전선 부분입니다. 버튼의 다른 쪽 핀을 1K Ohm 저항을 통해 GND로 연결해 줍니다. 그림에서는 검은색 전선 부분입니다. 저항의 다른 쪽 핀을 4 번 핀에 연결합니다. LED의 긴 핀(+)을 220 Ohm 저항을 통해 아두이노 우노 보드의 4번 핀에 연결합니다. LED의 짧은 핀(-)은 GND 핀에 연결합니다.

02 다음과 같이 예제를 작성합니다.

432.ino

```
01  #include "PinChangeInterrupt.h"
02
03  int ledPin = 13;
04  int buttonPin = 4;
05
06  int led_state = LOW;
07  bool led_state_changed = false;
08
09  void buttonPressed() {
10    led_state = (led_state == LOW)?HIGH:LOW;
11    led_state_changed = true;
12  }
13
14  void setup() {
15    pinMode(ledPin, OUTPUT);
16    pinMode(buttonPin, INPUT);
```

```
17        attachPCINT(digitalPinToPCINT(buttonPin), buttonPressed, RISING);
18    }
19
20    void loop() {
21      if(led_state_changed) {
22      led_state_changed = false;
23            digitalWrite(ledPin, led_state);
24      }
25    }
```

01 : 핀 신호 변화 인터럽트를 사용하기 위해 PinChangeInterrupt.h 파일을 포함합니다.
17 : attachPCINT 함수를 호출해 buttonPin의 신호가 0에서 1로 올라가면 buttonPressed가 자동으로 호출되도록 buttonPressed 함수를 등록합니다. digitalPinToPCINT 함수는 해당 핀 번호에 대한 핀 신호 변화 인터럽트 번호를 돌려주는 함수입니다.

나머지 부분은 외부 인터럽트와 같습니다.

03 컴파일과 업로드를 수행합니다.

04 결과를 확인합니다. 버튼을 누르면 LED가 켜지고, 다시 버튼을 누르면 LED가 꺼지는 것을 확인합니다.

03_03 초음파 센서로 거리 측정해보기

초음파 센서를 이용하여 거리를 측정할 때 사용하는 함수는 pulseIn 함수입니다. pulseIn 함수은 측정된 거리에 따라 최대 25 밀리 초가 걸릴 수 있습니다. 즉, 함수 수행 시간이 25 밀리 초가 걸릴 수 있습니다. 이 경우 delay(25)와 같은 형태로 다른 루틴에 간섭을 일으킬 수 있습니다. pulseIn 함수는 내부적으로 파형의 HIGH 구간이나 LOW 구간을 측정하며 대기하는 상태가 있기 때문에 다른 루틴에 대해서는 delay 함수와 같은 효과가 발생할 수 있으며 경우에 따라 다른 루틴에 간섭을 일으킬 수 있습니다. 예를 들어 어떤 루틴은 1 밀리 초마다 수행되어야 할 때 pulseIn 함수를 사용하게 되면 문제가 발생할 수 있습니다.

여기서는 pulseIn 함수의 수행시간을 측정해 보고, Pin Change 인터럽트를 이용하여 지연이 발생하는 문제를 해결해 보도록 합니다.

초음파 센서 회로 구성하기

다음과 같이 초음파 센서 회로를 구성합니다.

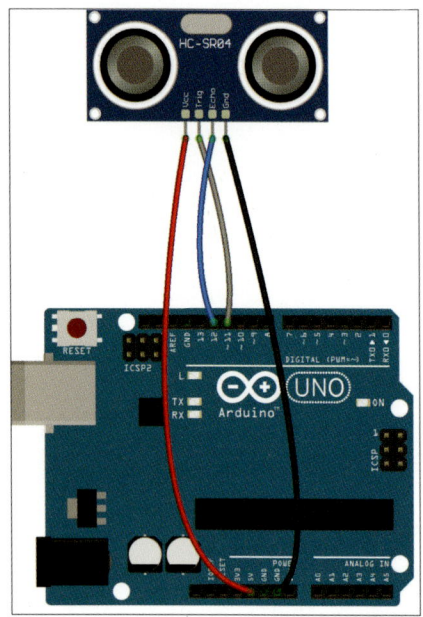 

초음파 센서의 Vcc 핀은 아두이노의 VCC 핀에 연결합니다. 초음파 센서의 Gnd 핀은 아두이노의 GND 핀에 연결합니다. 초음파 센서의 Trig 핀은 아두이노의 11번 핀에 연결합니다. 초음파 센서의 Echo 핀은 아두이노의 12번 핀에 연결해 줍니다.

초음파 센서로 거리 측정해보기

여기서는 앞에서 작성한 예제를 다시 한 번 수행해 보도록 합니다.

01 다음과 같이 앞에서 작성한 예제를 사용합니다.

433_1.ino
```
01    int trig_pin = 11;
02    int echo_pin = 12;
03
04    void setup() {
05      pinMode(trig_pin, OUTPUT);
06      pinMode(echo_pin, INPUT);
07
08      Serial.begin(115200);
09    }
10
11    void loop() {
12      digitalWrite(trig_pin, LOW);
```

```
13        delayMicroseconds(2);
14        digitalWrite(trig_pin, HIGH);
15        delayMicroseconds(10);
16        digitalWrite(trig_pin, LOW);
17
18        long duration = pulseIn(echo_pin, HIGH);
19        long distance = (duration/2) / 29.1;
20
21        Serial.print(distance);
22        Serial.println(" cm ");
23
24    }
```

01   : trig_pin 변수에 11번 핀을 할당합니다. trig_pin은 초음파 센서를 이용하여 물체와의 거리를 측정할 때 초음
         파 센서가 아두이노로부터 시작 신호를 받기 위한 핀입니다.
02 :   echo_pin 변수에 12번 핀을 할당합니다. echo_pin은 초음파 센서를 이용하여 물체와의 거리를 측정할 때
         측정된 거리 계산을 위한 핀입니다. 초음파 센서는 측정된 거리에 따라 echo_pin을 통해 사각파형의 길이
         를 아두이노로 전달합니다. 아두이노는 사각파형의 길이에 따라 거리를 계산할 수 있습니다.
04~09 : setup 함수를 정의합니다.
05   : trig_pin을 출력으로 설정합니다.
06   : echo_pin을 입력으로 설정합니다.
08   : 시리얼 통신속도를 115200 bps로 설정합니다.
11~29 : loop 함수를 정의합니다.
12~16 : 거리 감지를 위한 시작 신호를 초음파 센서로 전달합니다.
12   : trig_pin을 LOW로 설정합니다.
13   : delayMicroseconds 함수를 호출하여 2마이크로초간 지연을 줍니다.
14   : trig_pin을 HIGH로 설정합니다.
15   : delayMicroseconds 함수를 호출하여 10마이크로초간 지연을 줍니다.
16   : trig_pin을 LOW로 설정합니다.
18   : pulseIn 함수를 호출하여 echo_pin의 HIGH 구간을 측정한 후, duration 변수에 저장합니다.
19   : duration값을 2로 나눈 후, 다시 29.1로 나누어 distance 변수에 저장합니다.
21   : Serial.print 함수를 호출하여 distance 값을 출력하고
22   : Serial.println 함수를 호출하여 " cm" 문자열을 출력합니다.

02 [툴] 메뉴를 이용하여 보드, 포트를 다음과 같이 선택합니다.

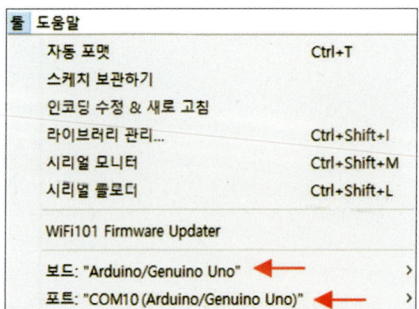

03 컴파일과 업로드를 수행한 후 [시리얼 모니터] 버튼을 눌러줍니다. 시리얼 모니터 창이 뜨면, 우측 하단에서 통신 속도를 115200으로 맞춰줍니다.

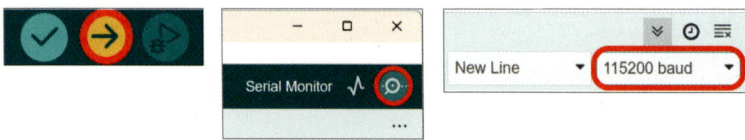

04 결과를 확인합니다.

```
134 cm
139 cm
144 cm
143 cm
142 cm
```

어느 정도 오차가 있습니다.

pulseIn 함수 수행 시간 살펴보기

초음파 센서를 이용하여 거리를 측정할 때 사용하는 함수는 pulseIn 함수입니다. pulseIn 함수은 측정된 거리에 따라 최대 25 밀리 초가 걸릴 수 있습니다. 즉, 함수 수행 시간이 25 밀리 초가 걸릴 수 있습니다. 이 경우 delay(25)와 같은 형태로 다른 루틴에 간섭을 일으킬 수 있습니다. 여기서는 pulseIn 함수의 수행시간을 측정하는 루틴을 작성해 보도록 합니다.

01 다음과 같이 예제를 수정합니다.

```
433_2.ino
01    int trig_pin = 11;
02    int echo_pin = 12;
03
04    void setup() {
05      pinMode(trig_pin, OUTPUT);
06      pinMode(echo_pin, INPUT);
07
08      Serial.begin(115200);
09    }
10
11    void loop() {
12      digitalWrite(trig_pin, LOW);
13      delayMicroseconds(2);
14      digitalWrite(trig_pin, HIGH);
15      delayMicroseconds(10);
16      digitalWrite(trig_pin, LOW);
```

```
17
18      unsigned long t_begin = millis();
19      long duration = pulseIn(echo_pin, HIGH);
20      unsigned long t_end = millis();
21      Serial.print(t_end - t_begin);
22      Serial.println(" ms ");
23    }
```

18 : millis 함수를 호출하여 현재 시간을 얻어내어 t_begin 변수에 저장합니다. millis 함수는 아두이노의 동작이 시작된 이후의 밀리초 단위의 시간을 알려줍니다.
20 : millis 함수를 호출하여 현재 시간을 얻어내어 t_end 변수에 저장합니다.
21 : Serial.print 함수를 호출하여 (t_end - t_begin) 값을 화면에 출력합니다.
22 : Serial.println 함수를 호출하여 " us" 문자열을 화면에 출력합니다.

03 컴파일과 업로드를 수행한 후 [시리얼 모니터] 버튼을 눌러줍니다. 시리얼 모니터 창이 뜨면, 우측 하단에서 통신 속도를 115200으로 맞춰줍니다.

 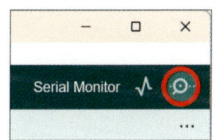 

04 결과를 확인합니다.

```
7 ms
9 ms
10 ms
7 ms
8 ms
```

pulseIn 함수의 수행 시간이 거리에 따라 변하는 것을 확인합니다.

핀 신호변화 인터럽트 사용하기

여기서는 Pin Change 인터럽트를 이용하여 지연이 발생하는 문제를 해결해 보도록 합니다.

01 다음과 같이 예제를 작성합니다.

433_3.ino

```
1   #include <PinChangeInterrupt.h>
2
3   int trig_pin = 11;
4   int echo_pin = 12;
5
6   unsigned long echo_duration = 0;
7   void echoIsr(void) {
8     static unsigned long echo_begin = 0;
9     static unsigned long echo_end = 0;
10
11    unsigned int echo_pin_state = digitalRead(echo_pin);
12    if(echo_pin_state == HIGH) {
13            echo_begin = micros();
14    } else {
15            echo_end = micros();
16            echo_duration = echo_end - echo_begin;
17    }
18  }
19
20  void setup() {
21    pinMode(trig_pin, OUTPUT);
22    pinMode(echo_pin, INPUT);
23
24    attachPCINT(digitalPinToPCINT(echo_pin), echoIsr, CHANGE);
25
26    Serial.begin(115200);
27  }
28
29  void loop() {
30    if(echo_duration == 0) { // triggering
31            digitalWrite(trig_pin, LOW);
32            delayMicroseconds(2);
33            digitalWrite(trig_pin, HIGH);
34            delayMicroseconds(10);
35            digitalWrite(trig_pin, LOW);
36    } else {
37            unsigned long distance = echo_duration / 58;
38            Serial.print(distance);
39            Serial.println(" cm ");
40
41            echo_duration = 0;
42    }
43  }
```

줄 번호	설명
01	: 핀 신호 변화 인터럽트를 사용하기 위해 PinChangeInterrupt.h 파일을 포함시킵니다.
06	: echo_duration 변수를 선언합니다. echo_duration 변수는 echo_pin을 통해 전달되는 파형의 HIGH 구간의 길이 값을 저장하는 역할을 합니다.
07~18	: echoIsr 함수를 정의합니다.
08	: echo_begin 변수를 선언합니다. echo_begin 변수는 echo_pin을 통해 전달되는 파형의 HIGH 구간의 시작 시간을 저장하는 역할을 합니다.
09	: echo_end 변수를 선언합니다. echo_end 변수는 echo_pin을 통해 전달되는 파형의 HIGH 구간의 끝시간을 저장하는 역할을 합니다.
11	: digitalRead 함수를 호출하여 echo_pin 값을 읽은 후, echo_pin_state 변수에 저장합니다. echo_pin_state 변수는 HIGH 또는 LOW 값을 가지게 됩니다.
12	: echo_pin_state 값이 HIGH이면
13	: micros 함수를 호출하여 현재 시간을 얻어내어 echo_begin 변수에 저장합니다. micros 함수는 아두이노의 동작이 시작된 이후의 마이크로초 단위의 시간을 알려줍니다.
14	: echo_pin_state 값이 HIGH가 아니면, 즉 LOW이면
15	: micros 함수를 호출하여 현재 시간을 얻어내어 echo_end 변수에 저장합니다.
16	: echo_end에서 echo_begin 값을 뺀 후, echo_duration 변수에 저장합니다.
20~27	: setup 함수를 정의해 줍니다.
24	: attachPCINT 함수를 호출하여 echo_pin의 신호가 변경되면, 즉 LOW에서 HIGH로 또는 HIGH에서 LOW로 신호가 변경되면 echoIsr 함수가 호출되도록 echoIsr 함수를 등록합니다. digitalPinToPCINT 함수는 핀번호에 해당하는 인터럽트 번호를 알려주는 함수입니다.
30	: echo_duration 값이 0이면 trig_pin을 통해 초음파 센서로 거리감지 신호를 보냅니다.
37	: echo_duration 값이 0이 아니면 거리를 계산합니다.
41	: echo_duration 값을 0으로 변경합니다.

02 컴파일과 업로드를 수행한 후 [시리얼 모니터] 버튼을 눌러줍니다. 시리얼 모니터 창이 뜨면, 우측 하단에서 통신 속도를 115200으로 맞춰줍니다.

 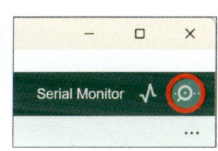 

03 결과를 확인합니다.

```
34 cm
39 cm
44 cm
43 cm
42 cm
```

어느 정도 오차가 있습니다.

CHAPTER 05

네오픽셀 활용하기

ARDUINO

이번 장에서는 네오픽셀을 활용하기 위한 라이브러리를 만들어봅니다. 마지막에는 네오픽셀을 이용하여 벽돌 깨기 게임을 구현해 봅니다.

01

네오픽셀 라이브러리 만들기

여기서는 앞에서 살펴본 네오픽셀을 활용하기 위한 라이브러리를 구성해 보고, 애니메이션 스케치를 작성해 봅니다.

아두이노와의 연결은 다음과 같이 합니다.

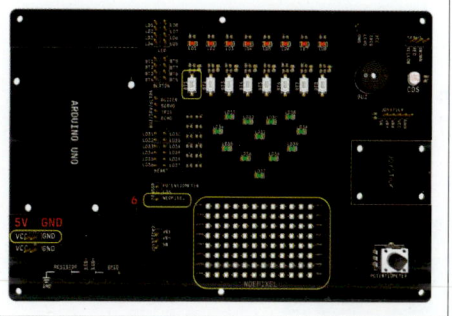

아두이노의 6번 핀을 NEOPIXEL 핀에 연결합니다. 전원선도 연결해 줍니다.

01_01 네오픽셀 파도타기

여기서는 열 별로 8개의 LED를 차례대로 켜고 꺼 보도록 합니다.

01 다음과 같이 예제를 작성합니다.

511.ino
```
01 #include "myneopixel.h"
02
03 void setup() {
04     Pixels.begin();
05     Pixels.setBrightness(32);
06     Pixels.show();
07 }
08
09 int cnt=5;
10 void loop() {
11     if(cnt<=0) return;
12     cnt--;
13
14     // 네오픽셀 파도
15     for(int row=0;row<8;row++) {
16         if(row==0) Pixels.fill(BLACK,7*12,12);
17         if(row>0) Pixels.fill(BLACK,(row-1)*12,12);
18
19         Pixels.fill(COLORS[row],row*12,12);
20         Pixels.show();
21         delay(500);
22     }
23
24     // 네오픽셀 끄기
25     Pixels.fill(BLACK,0,Pixels.numPixels());
26     Pixels.show();
27 }
```

16 : row 값이 0일 경우 7번열의 LED 12개를 끕니다.
17 : row 값이 0보다 클 경우, 즉, 1, 2, 3, 4, 5, 6, 7일 경우엔 값이 하나 적은 0, 1, 2, 3, 4, 5, 6번열의 LED 12개를 끕니다.

02 컴파일과 업로드를 수행합니다.

03 결과를 확인합니다.

0~7열까지 차례대로 네오픽셀의 LED가 12개씩 켜지고 꺼집니다.

01_02 하트 그려보기

여기서는 2차 배열을 이용하여 하트를 네오픽셀에 그려보도록 합니다.

01 다음과 같이 예제를 수정합니다.

512.ino
```
01 #include "myneopixel.h"
02
03 uint8_t heart[8][12] = {
04        {0, 0, 1, 1, 0, 0, 0, 0, 1, 1, 0, 0},
05        {0, 2, 2, 2, 2, 0, 0, 2, 2, 2, 2, 0},
06        {3, 3, 3, 3, 3, 3, 3, 3, 3, 3, 3, 3},
07        {0, 4, 4, 4, 4, 4, 4, 4, 4, 4, 4, 0},
08        {0, 0, 5, 5, 5, 5, 5, 5, 5, 5, 0, 0},
09        {0, 0, 0, 6, 6, 6, 6, 6, 6, 0, 0, 0},
10        {0, 0, 0, 0, 7, 7, 7, 7, 0, 0, 0, 0},
11        {0, 0, 0, 0, 0, 8, 8, 0, 0, 0, 0, 0},
12 };
13
14 void setup() {
15        Pixels.begin();
16        Pixels.setBrightness(32);
17        Pixels.show();
18 }
19
20 void loop() {
21        // 하트 그리기
22        for(int row=0;row<8;row++) {
23                for(int col=0;col<12;col++) {
24                        if(heart[row][col]!=0) {
25                                Pixels.setPixelColor(
26                                        row*12+col,
```

```
27                                        COLORS[heart[row][col]-1]);
28                          } else {
29                                Pixels.setPixelColor(
30                                      row*12+col,
31                                      BLACK);
32                          }
33                    }
34              }
35              Pixels.show();
36        }
```

03~12 : heart 정수 이차 배열을 선언한 후, 하트 모양에 맞게 LED를 켜거나 끌 수 있는 값으로 설정합니다. 1~7로 설정된 부분은 LED가 색깔별로 켜지고 0으로 설정된 부분은 LED가 꺼집니다.
22 : 행 0~7에 대해
23 : 열 0~12에 대해
24 : heart[n][m] 값이 0이 아니면
25~27 : setPixelColor 함수를 호출하여 heart[row][col]에 해당하는 LED를 해당 값에 맞는 색깔로 설정합니다.
28~32 : 그렇지 않을 경우 해당 LED를 끄기로 설정합니다.
35 : 설정 값에 따라 LED를 켜거나 끕니다.

02 컴파일과 업로드를 수행합니다.

03 결과를 확인합니다.

하트가 그려진 것을 확인합니다.

01_03 함수 정리하기

여기서는 네오픽셀을 초기화하는 부분과 네오픽셀에 그림을 그리는 부분을 함수로 정리합니다.

01 다음과 같이 예제를 수정합니다.

513.ino

```cpp
#include "myneopixel.h"

uint8_t heart[8][12] = {
        {0, 0, 1, 1, 0, 0, 0, 0, 1, 1, 0, 0},
        {0, 2, 2, 2, 2, 0, 0, 2, 2, 2, 2, 0},
        {3, 3, 3, 3, 3, 3, 3, 3, 3, 3, 3, 3},
        {0, 4, 4, 4, 4, 4, 4, 4, 4, 4, 4, 0},
        {0, 0, 5, 5, 5, 5, 5, 5, 5, 5, 0, 0},
        {0, 0, 0, 6, 6, 6, 6, 6, 6, 0, 0, 0},
        {0, 0, 0, 0, 7, 7, 7, 7, 0, 0, 0, 0},
        {0, 0, 0, 0, 0, 8, 8, 0, 0, 0, 0, 0},
};

void displayInit() {
        Pixels.begin(); // INITIALIZE NeoPixel strip object
        Pixels.setBrightness(32); // Set BRIGHTNESS to about 1/8 (max = 255)
        Pixels.show(); // Turn OFF all pixels ASAP
}

void displayDraw(uint8_t image[8][12]) {
        // 이미지 그리기
        for(int row=0;row<8;row++) {
                for(int col=0;col<12;col++) {
                        if(image[row][col]!=0) {
                                Pixels.setPixelColor(
                                        row*12+col,
                                        COLORS[image[row][col]-1]);
                        } else {
                                Pixels.setPixelColor(
                                        row*12+col,
                                        BLACK);
                        }
                }
        }
        Pixels.show();
}

void setup() {
        displayInit();
}

void loop() {
        displayDraw(heart);
}
```

14~18 : displayInit 함수를 정의합니다. 이전 예제의 setup 함수의 내용과 같습니다.
20~36 : displayDraw 함수를 정의합니다. 이전 예제의 loop 함수의 내용과 같습니다.
displayDraw 함수는 정수 이차 배열을 받을 수 있도록 image 매개 변수를 추가합니다. 받고자 하는 배열과 같은 모양으로 매개 변수를 추가해주면 됩니다.
※ 참고로 image 매개 변수는 다음과 같은 형태로 변경해도 의미는 같습니다.
  uint8_t image[][12]
  uint8_t (* image)[12]
이차 배열을 함수로 넘기는 경우에 배열을 받기 위한 포인터에 대해서는 뒤에서 살펴봅니다.
39 : displayInit 함수를 호출하여 네오픽셀을 초기화합니다.
43 : displayDraw 함수를 호출하여 네오픽셀에 하트를 그립니다.

02 컴파일과 업로드를 수행합니다.

03 결과를 확인합니다. 이전 예제와 결과가 같습니다.

04 앞의 예제의 20번째 줄을 다음과 같이 수정합니다.

```
20 void displayDraw(uint8_t image[][12]) {
```

20 : 2차 배열을 받을 수 있는 매개변수 형입니다. 이차 배열을 받을 수 있는 매개변수에 대해서는 뒤에서 자세히 살펴봅니다.

05 컴파일과 업로드를 수행합니다.

06 결과를 확인합니다. 결과는 같습니다.

07 앞의 예제의 20번째 줄을 다음과 같이 수정합니다.

```
20 void displayDraw(uint8_t (* image)[12]) {
```

20 : 2차 배열을 받을 수 있는 매개변수 형입니다. 이차 배열을 받을 수 있는 매개변수에 대해서는 뒤에서 자세히 살펴봅니다.

08 컴파일과 업로드를 수행합니다.

09 결과를 확인합니다. 결과는 같습니다.

10 앞의 예제의 20번째 줄과 24번째 줄을 다음과 같이 수정합니다.

```
20  void displayDraw(uint8_t * image) {
21      // 이미지 그리기
22      for(int row=0;row<8;row++) {
23          for(int col=0;col<12;col++) {
24              if(image[row*12+col]!=0) {
25                  Pixels.setPixelColor(
26                      row*12+col,
27                      COLORS[image[row*12+col]-1]);
28              } else {
29                  Pixels.setPixelColor(
30                      row*12+col,
31                      BLACK);
32              }
33          }
34      }
35      Pixels.show();
36  }
```

11 39 번째 줄을 다음과 같이 수정합니다.

```
38  void loop() {
39      displayDraw((uint8_t *)heart);
40  }
```

12 컴파일과 업로드를 수행합니다.

13 결과를 확인합니다. 이전과 결과는 같습니다.

Special Page

C/C++ 코너 : 이차 배열 함수로 넘기기

여기서는 2차원 배열을 함수로 넘길 때, 매개 변수 자리에 올 수 있는 포인터에 대해서 살펴봅니다.

❶ 2차원 배열의 메모리 구조

C에서 2차원 배열은 연속적인 메모리 공간으로 저장됩니다. 배열을 함수에 넘길 때 C 컴파일러는 배열의 첫 번째 항목의 주소를 전달하는 형태로 코드를 생성합니다. 2차원 배열의 원형은 다음과 같습니다.

```
int arr[ROWS][COLS];
```

이 배열의 메모리 구조는 ROWS 개의 1차원 배열이 순차적으로 나열된 형태입니다. 예를 들어, 다음은 2차 배열이 메모리상에 배치되는 모양입니다.

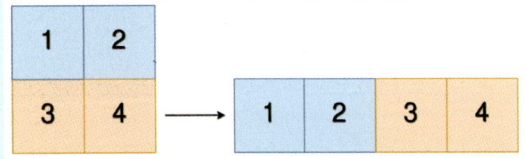

이 배열의 경우, ROW는 2, COLS는 2가 되는 2차 배열입니다. 논리적으로는 2차 배열이지만 메모리상에서는 순차적으로 나열된 1차 배열 형태로 저장됩니다.

❷ 2차원 배열을 받는 포인터

함수로 전달할 때, 매개변수 자리에서 2차원 배열을 받는 포인터는 다음과 같이 두 가지 형태로 선언됩니다.

1. 배열 표현법

```
void func(int arr[][COLS], int rows);
```

이 경우 COLS는 반드시 고정되어 있어야 합니다. 왜냐하면, C 컴파일러는 배열 원소의 위치를 계산할 때, COLS 값을 사용하여 올바른 메모리 주소를 찾기 때문입니다. 예를 들어, sizeof(int)*COLS 단위로 다음 일차 배열을 찾습니다.

2. 포인터 표현법

```
void func(int (*arr)[COLS], int rows);
```

여기서 arr는 "COLS 크기의 배열을 가리키는 포인터"로 선언됩니다. 이 방식은 첫 번째 방식과 기능적으로 동일합니다.

위의 두 경우 모두 함수를 호출할 때는 다음과 같은 형태로 2차 배열을 넘겨줍니다.

```
func(arr, ROWS);
```

❸ 함수에서 2차원 배열을 1차원 배열로 받기

일반적으로 2차원 배열을 받는 함수를 정의할 때, 매개 변수는 위와 같은 형태로 잘 사용하지 않습니다. 2차원 배열 int arr[ROWS][COLS]는 내부적으로 1차원 메모리 블록으로 저장됩니다. 따라서 2차원 배열을 매개변수로 넘길 때 굳이 [][] 문법을 쓰지 않고, 단순히 1차원 배열로 처리할 수 있습니다. 앞에서 본 배열 표현법과 포인터 표현법의 경우 COLS의 크기가 고정되지만, 1차원 배열 형태로 처리하면 배열 크기를 동적으로 계산하거나, 다양한 크기의 배열을 처리할 수 있습니다.

다음은 2차원 배열을 1차원 배열의 형태로 받는 함수의 예입니다.

```
void func(int *arr, int rows, int cols) {
    for (int i = 0; i < rows; i++) {
        for (int j = 0; j < cols; j++) {
            Serial.println(arr[i * cols + j]);
        }
    }
}
```

1차 포인터를 이용하여 2차원 배열을 받을 경우, 2차원 배열은 arr[i][j] 대신 인덱스 계산을 통해 arr[i * cols + j]와 같이 접근합니다.

이 함수의 경우 함수를 호출할 때는 다음과 같은 형태로 2차 배열을 넘겨줍니다.

```
func((int *)arr, ROWS, COLS);
```

이차 배열 arr을 int * 형으로 변경하여 넘겨주어야 합니다.

이상 2차원 배열을 함수로 넘기는 방법에 대해서 살펴보았습니다.

01_04 NeoDisplay 클래스 만들기

여기서는 앞에서 정의한 함수들을 묶어 NeoDisplay 클래스를 정의해 봅니다.

01 다음과 같이 예제를 수정합니다.

514.ino

```
01 #include "myneopixel.h"
02
03 class NeoDisplay {
04 public:
05     void init() {
06         Pixels.begin();
07         Pixels.setBrightness(32);
08         Pixels.show();
09     }
10
11     void draw(uint8_t * image) {
12         // 이미지 그리기
13         for(int row=0;row<8;row++) {
14             for(int col=0;col<12;col++) {
15                 if(image[row*12+col]!=0) {
16                     Pixels.setPixelColor(
17                         row*12+col,
18                         COLORS[image[row*12+col]-1]);
19                 } else {
20                     Pixels.setPixelColor(
21                         row*12+col,
22                         BLACK);
23                 }
24             }
25         }
26         Pixels.show();
27     }
28 };
29
30 uint8_t heart[8][12] = {
31     {0, 0, 1, 1, 0, 0, 0, 0, 1, 1, 0, 0},
32     {0, 2, 2, 2, 2, 0, 0, 2, 2, 2, 2, 0},
33     {3, 3, 3, 3, 3, 3, 3, 3, 3, 3, 3, 3},
34     {0, 4, 4, 4, 4, 4, 4, 4, 4, 4, 4, 0},
35     {0, 0, 5, 5, 5, 5, 5, 5, 5, 5, 0, 0},
36     {0, 0, 0, 6, 6, 6, 6, 6, 6, 0, 0, 0},
37     {0, 0, 0, 0, 7, 7, 7, 7, 0, 0, 0, 0},
38     {0, 0, 0, 0, 0, 8, 8, 0, 0, 0, 0, 0},
39 };
```

```
40
41  NeoDisplay display;
42
43  void setup() {
44          display.init();
45  }
46
47  void loop() {
48          display.draw((uint8_t *)heart);
49  }
```

03~28 : NeoDisplay 클래스를 정의합니다.
05~09 : init 멤버함수를 정의합니다.
11~27 : draw 멤버함수를 정의합니다.
41 : NeoDisplay 객체 display를 생성합니다.
44 : display.init 함수를 호출합니다.
48 : display.draw 함수를 호출합니다.

02 컴파일과 업로드를 수행합니다.

03 결과를 확인합니다. 이전과 결과는 같습니다.

01_05 NeoDisplay 클래스 파일 생성하기

여기서는 NeoDisplay 클래스 파일을 생성해 재사용할 수 있도록 합니다.

다음과 같은 순서로 진행합니다.

01 빈 스케치를 하나 생성합니다.

02 아두이노 소프트웨어 우측에 있는 [...]을 마우스 클릭한 후, [New Tab] 메뉴를 선택합니다.

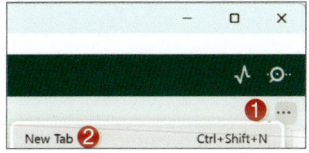

03 그러면 다음과 같은 창이 뜹니다. [mydisplay.h]라고 입력한 후, [OK] 버튼을 눌러줍니다.

04 다음과 같이 mydisplay.h 파일이 추가된 것을 확인합니다.

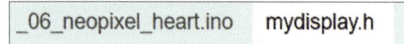

05 이번엔 cpp 파일을 추가해 봅니다. 2번과 같이 아두이노 소프트웨어 우측에 있는 […]을 마우스 클릭한 후, [New Tab] 메뉴를 선택합니다.

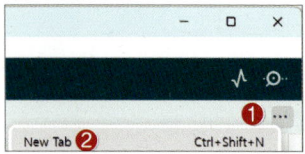

06 다음 창에서 [mydisplay.cpp]라고 입력한 후, [OK] 버튼을 눌러줍니다.

07 다음과 같이 mydisplay.cpp 파일이 추가된 것을 확인합니다.

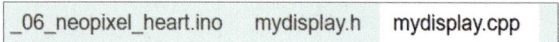

08 다음과 같이 mydisplay.h 파일을 작성합니다.

mydisplay.h

```
01 #ifndef __MYDISPLAY_H__
02 #define __MYDISPLAY_H__
03
04 #include "myneopixel.h"
05
06 class NeoDisplay {
07 public:
08     void init();
09     void draw(uint8_t * image);
10 };
11
12 #endif
```

01, 20, 12 : 헤더 파일의 중복 포함을 막는데 사용하는 전처리기입니다.
04 : myneopixel.h 파일을 포함합니다.
06~10 : NeoDisplay 클래스를 정의하고 멤버 함수의 원형(함수의 이름, 매개변수, 반환형으로 구성된 표현식)을 작성합니다. 함수 원형은 컴파일러에게 함수의 구조를 알려주는 역할을 합니다.

09 다음과 같이 mydisplay.cpp 파일을 작성합니다.

mydisplay.cpp

```cpp
01 #include "myneopixel.h"
02 #include "mydisplay.h"
03
04 void NeoDisplay::init() {
05     Pixels.begin();
06     Pixels.setBrightness(32);
07     Pixels.show();
08 }
09
10 void NeoDisplay::draw(uint8_t * image) {
11     // 이미지 그리기
12     for(int row=0;row<8;row++) {
13         for(int col=0;col<12;col++) {
14             if(image[row*12+col]!=0) {
15                 Pixels.setPixelColor(
16                     row*12+col,
17                     COLORS[image[row*12+col]-1]);
19             } else {
20                 Pixels.setPixelColor(
21                     row*12+col,
22                     BLACK);
23             }
24         }
25     }
26     Pixels.show();
27 }
```

01, 02 : myneopixel.h, mydisplay.h 파일을 포함합니다.
04~08 : NeoDisplay::init 함수를 정의합니다.
10~27 : NeoDisplay::draw 함수를 정의합니다.

---

10 다음과 같이 아두이노 스케치를 복사합니다.

515.ino

```cpp
01 #include "mydisplay.h"
02
03 uint8_t heart[8][12] = {
04     {0, 0, 1, 1, 0, 0, 0, 0, 1, 1, 0, 0},
05     {0, 2, 2, 2, 2, 0, 0, 2, 2, 2, 2, 0},
06     {3, 3, 3, 3, 3, 3, 3, 3, 3, 3, 3, 3},
07     {0, 4, 4, 4, 4, 4, 4, 4, 4, 4, 4, 0},
08     {0, 0, 5, 5, 5, 5, 5, 5, 5, 5, 0, 0},
```

```
09        {0, 0, 0, 6, 6, 6, 6, 6, 6, 0, 0, 0},
10        {0, 0, 0, 0, 7, 7, 7, 7, 0, 0, 0, 0},
11        {0, 0, 0, 0, 0, 8, 8, 0, 0, 0, 0, 0},
12 };
13
14 NeoDisplay display;
15
16 void setup() {
17        display.init();
18 }
19
20 void loop() {
21        display.draw((uint8_t *)heart);
22 }
```

01 : mydisplay.h 파일을 포함합니다.
03~25 : 앞에서 작성했던 파일의 내용을 그대로 가져옵니다.

02 컴파일과 업로드를 수행합니다.

03 결과를 확인합니다. 이전과 결과는 같습니다.

01_06 mydisplay 라이브러리 만들기

이제 다른 스케치에서도 사용할 수 있도록 앞에서 작성한 mydisplay.h, mydisplay.cpp 파일을 라이브러리화 합니다. 아두이노에서 라이브러리를 만드는 것은 쉽습니다. 다음과 같은 순서로 진행합니다.

01 다음 디렉터리로 이동합니다.

문서 > Arduino > libraries

02 다음과 같이 mydisplay 디렉터리를 만듭니다.

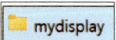

03 앞에서 작성했던 mydisplay.cpp, mydisplay.h 파일을 mydisplay 디렉터리로 복사해 줍니다.

mydisplay.cpp
mydisplay.h

04 새로운 스케치를 생성합니다.

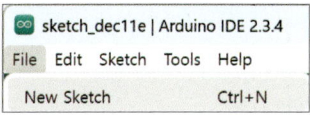

05 다음과 같이 앞에서 작성한 예제를 복사합니다.

516.ino
```
01 #include "mydisplay.h"
02
03 uint8_t heart[8][12] = {
04     {0, 0, 1, 1, 0, 0, 0, 0, 1, 1, 0, 0},
05     {0, 2, 2, 2, 2, 0, 0, 2, 2, 2, 2, 0},
06     {3, 3, 3, 3, 3, 3, 3, 3, 3, 3, 3, 3},
07     {0, 4, 4, 4, 4, 4, 4, 4, 4, 4, 4, 0},
08     {0, 0, 5, 5, 5, 5, 5, 5, 5, 5, 0, 0},
09     {0, 0, 0, 6, 6, 6, 6, 6, 6, 0, 0, 0},
10     {0, 0, 0, 0, 7, 7, 7, 7, 0, 0, 0, 0},
11     {0, 0, 0, 0, 0, 8, 8, 0, 0, 0, 0, 0},
12 };
13
14 NeoDisplay display;
15
16 void setup() {
17     display.init();
18 }
19
20 void loop() {
21     display.draw((uint8_t *)heart);
22 }
```

02 컴파일과 업로드를 수행합니다.

03 결과를 확인합니다. 이전과 결과는 같습니다.

이상에서 mydisplay 라이브러리를 추가해봤습니다. 이제 mydisplay 라이브러리는 다른 스케치에서도 사용할 수 있습니다.

01_07 큰 하트와 작은 하트 교대로 그리기

여기서는 앞에서 만든 mydisplay 라이브러리를 이용하여 작은 하트의 모양을 저장할 변수 2차 배열을 선언하고 0.5초 간격으로 큰 하트와 작은 하트를 교대로 그려보도록 합니다.

01 다음과 같이 예제를 수정합니다.

517.ino

```
01 #include "mydisplay.h"
02
03 uint8_t heart[8][12] = {
04     {0, 0, 1, 1, 0, 0, 0, 0, 1, 1, 0, 0},
05     {0, 2, 2, 2, 2, 0, 0, 2, 2, 2, 2, 0},
06     {3, 3, 3, 3, 3, 3, 3, 3, 3, 3, 3, 3},
07     {0, 4, 4, 4, 4, 4, 4, 4, 4, 4, 4, 0},
08     {0, 0, 5, 5, 5, 5, 5, 5, 5, 5, 0, 0},
09     {0, 0, 0, 6, 6, 6, 6, 6, 6, 0, 0, 0},
10     {0, 0, 0, 0, 7, 7, 7, 7, 0, 0, 0, 0},
11     {0, 0, 0, 0, 0, 8, 8, 0, 0, 0, 0, 0},
12 };
13
14 uint8_t heartSmall[8][12] = {
15     {0, 0, 0, 0, 0, 0, 0, 0, 0, 0, 0, 0},
16     {0, 0, 2, 2, 2, 0, 0, 2, 2, 2, 0, 0},
17     {0, 3, 3, 3, 3, 3, 3, 3, 3, 3, 3, 0},
18     {0, 0, 4, 4, 4, 4, 4, 4, 4, 4, 0, 0},
19     {0, 0, 0, 5, 5, 5, 5, 5, 5, 0, 0, 0},
20     {0, 0, 0, 0, 6, 6, 6, 6, 0, 0, 0, 0},
21     {0, 0, 0, 0, 0, 7, 7, 0, 0, 0, 0, 0},
22     {0, 0, 0, 0, 0, 0, 0, 0, 0, 0, 0, 0},
23 };
24
25 NeoDisplay display;
26
27 void setup() {
28     display.init();
29 }
30
31 void loop() {
32     display.draw((uint8_t *)heart);
33     delay(500);
34
35     display.draw((uint8_t *)heartSmall);
36     delay(500);
37 }
```

14~23	: heartSmall 변수 이차 배열을 선언한 후, 작은 하트 모양에 맞게 LED를 색깔에 맞춰 켜거나 끌 수 있는 값으로 설정합니다.
32	: display.draw 함수를 호출하여 네오픽셀에 하트를 그립니다.
33	: 0.5초간 기다립니다.
35	: display.draw 함수를 호출하여 네오픽셀에 작은 하트를 그립니다.
36	: 0.5초간 기다립니다.

02 컴파일과 업로드를 수행합니다.

03 결과를 확인합니다.

큰 하트와 작은 하트가 0.5초 간격으로 그려지는 것을 볼 수 있습니다.

02

벽돌 깨기 애니메이션 구현하기

우리는 뒤에서 네오픽셀을 이용하여 벽돌 깨기 게임을 짜보게 됩니다. 여기서는 벽돌 깨기 애니메이션을 구현해 보도록 합니다. 먼저 움직이는 공을 그려보고, 다음은 벽돌을 추가해보고, 마지막으로 벽돌을 깨는 동작을 추가해봅니다.

02_01 공 그려보기

여기서는 먼저 공을 그려보도록 합니다.

01 다음과 같이 예제를 수정합니다.

521.ino

```
01  #include "mydisplay.h"
02
03  uint8_t gameDisplay[8][12] = {
04      {0, 0, 0, 0, 0, 0, 0, 0, 0, 0, 0, 0},
05      {0, 0, 0, 0, 0, 0, 0, 0, 0, 0, 0, 0},
06      {0, 0, 0, 0, 0, 0, 0, 0, 0, 0, 0, 0},
07      {0, 0, 0, 0, 0, 0, 0, 0, 0, 0, 0, 0},
08      {0, 0, 0, 0, 0, 0, 0, 0, 0, 0, 0, 0},
09      {0, 0, 0, 0, 0, 0, 0, 0, 0, 0, 0, 0},
10      {0, 0, 0, 0, 0, 0, 0, 0, 0, 0, 0, 0},
11      {0, 0, 0, 0, 0, 1, 0, 0, 0, 0, 0, 0},
12  };
13
14  NeoDisplay display;
15
16  void setup() {
17      display.init();
18  }
```

```
19
20 void loop() {
21     display.draw((uint8_t *)gameDisplay);
22 }
```

> 03~12 : gameDisplay 변수 이차 배열을 선언한 후, 바닥에 공이 놓여 있는 모양에 맞게 LED를 켜거나 끌 수 있는 값으로 설정합니다. 1로 설정된 부분은 LED가 빨간색으로 켜지고 0으로 설정된 부분은 LED가 꺼집니다.
> 21 : display.draw 함수를 호출하여 네오픽셀에 gameDisplay를 그립니다.

02 컴파일과 업로드를 수행합니다.

03 결과를 확인합니다.

바닥에 LED가 하나 켜진 것을 확인합니다.

02_02 공 좌우로 움직이기

다음은 공을 좌우로 움직여 봅니다. 0.5 초 간격으로 움직이게 합니다.

01 다음과 같이 예제를 수정합니다.

522.ino

```
01 #include "mydisplay.h"
02
03 uint8_t gameDisplay[8][12] = {
04     {0, 0, 0, 0, 0, 0, 0, 0, 0, 0, 0, 0},
05     {0, 0, 0, 0, 0, 0, 0, 0, 0, 0, 0, 0},
06     {0, 0, 0, 0, 0, 0, 0, 0, 0, 0, 0, 0},
07     {0, 0, 0, 0, 0, 0, 0, 0, 0, 0, 0, 0},
08     {0, 0, 0, 0, 0, 0, 0, 0, 0, 0, 0, 0},
09     {0, 0, 0, 0, 0, 0, 0, 0, 0, 0, 0, 0},
10     {0, 0, 0, 0, 0, 0, 0, 0, 0, 0, 0, 0},
11     {0, 0, 0, 0, 0, 1, 0, 0, 0, 0, 0, 0},
12 };
13
```

```
14 int ballX = 5;
15 int ballXDir = 1;
16 int ballY = 7;
17 int ballYDir = -1;
18
19 void ballMove() {
20         gameDisplay[ballY][ballX] = 0;
21         ballX += ballXDir;
22         if(ballX>=11) {
23                 ballX=11;
24                 ballXDir=-ballXDir;
25         } else if(ballX<=0) {
26                 ballX=0;
27                 ballXDir=-ballXDir;
28         }
29         gameDisplay[ballY][ballX] = 1;
30 }
31
32 NeoDisplay display;
33
34 void setup() {
35         display.init();
36 }
37
38 void loop() {
39         ballMove();
40
41         display.draw((uint8_t *)gameDisplay);
42 }
```

14	: 공의 최초 행 위치를 저장할 정수 변수 ballX를 선언한 후 5로 초기화합니다.
15	: 공이 좌우로 움직일 방향을 저장할 정수 변수 ballXDir를 선언한 후 1로 초기화합니다. 1로 초기화하면 공의 방향이 오른쪽, -1로 초기화하면 공의 방향이 왼쪽이 됩니다.
16	: 공의 최초 열 위치를 저장할 정수 변수 ballY를 선언한 후 7로 초기화합니다.
17	: 공이 상하로 움직일 방향을 저장할 정수 변수 ballYDir을 선언한 후 -1로 초기화합니다. -1로 초기화하면 공의 방향이 위쪽, 1로 초기화하면 공의 방향이 아래쪽이 됩니다.
19~30	: ballMove 함수를 정의하여 공의 움직임을 처리합니다.
20	: 공을 움직이기 전에 현재 공의 위치 값에 해당하는 gameDisplay[ballX][ballY] 값을 0으로 설정하여 공을 지웁니다.
21	: ballX 값에 ballXDir 값을 더해 공의 좌우 위치를 변경해 줍니다. ballXDir 값이 양수면 오른쪽으로 음수면 왼쪽으로 이동합니다.
22~25	: ballX 값이 11보다 크거나 같으면, 즉 공이 오른쪽 벽에 부딪치면 ballX 값을 11로 설정하고 공의 방향을 바꿉니다.
25~28	: ballX 값이 0보다 작거나 같으면, 즉 공이 왼쪽 벽에 부딪치면 ballX 값을 0으로 설정하고 공의 방향을 바꿉니다.
29	: 변경된 공의 위치 값에 해당하는 gameDisplay[ballX][ballY] 값을 1로 설정하여 공의 위치를 변경합니다.
39	: ballMove 함수를 호출하여 공을 좌우로 움직이게 합니다.

02 컴파일과 업로드를 수행합니다.

03 결과를 확인합니다.

공이 좌우로 움직이기는 하지만 너무 빠릅니다.

04 loop 함수를 다음과 같이 수정합니다.

```
38  void loop() {
39      ballMove();
40
41      display.draw((uint8_t *)gameDisplay);
42
43      delay(500);
44  }
```

43 : delay 함수를 호출하여 0.5초 지연을 줍니다.

05 컴파일과 업로드를 수행합니다.

06 결과를 확인합니다.

공이 좌우로 0.5초 마다 움직입니다.

02_03 공 상하로 움직이기

다음은 공을 상하로 움직여 봅니다.

01 다음과 같이 예제를 수정합니다.

523.ino
```
19  void ballMove() {
20      gameDisplay[ballY][ballX] = 0;
21      ballX += ballXDir;
22      if(ballX>=11) {
23              ballX=11;
24              ballXDir=-ballXDir;
25      } else if(ballX<=0) {
26              ballX=0;
27              ballXDir=-ballXDir;
28      }
29      ballY += ballYDir;
30      if(ballY>=7) {
31              ballY=7;
32              ballYDir=-ballYDir;
33      } else if(ballY<=0) {
34              ballY=0;
35              ballYDir=-ballYDir;
36      }
37      gameDisplay[ballY][ballX] = 1;
38  }
```

29	: ballY 값에 ballYDir 값을 더해 공의 상하 위치를 변경해 줍니다. ballYDir 값이 양수면 아래쪽으로 음수면 위쪽으로 이동합니다.
30~33	: ballY 값이 7보다 크거나 같으면, 즉 공이 아래쪽 벽에 부딪치면 ballY 값을 7로 설정하고 공의 방향을 바꿉니다.
33~36	: ballY 값이 0보다 작거나 같으면, 즉 공이 위쪽 벽에 부딪치면 ballY 값을 0으로 설정하고 공의 방향을 바꿉니다.

02 컴파일과 업로드를 수행합니다.

03 결과를 확인합니다.

네오픽셀의 열 위치에 따라 공이 지그재그 형태로 움직입니다.

02_04 2차 배열 교정하기

이 책에서 제공하는 네오픽셀 디스플레이는 다음과 같은 형태로 연결되어 있습니다.

홀수 행은 오른쪽 방향으로, 짝수 행은 왼쪽 방향으로 LED의 번호가 증가하는 방향으로 연결되어 있습니다. 여기서는 네오픽셀의 방향을 고려하여 정상적으로 출력할 수 있도록 NeoDisplayEx 클래스를 정의합니다.

01 다음과 같이 예제를 수정합니다.

524.ino

```
01 #include "mydisplay.h"
02
03 class NeoDisplayEx : public NeoDisplay {
04     uint8_t frameBuffer[8*12];
05 public:
06     void draw(uint8_t * image) {
07         for(int i=0;i<8;i++) {
08             if(i%2==0) {
09                 for(int j=0;j<12;j++) {
10                     frameBuffer[i*12+j]=image[i*12+j];
11                 }
12             }
13             else {
14                 for(int j=0;j<12;j++) {
15                     frameBuffer[i*12+j]=image[i*12+11-j];
16                 }
17             }
18         }
19         NeoDisplay::draw(frameBuffer);
20     }
21 };
22
23 uint8_t gameDisplay[8][12] = {
24     {0, 0, 0, 0, 0, 0, 0, 0, 0, 0, 0, 0},
25     {0, 0, 0, 0, 0, 0, 0, 0, 0, 0, 0, 0},
26     {0, 0, 0, 0, 0, 0, 0, 0, 0, 0, 0, 0},
```

```
27          {0, 0, 0, 0, 0, 0, 0, 0, 0, 0, 0, 0},
28          {0, 0, 0, 0, 0, 0, 0, 0, 0, 0, 0, 0},
29          {0, 0, 0, 0, 0, 0, 0, 0, 0, 0, 0, 0},
30          {0, 0, 0, 0, 0, 0, 0, 0, 0, 0, 0, 0},
31          {0, 0, 0, 0, 0, 1, 0, 0, 0, 0, 0, 0},
32  };
33
34  int ballX = 5;
35  int ballXDir = 1;
36  int ballY = 7;
37  int ballYDir = -1;
38
39  void ballMove() {
40          gameDisplay[ballY][ballX] = 0;
41          ballX += ballXDir;
42          if(ballX>=11) {
43                  ballX=11;
44                  ballXDir=-ballXDir;
45          } else if(ballX<=0) {
46                  ballX=0;
47                  ballXDir=-ballXDir;
48          }
49          ballY += ballYDir;
50          if(ballY>=7) {
51                  ballY=7;
52                  ballYDir=-ballYDir;
53          } else if(ballY<=0) {
54                  ballY=0;
55                  ballYDir=-ballYDir;
56          }
57          gameDisplay[ballY][ballX] = 1;
58  }
59
60  NeoDisplayEx display;
61
62  void setup() {
63          display.init();
64  }
65
66  void loop() {
67          ballMove();
68
69          display.draw((uint8_t *)gameDisplay);
70
71          delay(500);
72  }
```

03~21 : NeoDisplayEx 클래스를 정의합니다. NeoDisplayEx 클래스는 NeoDisplay 클래스를 상속합니다. 이렇게 하면 NeoDisplayEx는 NeoDisplay 클래스를 포함하는 구조가 됩니다. 즉, NeoDisplayEx는 NeoDisplay의 멤버 변수와 멤버함수를 포함하게 됩니다. 클래스 상속에 대해서는 뒤에서 좀 더 살펴봅니다.
04 : frameBuffer 배열을 선언합니다. frameBuffer 배열은 네오픽셀에 설정할 값들을 저장할 메모리 버퍼입니다.
06~20 : draw 멤버함수를 정의합니다. draw 함수는 NeoDisplay에 있는 함수를 재정의하는 함수입니다.
07 : 네오픽셀의 각 행에 대해
08~12 : 짝수행인 경우에는 해당 행에 대해 image의 12개 값을 frameBuffer에 순서대로 복사합니다.
13~17 : 홀수행인 경우에는 해당 행에 대해 image의 12개 값을 frameBuffer에 반대 순서로 복사합니다.
19 : NeoDisplay::draw 함수를 호출하여 frameBuffer를 넘겨줍니다.

02 컴파일과 업로드를 수행합니다.

03 결과를 확인합니다.

공이 정상적으로 잘 움직입니다.

02_05 NeoDisplayEx 클래스 파일 생성하기

여기서는 NeoDisplayEx 클래스 파일을 생성해 재사용할 수 있도록 합니다.
다음과 같은 순서로 진행합니다.

01 빈 스케치를 하나 생성합니다.

02 아두이노 소프트웨어 우측에 있는 [...]을 마우스 클릭한 후, [New Tab] 메뉴를 선택합니다.

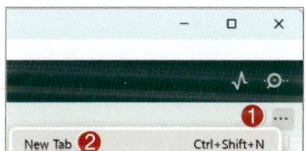

03 그러면 다음과 같은 창이 뜹니다. [mydisplayex.h]라고 입력한 후, [OK] 버튼을 눌러줍니다.

04 다음과 같이 mydisplayex.h 파일이 추가된 것을 확인합니다.

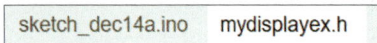

05 이번엔 cpp 파일을 추가해 봅니다. 2번과 같이 아두이노 소프트웨어 우측에 있는 [...]을 마우스 클릭한 후, [New Tab] 메뉴를 선택합니다.

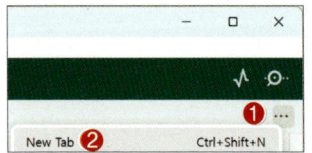

06 다음 창에서 [mydisplayex.cpp]라고 입력한 후, [OK] 버튼을 눌러줍니다.

07 다음과 같이 mydisplayex.cpp 파일이 추가된 것을 확인합니다.

sketch_dec14a.ino   mydisplayex.h   mydisplayex.cpp

08 다음과 같이 mydisplayex.h 파일을 작성합니다.

mydisplayex.h
```
01 #ifndef __MYDISPLAYEX_H__
02 #define __MYDISPLAYEX_H__
03
04 #include "mydisplay.h"
05
06 class NeoDisplayEx : public NeoDisplay {
07     uint8_t frameBuffer[8*12];
08 public:
09     void draw(uint8_t * image);
10 };
11
12 #endif
```

> 01, 02, 12 : 헤더 파일의 중복 포함을 막는데 사용하는 전처리기입니다.
> 04 : mydisplay.h 파일을 포함합니다.
> 06~10 : NeoDisplayEx 클래스를 정의하고 멤버 변수, 멤버 함수의 원형(함수의 이름, 매개변수, 반환형으로 구성된 표현식)을 작성합니다. 함수 원형은 컴파일러에게 함수의 구조를 알려주는 역할을 합니다.

09 다음과 같이 mydisplayex.cpp 파일을 작성합니다.

mydisplayex.cpp

```cpp
01 #include "mydisplayex.h"
02
03 void NeoDisplayEx::draw(uint8_t * image) {
04     for(int i=0;i<8;i++) {
05         if(i%2==0) {
06             for(int j=0;j<12;j++) {
07                 frameBuffer[i*12+j]=image[i*12+j];
08             }
09         }
10         else {
11             for(int j=0;j<12;j++) {
12                 frameBuffer[i*12+j]=image[i*12+11-j];
13             }
14         }
15     }
16     NeoDisplay::draw(frameBuffer);
17 }
```

> 01 : mydisplayex.h 파일을 포함합니다.
> 03~17 : NeoDisplayEx::draw 함수를 정의합니다.

10 다음과 같이 아두이노 스케치를 복사합니다.

525.ino

```cpp
01 #include "mydisplayex.h"
02
03 uint8_t gameDisplay[8][12] = {
04     {0, 0, 0, 0, 0, 0, 0, 0, 0, 0, 0, 0},
05     {0, 0, 0, 0, 0, 0, 0, 0, 0, 0, 0, 0},
06     {0, 0, 0, 0, 0, 0, 0, 0, 0, 0, 0, 0},
07     {0, 0, 0, 0, 0, 0, 0, 0, 0, 0, 0, 0},
08     {0, 0, 0, 0, 0, 0, 0, 0, 0, 0, 0, 0},
09     {0, 0, 0, 0, 0, 0, 0, 0, 0, 0, 0, 0},
10     {0, 0, 0, 0, 0, 0, 0, 0, 0, 0, 0, 0},
11     {0, 0, 0, 0, 0, 1, 0, 0, 0, 0, 0, 0},
12 };
13
14 int ballX = 5;
15 int ballXDir = 1;
```

```
16 int ballY = 7;
17 int ballYDir = -1;
18
19 void ballMove() {
20      gameDisplay[ballY][ballX] = 0;
21      ballX += ballXDir;
22      if(ballX>=11) {
23              ballX=11;
24              ballXDir=-ballXDir;
25      } else if(ballX<=0) {
26              ballX=0;
27              ballXDir=-ballXDir;
28      }
29      ballY += ballYDir;
30      if(ballY>=7) {
31              ballY=7;
32              ballYDir=-ballYDir;
33      } else if(ballY<=0) {
34              ballY=0;
35              ballYDir=-ballYDir;
36      }
37      gameDisplay[ballY][ballX] = 1;
38 }
39
40 NeoDisplayEx display;
41
42 void setup() {
43      display.init();
44 }
45
46 void loop() {
47      ballMove();
48
49      display.draw((uint8_t *)gameDisplay);
50 .
51      delay(500);
52 }
```

01	: mydisplayex.h 파일을 포함합니다.
03~52	: 앞에서 작성했던 파일의 내용을 그대로 가져옵니다.

11 컴파일과 업로드를 수행합니다.

12 결과를 확인합니다. 이전과 결과는 같습니다.

02_06 mydisplayex 라이브러리 만들기

이제 다른 스케치에서도 사용할 수 있도록 앞에서 작성한 mydisplayex.h, mydisplayex.cpp 파일을 라이브러리화 합니다.

01 다음 디렉터리로 이동합니다.

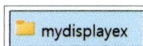

02 다음과 같이 mydisplayex 디렉터리를 만듭니다.

03 앞에서 작성했던 mydisplayex.cpp, mydisplayex.h 파일을 mydisplayex 디렉터리로 복사해 줍니다.

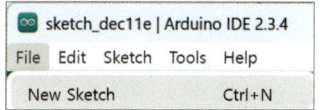

04 새로운 스케치를 생성합니다.

05 다음과 같이 앞에서 작성한 예제를 복사합니다.

526.ino
```
01 #include "mydisplayex.h"
02
03 uint8_t gameDisplay[8][12] = {
04     {0, 0, 0, 0, 0, 0, 0, 0, 0, 0, 0, 0},
05     {0, 0, 0, 0, 0, 0, 0, 0, 0, 0, 0, 0},
06     {0, 0, 0, 0, 0, 0, 0, 0, 0, 0, 0, 0},
07     {0, 0, 0, 0, 0, 0, 0, 0, 0, 0, 0, 0},
08     {0, 0, 0, 0, 0, 0, 0, 0, 0, 0, 0, 0},
09     {0, 0, 0, 0, 0, 0, 0, 0, 0, 0, 0, 0},
10     {0, 0, 0, 0, 0, 0, 0, 0, 0, 0, 0, 0},
11     {0, 0, 0, 0, 0, 1, 0, 0, 0, 0, 0, 0},
12 };
13
14 int ballX = 5;
15 int ballXDir = 1;
16 int ballY = 7;
17 int ballYDir = -1;
```

```
18
19  void ballMove() {
20        gameDisplay[ballY][ballX] = 0;
21        ballX += ballXDir;
22        if(ballX>=11) {
23              ballX=11;
24              ballXDir=-ballXDir;
25        } else if(ballX<=0) {
26              ballX=0;
27              ballXDir=-ballXDir;
28        }
29        ballY += ballYDir;
30        if(ballY>=7) {
31              ballY=7;
32              ballYDir=-ballYDir;
33        } else if(ballY<=0) {
34              ballY=0;
35              ballYDir=-ballYDir;
36        }
37        gameDisplay[ballY][ballX] = 1;
38  }
39
40  NeoDisplayEx display;
41
42  void setup() {
43        display.init();
44  }
45
46  void loop() {
47        ballMove();
48
49        display.draw((uint8_t *)gameDisplay);
50
51        delay(500);
52  }
```

06 컴파일과 업로드를 수행합니다.

07 결과를 확인합니다. 이전과 결과는 같습니다.

이상에서 mydisplayex 라이브러리를 추가해봤습니다. 이제 mydisplayex 라이브러리는 다른 스케치에서도 사용할 수 있습니다.

Special Page

C/C++ 코너 : 클래스 상속과 다형성 이해하기

앞에서 우리는 NeoDisplay 클래스를 상속하여 NeoDisplayEx 클래스를 정의하였습니다. C++의 클래스 상속은 객체 지향 프로그래밍(Object Oriented Programming)에서 코드의 재사용성을 높이기 위한 핵심 기능입니다. 객체 지향 프로그래밍이란 관련된 변수와 함수를 묶어 객체로 만들어 코드를 관리하는 기법입니다. 상속은 기존 클래스(부모 클래스, 상위 클래스, 또는 기반 클래스)의 멤버변수(속성, attribute)와 멤버함수(처리법, method)를 새로운 클래스(자식 클래스, 하위 클래스, 또는 파생 클래스)가 물려받아 사용할 수 있도록 합니다. 이를 통해 중복 코드를 줄이고, 계층 구조를 사용해 기능을 확장할 수 있습니다.

❶ 클래스 상속 기본 개념

1. 부모 클래스

기존에 정의된 클래스입니다. 자식 클래스가 이 클래스를 상속받습니다.

2. 자식 클래스

부모 클래스를 기반으로 새롭게 정의된 클래스입니다. 부모 클래스의 멤버변수와 멤버함수를 물려받고, 새로운 멤버변수와 멤버함수를 더해주거나 기존의 멤버함수를 재정의(overriding)할 수 있습니다.

❷ 클래스 상속 기본 문법

1. 상속하기

클래스 상속은 다음과 같은 형태로 할 수 있습니다.

```
01 class Base {
02     int a;
03 public:
04     Base(int a):a(a) {}
05     void show() {
06         Serial.print(" a : ");
07         Serial.println(a);
08     }
09 };
10
```

```
11 class Derived : public Base {
12      int b;
13 public:
14      Derived(int a, int b) : Base(a), b(b) {}
15      void display() {
16              Serial.print("b : ");
17              Serial.println(b);
18      }
19 };
```

여기서 Derived 클래스는 Base 클래스를 상속합니다. 이 경우 Derived 클래스는 Base 클래스의 a 변수와 show 함수를 포함합니다. 그리고 여기에 b 변수와 display 함수를 추가로 더해줍니다.

2. 객체 생성하고 사용하기

상속한 클래스 객체는 다음과 같이 생성하고 사용할 수 있습니다.

```
21 void setup() {
22      Serial.begin(115200);
23      while(!Serial) {}
24
25      Derived d(10,20); // Derived 객체 d 생성
26      d.show(); // Base 클래스의 메서드 호출
27      d.display(); // Derived 클래스의 메서드 호출
28 }
29
30 void loop() {
31
32 }
```

❸ 함수 재정의(Overriding)

자식 클래스에서 부모 클래스의 함수를 재정의 하여 동작을 변경하거나 추가할 수 있습니다.

```
01 class Base {
02 public:
03      void show() {
04              Serial.println("Base show()");
05      }
06 };
07
08 class Derived : public Base {
```

```
09 public:
10      void show() {
11              Base::show();
12              Serial.println("Derived show()");
13      }
14 };
15
16 void setup() {
17      Serial.begin(115200);
18      while(!Serial) {}
19
20      Derived d;
21      d.show();
22 }
23
24 void loop() {
25
26 }
```

❹ 다형성

다형성은 C++의 다음 기능을 통해 고정된 시스템에 동적인 객체를 끼워 넣어 기능을 확장할 수 있는 강력한 방법을 제공합니다.

1. 상속 : 코드 구조를 정리하고, 확장을 지원합니다.
2. 가상 함수 : 실행 시에 호출할 메서드를 동적으로 결정합니다.
3. 함수 재정의 : 하위 클래스에서 맞춤 동작을 구현하게 합니다.
4. 상위 클래스의 참조자로 하위 클래스 객체 받기 : 실행 시에 동적으로 적절한 하위 클래스의 함수를 호출할 수 있습니다.

다형성은 객체 지향의 모든 기법들이 동원되어서 만들어진 객체 지향의 꽃입니다.
다음 예제를 살펴봅니다.

```
01 class AbstractBase {
02 public:
03      virtual void show() = 0; // 2. 순수 가상 함수
04 };
05
06 class Derived1 : public AbstractBase { // 1. 상속
07 public:
08      void show() override { // 3. 순수 가상 함수 재정의
```

```
09          Serial.println("Derived1 show()");
10      }
11 };
12
13 class Derived2 : public AbstractBase { // 1. 상속
14 public:
15      void show() override { // 3. 순수 가상 함수 재정의
16          Serial.println("Derived2 show()");
17      }
18 };
19
20 class MainSystem { // 고정된 시스템 정의
21 public:
22      void print(AbstractBase& ab) { // 4. 상위 클래스 참조자
23          ab.show(); // 실행 시 다형성
24      }
25 };
26
27 void setup() {
28      Serial.begin(115200);
29      while(!Serial) {}
30
31      MainSystem mainSystem; // 고정된 시스템 객체 생성
32
33      Derived1 d1;
34      mainSystem.print(d1); // 4. d1은 하위 클래스의 객체
35
36      Derived2 d2;
37      mainSystem.print(d2); // 4. d2는 하위 클래스의 객체
38 }
39
40 void loop() {
41
42 }
```

06, 13 : Base 클래스를 Derived1, Derived2 클래스에서 상속합니다.
03 : 순수 가상 함수를 선언합니다. virtual 키워드는 가상 함수를 만들고, 함수 원형 뒤에 오는 = 0은 해당 함수가 순수 가상 함수임을 나타냅니다. 순수 가상 함수를 포함하는 클래스는 추상 클래스(abstract class)가 되며, 추상 클래스는 직접 객체를 생성할 수 없습니다. 하위 클래스에서 반드시 이 함수를 재정의(overriding) 해야 합니다.
08, 15 : 순수 가상 함수를 재정의 합니다.
22 : 함수의 매개 변수 자리에 상위 클래스의 참조자를 둡니다.
34, 37 : 하위 클래스의 객체를 함수로 print 함수로 넘깁니다. 이 과정에서 AbstractBase 상위 클래스의 참조자로 Derived1, Derived2 하위 클래스의 객체를 받게 됩니다. 즉, AbstractBase& ab = d1, AbstractBase& ab = d2의 관계식이 암시적으로 만들어집니다.

이상 클래스의 상속과 다형성에 대해 살펴보았습니다.

02_07 벽돌 추가하기

이번엔 게임 화면 윗부분에 벽돌을 추가해봅니다.

01 다음과 같이 예제를 수정합니다.

527.ino
```
03 uint8_t gameDisplay[8][12] = {
04      {4, 4, 4, 4, 4, 4, 4, 4, 4, 4, 4, 4},
05      {3, 3, 3, 3, 3, 3, 3, 3, 3, 3, 3, 3},
06      {7, 7, 7, 7, 7, 7, 7, 7, 7, 7, 7, 7},
07      {0, 0, 0, 0, 0, 0, 0, 0, 0, 0, 0, 0},
08      {0, 0, 0, 0, 0, 0, 0, 0, 0, 0, 0, 0},
09      {0, 0, 0, 0, 0, 0, 0, 0, 0, 0, 0, 0},
10      {0, 0, 0, 0, 0, 0, 0, 0, 0, 0, 0, 0},
11      {0, 0, 0, 0, 0, 1, 0, 0, 0, 0, 0, 0},
12 };
```

03~12 : 벽돌이 놓일 위치의 값을 1로 설정합니다.

2 컴파일과 업로드를 수행합니다.

03 결과를 확인합니다.

위쪽 3 줄에 벽돌이 표시되는 것을 볼 수 있습니다.

02_08 위 방향 벽돌 깨기

여기서는 공이 바로 위의 벽돌에 부닥쳤을 때 벽돌이 깨지는 동작을 추가합니다.

01 다음과 같이 예제를 수정합니다.

```
528.ino
19  void ballMove() {
20      gameDisplay[ballY][ballX] = 0;
21      ballX += ballXDir;
22      if(ballX>=11) {
23              ballX=11;
24              ballXDir=-ballXDir;
25      } else if(ballX<=0) {
26              ballX=0;
27              ballXDir=-ballXDir;
28      }
29      ballY += ballYDir;
30      if(ballY>=7) {
31              ballY=7;
32              ballYDir=-ballYDir;
33      } else if(ballY<=0) {
34              ballY=0;
35              ballYDir=-ballYDir;
36      }
37      if(gameDisplay[ballY+ballYDir][ballX]!=0) {
38              gameDisplay[ballY+ballYDir][ballX]=0;
39              ballYDir=-ballYDir;
40      }
41      gameDisplay[ballY][ballX] = 1;
42  }
```

37 : 공의 바로 위의 위치에 벽돌이 있으면
38 : 해당 벽돌의 값을 0으로 설정하고
39 : 상하에 대한 공의 방향을 반대로 바꿉니다.

02 컴파일과 업로드를 수행합니다.

03 결과를 확인합니다.

공이 벽돌 바로 아래 도달하면 바로 위에 있는 벽돌이 사라지는 것을 확인합니다.

02_09 대각선 방향 벽돌 깨기

여기서는 공이 대각선 방향의 벽돌에 부딪쳤을 때 벽돌이 깨지는 동작을 추가합니다.

01 다음과 같이 예제를 수정합니다.

529.ino
```
19 void ballMove() {
20      gameDisplay[ballY][ballX] = 0;
21      ballX += ballXDir;
22      if(ballX>=11) {
23              ballX=11;
24              ballXDir=-ballXDir;
25      } else if(ballX<=0) {
26              ballX=0;
27              ballXDir=-ballXDir;
28      }
29      ballY += ballYDir;
30      if(ballY>=7) {
31              ballY=7;
32              ballYDir=-ballYDir;
33      } else if(ballY<=0) {
34              ballY=0;
35              ballYDir=-ballYDir;
36      }
37      if(gameDisplay[ballY+ballYDir][ballX]!=0) {
38              gameDisplay[ballY+ballYDir][ballX]=0;
39              ballYDir=-ballYDir;
40      } else if(gameDisplay[ballY+ballYDir][ballX+ballXDir]!=0) {
41              gameDisplay[ballY+ballYDir][ballX+ballXDir]=0;
42              ballYDir=-ballYDir;
43              ballXDir=-ballXDir;
44      }
45      gameDisplay[ballY][ballX] = 1;
46 }
```

- **40** : 공이 대각선 방향 바로 다음 위치에 벽돌이 있으면
- **41** : 해당 벽돌의 값을 0으로 설정하고
- **42, 43** : 상하좌우에 대한 공의 방향을 반대로 바꿉니다.

02 컴파일과 업로드를 수행합니다.

03 결과를 확인합니다.

공이 대각선 방향으로 벽돌 바로 전 위치에 도달하면 해당 벽돌이 사라지는 것을 확인합니다.

02_10 전체 소스 확인하기

이상의 예제를 정리하면 다음과 같습니다.

```
5210.ino
01 #include "mydisplayex.h"
02
03 uint8_t gameDisplay[8][12] = {
04     {4, 4, 4, 4, 4, 4, 4, 4, 4, 4, 4, 4},
05     {3, 3, 3, 3, 3, 3, 3, 3, 3, 3, 3, 3},
06     {7, 7, 7, 7, 7, 7, 7, 7, 7, 7, 7, 7},
07     {0, 0, 0, 0, 0, 0, 0, 0, 0, 0, 0, 0},
08     {0, 0, 0, 0, 0, 0, 0, 0, 0, 0, 0, 0},
09     {0, 0, 0, 0, 0, 0, 0, 0, 0, 0, 0, 0},
10     {0, 0, 0, 0, 0, 0, 0, 0, 0, 0, 0, 0},
11     {0, 0, 0, 0, 0, 1, 0, 0, 0, 0, 0, 0},
12 };
13
14 int ballX = 5;
15 int ballXDir = 1;
16 int ballY = 7;
17 int ballYDir = -1;
18
19 void ballMove() {
20     gameDisplay[ballY][ballX] = 0;
21     ballX += ballXDir;
22     if(ballX>=11) {
23         ballX=11;
24         ballXDir=-ballXDir;
25     } else if(ballX<=0) {
26         ballX=0;
27         ballXDir=-ballXDir;
```

```
28          }
29          ballY += ballYDir;
30          if(ballY>=7) {
31                  ballY=7;
32                  ballYDir=-ballYDir;
33          } else if(ballY<=0) {
34                  ballY=0;
35                  ballYDir=-ballYDir;
36          }
37          if(gameDisplay[ballY+ballYDir][ballX]!=0) {
38                  gameDisplay[ballY+ballYDir][ballX]=0;
39                  ballYDir=-ballYDir;
40          } else if(gameDisplay[ballY+ballYDir][ballX+ballXDir]!=0) {
41                  gameDisplay[ballY+ballYDir][ballX+ballXDir]=0;
42                  ballYDir=-ballYDir;
43                  ballXDir=-ballXDir;
44          }
45          gameDisplay[ballY][ballX] = 1;
46  }
47
48  NeoDisplayEx display;
49
50  void setup() {
51          display.init();
52  }
53
54  void loop() {
55          ballMove();
56
57          display.draw((uint8_t *)gameDisplay);
58
59          delay(500);
60  }
```

이상에서 벽돌 깨기 애니메이션을 구현해 보았습니다. 뒤에서 벽돌 깨기 게임을 완성해 보도록 합니다.

03

벽돌 깨기 게임 구현하기

이제 본격적으로 벽돌 깨기 게임을 구현해 보도록 합니다. 이전 예제를 이용하여 게임을 구현해 봅니다.

03_01 채 그리기

먼저 화면 아랫부분에 공을 받아 치는 채를 추가해봅니다.

01 다음과 같이 예제를 수정합니다.

```
531.ino
03  uint8_t gameDisplay[8][12] = {
04      {4, 4, 4, 4, 4, 4, 4, 4, 4, 4, 4, 4},
05      {3, 3, 3, 3, 3, 3, 3, 3, 3, 3, 3, 3},
06      {7, 7, 7, 7, 7, 7, 7, 7, 7, 7, 7, 7},
07      {0, 0, 0, 0, 0, 0, 0, 0, 0, 0, 0, 0},
08      {0, 0, 0, 0, 0, 0, 0, 0, 0, 0, 0, 0},
09      {0, 0, 0, 0, 0, 0, 0, 0, 0, 0, 0, 0},
10      {0, 0, 0, 0, 0, 1, 0, 0, 0, 0, 0, 0},
11      {0, 0, 0, 0, 5, 5, 5, 0, 0, 0, 0, 0},
12  };
```

10 : 공의 위치가 한 칸 위로 올라갑니다.
11 : 채의 그림을 그립니다.

02 다음과 같이 예제를 수정합니다.

```
14 int ballX = 5;
15 int ballXDir = 1;
16 int ballY = 6;
17 int ballYDir = -1;
18
19 void ballMove() {
20         gameDisplay[ballY][ballX] = 0;
21         ballX += ballXDir;
22         if(ballX>=11) {
23                 ballX=11;
24                 ballXDir=-ballXDir;
25         } else if(ballX<=0) {
26                 ballX=0;
27                 ballXDir=-ballXDir;
28         }
29         ballY += ballYDir;
30         if(ballY>=7) {
31                 if(gameDisplay[ballY][ballX]==5) {
32                         ballY-=2*ballYDir;
33                 }
34                 ballYDir=-ballYDir;
35         } else if(ballY<=0) {
36                 ballY=0;
37                 ballYDir=-ballYDir;
38         }
39         if(gameDisplay[ballY+ballYDir][ballX]!=0) {
40                 if(ballY!=6) {
41                         gameDisplay[ballY+ballYDir][ballX]=0;
42                 }
43                 ballYDir=-ballYDir;
44         } else if(gameDisplay[ballY+ballYDir][ballX+ballXDir]!=0) {
45                 if(ballY!=6) {
46                         gameDisplay[ballY+ballYDir][ballX+ballXDir]=0;
47                 }
48                 ballYDir=-ballYDir;
49                 ballXDir=-ballXDir;
50         }
51         gameDisplay[ballY][ballX] = 1;
52 }
```

16 : 공의 Y 축에 대한 위치를 한 칸 위로 올려 초기화합니다.
30 : 공의 Y 축에 대한 위치가 7보다 크거나 같고(즉, Y 축에 대한 위치가 7일 경우)
31 : 해당 위치 값이 5로 설정되어 있으면
32 : 공의 Y 축 위치 값을 공의 진행 반대 방향으로 2칸을 후퇴시킵니다. 이렇게 하면 채에 공이 튄 것처럼 표시됩니다.
39 : 공이 이동할 위치의 값이 0이 아니면, 즉 해당 위치에 블록이나 채가 있으면
40 : 공의 Y 축에 대한 위치가 6이 아니면
41 : 공이 이동할 위치의 값을 0으로 설정합니다. 이 경우 블록이 있는 위치의 값을 0으로 설정하여 블록이 깨진 것을 표시합니다.
44 : 공이 대각선 방향으로 이동할 위치의 값이 0이 아니면, 즉 해당 위치에 블록이나 채가 있으면
45 : 공의 Y 축에 대한 위치가 6이 아니면
46 : 공이 이동할 위치의 값을 0으로 설정합니다. 이 경우 블록이 있는 위치의 값을 0으로 설정하여 블록이 깨진 것을 표시합니다.

03 컴파일과 업로드를 수행합니다.

04 결과를 확인합니다.

공이 채에 맞을 경우 튀어 오르는 것을 확인합니다.

03_02 게임 실패 화면 넣기

현재의 게임 상태는 블록도 깨지고 채에도 튕기지만 채의 위치가 아닌 바닥에 공이 닿을 경우도 공이 튀어 오릅니다. 공이 채가 아닌 바닥에 닿을 경우 게임이 끝나면서 게임 실패 화면이 표시되도록 해 봅니다. 게임 실패 화면은 슬픈 표정입니다.

01 다음과 같이 슬픈 화면을 표시하기 위한 이차 배열을 추가합니다. gameDisplay 배열 다음 부분에 추가합니다.

532.ino

```
14  uint8_t gameLose[8][12] = {
15      {0, 0, 0, 0, 0, 0, 0, 0, 0, 0, 0, 0},
16      {0, 0, 0, 0, 0, 0, 0, 0, 0, 0, 0, 0},
17      {0, 0, 8, 8, 8, 0, 0, 8, 8, 8, 0, 0},
18      {0, 0, 0, 0, 0, 0, 0, 0, 0, 0, 0, 0},
19      {0, 0, 0, 0, 0, 0, 0, 0, 0, 0, 0, 0},
20      {0, 0, 0, 0, 8, 8, 8, 8, 0, 0, 0, 0},
21      {0, 0, 0, 8, 0, 0, 0, 0, 8, 0, 0, 0},
22      {0, 0, 0, 0, 0, 0, 0, 0, 0, 0, 0, 0},
23  };
```

02 다음과 같이 예제를 수정합니다.

532.ino

```
25  enum {PLAY=0, LOSE, WIN};
26  int gameState=PLAY;
27
28  int ballX = 5;
29  int ballXDir = 1;
30  int ballY = 6;
31  int ballYDir = -1;
32
33  void ballMove() {
34
35      if(gameState!=PLAY) return;
36
37      gameDisplay[ballY][ballX] = 0;
38      ballX += ballXDir;
39      if(ballX>=11) {
40              ballX=11;
41              ballXDir=-ballXDir;
42      } else if(ballX<=0) {
43              ballX=0;
44              ballXDir=-ballXDir;
45      }
46      ballY += ballYDir;
47      if(ballY>=7) {
48              if(gameDisplay[ballY][ballX]==5) {
49                      ballY-=2*ballYDir;
50                      ballYDir=-ballYDir;
51              } else {
```

```
25  enum {PLAY=0, LOSE, WIN};
26  int gameState=PLAY;
27
28  int ballX = 5;
29  int ballXDir = 1;
30  int ballY = 6;
31  int ballYDir = -1;
32
33  void ballMove() {
34
35      if(gameState!=PLAY) return;
36
37      gameDisplay[ballY][ballX] = 0;
38      ballX += ballXDir;
39      if(ballX>=11) {
40          ballX=11;
41          ballXDir=-ballXDir;
42      } else if(ballX<=0) {
43          ballX=0;
44          ballXDir=-ballXDir;
45      }
46      ballY += ballYDir;
47      if(ballY>=7) {
48          if(gameDisplay[ballY][ballX]==5) {
49              ballY-=2*ballYDir;
50              ballYDir=-ballYDir;
51          } else {
52              gameState=LOSE;
53              return;
54          }
55      } else if(ballY<=0) {
56          ballY=0;
57          ballYDir=-ballYDir;
58      }
59      if(gameDisplay[ballY+ballYDir][ballX]!=0) {
60          if(ballY!=6) {
61              gameDisplay[ballY+ballYDir][ballX]=0;
62          }
63          ballYDir=-ballYDir;
64      } else if(gameDisplay[ballY+ballYDir][ballX+ballXDir]!=0) {
65          if(ballY!=6) {
66              gameDisplay[ballY+ballYDir][ballX+ballXDir]=0;
67          }
68          ballYDir=-ballYDir;
69          ballXDir=-ballXDir;
70      }
71      gameDisplay[ballY][ballX] = 1;
72  }
```

25 : enum 상수를 추가합니다. 게임이 진행 중임을 나타내는 PLAY, 게임 실패를 나타내는 LOSE, 게임 성공을 나타내는 WIN 상수를 추가합니다.
26 : 게임의 상태를 저장하기 위한 gameState 변수를 선언하고 PLAY 상수로 초기화합니다.
35 : 게임의 상태가 PLAY가 아닌 경우, 즉, LOSE 또는 WIN 상태인 경우에는 공의 상태를 변경할 필요가 없기 때문에 ballMove 함수를 빠져나갑니다.
47 : 공의 Y 축에 대한 위치가 7보다 크거나 같고(즉, Y 축에 대한 위치가 7일 경우)
48 : 해당 위치 값이 5로 설정되어 있으면
49 : 공의 Y 축 위치 값을 공의 진행 반대 방향으로 2칸을 후퇴시킵니다. 이렇게 하면 채에 공이 튄 것처럼 표시됩니다.
50 : 공의 이동 방향을 바꿉니다.
51 : 그렇지 않을 경우, 즉, 공의 Y 축 위치 값이 7인 상태에서 해당 위치에 채가 없으면
52 : 게임의 상태를 LOSE로 설정하고
53 : ballMove 함수를 빠져 나갑니다. 이후에는 35 번째 줄에 의해서 ballMove 함수가 수행되지 않습니다.

03 다음과 같이 loop 함수를 수정합니다.

```
80  void loop() {
81      ballMove();
82
83      if(gameState==PLAY) {
84          display.draw((uint8_t *)gameDisplay);
85      } else if(gameState==LOSE) {
86          display.draw((uint8_t *)gameLose);
87      }
88
89      delay(500);
90  }
```

83~84 : 게임 상태가 PLAY이면 게임 수행 화면을 그리고
85~86 : 그렇지 않고 게임 상태가 LOSE이면 게임 실패 화면을 그립니다.

04 컴파일과 업로드를 수행합니다.

05 결과를 확인합니다.

공이 채가 아닌 바닥에 닿을 경우 게임이 끝나면서 게임 실패 화면이 표시됩니다.

03_03 가변 저항 추가하기

이제 채를 움직여볼 준비를 합니다. 채를 움직이기 위해 가변 저항을 추가합니다. 가변 저항을 추가한 후, 일단 가변 저항 값을 읽어봅니다.

01 1. 다음과 같이 회로를 구성합니다.

 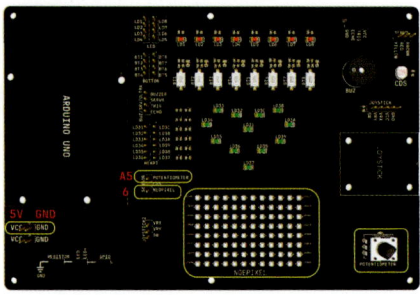

가변 저항을 그림과 같이 추가합니다. 가변 저항의 한 쪽 끝을 5V, 다른 쪽 끝을 0V, 중간 핀을 A5 핀으로 연결합니다.

02 setup 함수 바로 위에 다음 부분을 추가합니다.

533.ino
```
76 int barX=5;
77 int barY=7;
78
79 void barMove() {
80
81 }
```

- 76 : 채의 X 축 위치 값을 저장하기 위한 변수 barX를 선언하고 5로 초기화합니다.
- 77 : 채의 Y 축 위치 값을 저장하기 위한 상수 barY를 선언하고 7로 초기화합니다.
- 79~81 : barMove 함수를 정의합니다. 일단 빈 함수로 정의합니다.

03 다음과 같이 loop 함수를 수정합니다.

```
87 void loop() {
88      barMove();
89      ballMove();
90
91      if(gameState==PLAY) {
92              display.draw((uint8_t *)gameDisplay);
93      } else if(gameState==LOSE) {
94              display.draw((uint8_t *)gameLose);
95      }
96
97      delay(500);
98 }
```

88 : barMove 함수를 호출합니다.

04 다음과 같이 setup 함수를 수정합니다.

```
084 void setup() {
085     display.init();
086     Serial.begin(115200);
087 }
```

86 : Serial.begin 함수를 호출하여 시리얼 통신 속도를 115200으로 초기화합니다.

05 다음과 같이 barMove 함수를 수정합니다.

```
079 void barMove() {
080     int analogValue=analogRead(A5);
081     Serial.println(analogValue);
082 }
```

80 : analogRead 함수를 호출하여 A5 번 핀의 값을 읽은 후, analogValue 변수에 저장합니다.
81 : Serial.println 함수를 호출하여 analogValue 변수 값을 출력합니다.

06 컴파일과 업로드를 수행한 후, 결과를 확인합니다.

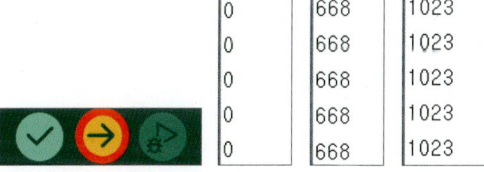

0	668	1023
0	668	1023
0	668	1023
0	668	1023
0	668	1023

가변저항의 손잡이를 움직임에 따라 0~1023 사이의 값이 출력되는 것을 확인합니다.

03_04 가변 저항 값 매핑하기

여기서는 0~1023 사이의 가변 저항 값이 네오픽셀 X 축의 1~10 값에 대응되도록 합니다. 가변 저항의 손잡이를 움직임에 따라 채는 네오픽셀 X 축의 1~10 사이에 있어야하기 때문입니다.

01 다음과 같이 예제를 수정합니다.

```
534.ino
079 void barMove() {
080     int analogValue=analogRead(A5);
081
082     barX=analogValue/103+1;
083     Serial.println(barX);
084 }
```

82 : barX 값을 analogValue값을 10단계가 되도록 103으로 나눈 후, 1을 더해줍니다. analogValue 값은 0~1023의 범위 값을 가지며 103으로 나누면 0~9가 됩니다. 여기에 1을 더해 주면 barX값은 1~10값을 가지며 이것은 채의 중심값이 됩니다.

83 : Serial.println 함수를 호출하여 barX의 값을 출력해 봅니다.

02 컴파일과 업로드를 수행합니다.

03 결과를 확인합니다.

```
2
2
2
3
4
5
6
7
7
7
```

가변저항의 손잡이를 움직임에 따라 1~10 사이의 값이 출력되는 것을 확인합니다. 한 쪽 값이 나오지 않을 경우 반대 방향으로 가변저항의 손잡이를 돌리면 나오게 됩니다.

03_05 채 움직이기

이제 채의 위치 값을 이용하여 채를 움직여 보도록 합니다.

01 다음과 같이 예제를 수정합니다.

```
535.ino
079  void barMove() {
080      if(gameState!=PLAY) return;
081
082      int analogValue=analogRead(A5);
083
084      barX=analogValue/103+1;
085
086      for(int x=0;x<12;x++) {
087          gameDisplay[barY][x]=0;
088      }
089      for(int x=barX-1;x<=barX+1;x++) {
090          gameDisplay[barY][x]=5;
091      }
092  }
```

- **80** : 게임의 상태가 PLAY가 아닌 경우, 즉, LOSE 또는 WIN 상태인 경우에는 채의 상태를 변경할 필요가 없기 때문에 barMove 함수를 빠져나갑니다.
- **86~88** : 채가 있는 위치의 행을 모두 지워줍니다.
- **89~91** : barX의 위치를 포함하여 양쪽으로 한 칸씩 5로 설정하여 채를 그려주도록 합니다.

02 컴파일과 업로드를 수행합니다.

03 결과를 확인합니다.

가변저항의 손잡이를 움직임에 따라 네오픽셀 상에서 채가 움직이는 것을 확인합니다. 채가 한쪽 방향으로 움직이지 않을 경우 반대 방향으로 끝까지 움직이면 움직이고자 하는 방향으로 움직일 수 있습니다.

03_06 게임 성공 화면 넣기

이제 블록을 모두 깰 경우 게임 성공을 표시할 수 있도록 합니다.

01 다음과 같이 슬픈 화면을 표시하기 위한 이차 배열을 추가합니다. gameLose 배열 다음 부분에 추가합니다.

536.ino

```
025 uint8_t gameWin[8][12] = {
026     {0, 0, 0, 0, 0, 0, 0, 0, 0, 0, 0, 0},
027     {0, 0, 0, 0, 8, 0, 0, 8, 0, 0, 0, 0},
028     {0, 0, 0, 0, 8, 0, 0, 8, 0, 0, 0, 0},
029     {0, 0, 0, 0, 0, 0, 0, 0, 0, 0, 0, 0},
030     {0, 0, 0, 8, 0, 0, 0, 0, 8, 0, 0, 0},
031     {0, 0, 0, 0, 8, 8, 8, 8, 0, 0, 0, 0},
032     {0, 0, 0, 0, 0, 0, 0, 0, 0, 0, 0, 0},
033     {0, 0, 0, 0, 0, 0, 0, 0, 0, 0, 0, 0},
034 };
```

02 다음과 같이 예제를 수정합니다.

```
036 enum {PLAY=0, LOSE, WIN};
037 int gameState=PLAY;
038
039 int ballX = 5;
040 int ballXDir = 1;
041 int ballY = 6;
042 int ballYDir = -1;
043
044 int howManyBricks=36;
045
046 void ballMove() {
047
048     if(gameState!=PLAY) return;
049
050     gameDisplay[ballY][ballX] = 0;
051     ballX += ballXDir;
052     if(ballX>=11) {
053         ballX=11;
054         ballXDir=-ballXDir;
055     } else if(ballX<=0) {
056         ballX=0;
057         ballXDir=-ballXDir;
058     }
059     ballY += ballYDir;
060     if(ballY>=7) {
061         if(gameDisplay[ballY][ballX]==5) {
```

```
062                         ballY-=2*ballYDir;
063                         ballYDir=-ballYDir;
064              } else {
065                         gameState=LOSE;
066                         return;
067              }
068     } else if(ballY<=0) {
069              ballY=0;
070              ballYDir=-ballYDir;
071     }
072     if(gameDisplay[ballY+ballYDir][ballX]!=0) {
073              if(ballY!=6) {
074                         gameDisplay[ballY+ballYDir][ballX]=0;
075                         howManyBricks--;
076                         Serial.println(howManyBricks);
077                         if(howManyBricks==0) {
078                                  gameState=WIN;
079                                  return;
080                         }
081              }
082              ballYDir=-ballYDir;
083     } else if(gameDisplay[ballY+ballYDir][ballX+ballXDir]!=0) {
084              if(ballY!=6) {
085                         gameDisplay[ballY+ballYDir][ballX+ballXDir]=0;
086                         howManyBricks--;
087                         Serial.println(howManyBricks);
088                         if(howManyBricks==0) {
089                                  gameState=WIN;
090                                  return;
091                         }
092              }
093              ballYDir=-ballYDir;
094              ballXDir=-ballXDir;
095     }
096     gameDisplay[ballY][ballX] = 1;
097 }
```

44	: 깨야할 블록의 개수를 저장할 변수를 선언하고 36개로 설정합니다.
72	: 공이 이동할 위치의 값이 0이 아니면, 즉 해당 위치에 블록이나 채가 있으면
73	: 공의 Y 축에 대한 위치가 6이 아니면
74	: 공이 이동할 위치의 값을 0으로 설정합니다. 이 경우 블록이 있는 위치의 값을 0으로 설정하여 블록이 깨진 것을 표시합니다.
75	: 블록의 개수를 하나 감소시킵니다.
77~79	: 블록의 개수가 00이면 게임의 상태를 WIN으로 표시하고 함수를 빠져나갑니다.
83	. 공이 대각선 방향으로 이동할 위치의 값이 0이 아니면, 즉 해당 위치에 블록이나 채가 있으면
84	: 공의 Y 축에 대한 위치가 6이 아니면
85	: 공이 이동할 위치의 값을 0으로 설정합니다. 이 경우 블록이 있는 위치의 값을 0으로 설정하여 블록이 깨진 것을 표시합니다.
86	: 블록의 개수를 하나 감소시킵니다.
88~91	: 블록의 개수가 00이면 게임의 상태를 WIN으로 표시하고 함수를 빠져나갑니다.

03 다음과 같이 loop 함수를 수정합니다.

```
124  void loop() {
125      barMove();
126      ballMove();
127
128      if(gameState==PLAY) {
129              display.draw((uint8_t *)gameDisplay);
130      } else if(gameState==LOSE) {
131              display.draw((uint8_t *)gameLose);
132      } else if(gameState==WIN) {
133              display.draw((uint8_t *)gameWin);
134      }
135
136      delay(500);
137  }
```

132~134 : gameState 값이 WIN이면 게임 성공 화면을 그리도록 합니다.

02 컴파일과 업로드를 수행합니다.

03 결과를 확인합니다.

블록을 모두 깬 후 게임 성공 화면이 뜨는 것을 확인합니다.

03_07 채 속도 증가시키기

현재 채의 속도는 0.5초 기준으로 움직입니다. 여기서는 채의 속도를 10배 빨리 반응하도록 해 봅니다.

01 다음과 같이 예제를 수정합니다.

```
537.ino
124 int ballMoveCnt=0;
125 void loop() {
126     barMove();
127     if(ballMoveCnt%10==0)
128             ballMove();
129     ballMoveCnt++;
130
131     if(gameState==PLAY) {
132             display.draw((uint8_t *)gameDisplay);
133     } else if(gameState==LOSE) {
134             display.draw((uint8_t *)gameLose);
135     } else if(gameState==WIN) {
136             display.draw((uint8_t *)gameWin);
137     }
138
139     delay(50);
140 }
```

- **124** : ballMoveCnt 변수를 선언하고 0으로 초기화합니다.
- **127~129** : ballMoveCnt값이 0 또는 10의 배수이면 ballMove 함수를 호출하여 공을 움직이고, ballMoveCnt 값을 하나 증가시킵니다.
- **139** : 지연 시간을 5000에서 50으로 줄입니다.

02 컴파일과 업로드를 수행합니다.

03 결과를 확인합니다. 채의 반응이 원활한 것을 확인합니다.

03_08 전체 소스 확인하기

지금까지 작성한 전체 소스는 다음과 같습니다.

538.ino

```
001 #include "mydisplayex.h"
002
003 uint8_t gameDisplay[8][12] = {
004     {4, 4, 4, 4, 4, 4, 4, 4, 4, 4, 4, 4},
005     {3, 3, 3, 3, 3, 3, 3, 3, 3, 3, 3, 3},
006     {7, 7, 7, 7, 7, 7, 7, 7, 7, 7, 7, 7},
007     {0, 0, 0, 0, 0, 0, 0, 0, 0, 0, 0, 0},
008     {0, 0, 0, 0, 0, 0, 0, 0, 0, 0, 0, 0},
009     {0, 0, 0, 0, 0, 0, 0, 0, 0, 0, 0, 0},
010     {0, 0, 0, 0, 0, 1, 0, 0, 0, 0, 0, 0},
011     {0, 0, 0, 0, 5, 5, 5, 0, 0, 0, 0, 0},
012 };
013
014 uint8_t gameLose[8][12] = {
015     {0, 0, 0, 0, 0, 0, 0, 0, 0, 0, 0, 0},
016     {0, 0, 0, 0, 0, 0, 0, 0, 0, 0, 0, 0},
017     {0, 0, 8, 8, 8, 0, 0, 8, 8, 8, 0, 0},
018     {0, 0, 0, 0, 0, 0, 0, 0, 0, 0, 0, 0},
019     {0, 0, 0, 0, 0, 0, 0, 0, 0, 0, 0, 0},
020     {0, 0, 0, 0, 8, 8, 8, 8, 0, 0, 0, 0},
021     {0, 0, 0, 8, 0, 0, 0, 0, 8, 0, 0, 0},
022     {0, 0, 0, 0, 0, 0, 0, 0, 0, 0, 0, 0},
023 };
024
025 uint8_t gameWin[8][12] = {
026     {0, 0, 0, 0, 0, 0, 0, 0, 0, 0, 0, 0},
027     {0, 0, 0, 0, 8, 0, 0, 8, 0, 0, 0, 0},
028     {0, 0, 0, 0, 8, 0, 0, 8, 0, 0, 0, 0},
029     {0, 0, 0, 0, 0, 0, 0, 0, 0, 0, 0, 0},
030     {0, 0, 0, 8, 0, 0, 0, 8, 0, 0, 0, 0},
031     {0, 0, 0, 8, 8, 8, 8, 0, 0, 0, 0, 0},
032     {0, 0, 0, 0, 0, 0, 0, 0, 0, 0, 0, 0},
033     {0, 0, 0, 0, 0, 0, 0, 0, 0, 0, 0, 0},
034 };
035
036 enum {PLAY=0, LOSE, WIN};
037 int gameState=PLAY;
038
039 int ballX = 5;
040 int ballXDir = 1;
041 int ballY = 6;
042 int ballYDir = -1;
043
044 int howManyBricks=36;
045
```

```
046 void ballMove() {
047
048     if(gameState!=PLAY) return;
049
050     gameDisplay[ballY][ballX] = 0;
051     ballX += ballXDir;
052     if(ballX>=11) {
053             ballX=11;
054             ballXDir=-ballXDir;
055     } else if(ballX<=0) {
056             ballX=0;
057             ballXDir=-ballXDir;
058     }
059     ballY += ballYDir;
060     if(ballY>=7) {
061             if(gameDisplay[ballY][ballX]==5) {
062                     ballY-=2*ballYDir;
063             ballYDir=-ballYDir;
064             } else {
065                     gameState=LOSE;
066                     return;
067             }
068     } else if(ballY<=0) {
069             ballY=0;
070             ballYDir=-ballYDir;
071     }
072     if(gameDisplay[ballY+ballYDir][ballX]!=0) {
073             if(ballY!=6) {
074                     gameDisplay[ballY+ballYDir][ballX]=0;
075                     howManyBricks--;
076                     Serial.println(howManyBricks);
077                     if(howManyBricks==0) {
078                             gameState=WIN;
079                             return;
080                     }
081             }
082             ballYDir=-ballYDir;
083     } else if(gameDisplay[ballY+ballYDir][ballX+ballXDir]!=0) {
084             if(ballY!=6) {
085                     gameDisplay[ballY+ballYDir][ballX+ballXDir]=0;
086                     howManyBricks--;
087                     Serial.println(howManyBricks);
088                     if(howManyBricks==0) {
089                             gameState=WIN;
090                             return;
091                     }
092             }
093             ballYDir=-ballYDir;
094             ballXDir=-ballXDir;
095     }
```

```
096         gameDisplay[ballY][ballX] = 1;
097 }
098
099 NeoDisplayEx display;
100
101 int barX=5;
102 int barY=7;
103
104 void barMove() {
105 if(gameState!=PLAY) return;
106
107     int analogValue=analogRead(A5);
108
109     barX=analogValue/103+1;
110
111     for(int x=0;x<12;x++) {
112             gameDisplay[barY][x]=0;
113     }
114     for(int x=barX-1;x<=barX+1;x++) {
115             gameDisplay[barY][x]=5;
116     }
117 }
118
119 void setup() {
120     display.init();
121     Serial.begin(115200);
122 }
123
124 int ballMoveCnt=0;
125 void loop() {
126     barMove();
127     if(ballMoveCnt%10==0)
128             ballMove();
129     ballMoveCnt++;
130
131     if(gameState==PLAY) {
132             display.draw((uint8_t *)gameDisplay);
133     } else if(gameState==LOSE) {
134             display.draw((uint8_t *)gameLose);
135     } else if(gameState==WIN) {
136             display.draw((uint8_t *)gameWin);
137     }
138
139     delay(50);
140 }
```

이상에서 네오픽셀을 이용한 블록 깨기 게임을 작성해 보았습니다. 여러분은 같은 방식으로 탁구 게임, 장애물 피하기 게임, 슈팅 게임 등을 만들어 볼 수 있습니다.